GABY VARGAS & YORDI ROSADO

EDICIÓN RELOADED

¡WTF!

Quiúbole con...

tu **Cuerpo** el **Ligue** el **Sexo** el **internet** y las **Redes** tu **Familia** tus **Amigos**? el **bullying** las **drogas** y **TODO LO DEMÁS**

MANUAL DE SUPERVIVENCIA
PARA HOMBRES

¡PELIGRO!
MANTENGA A LAS
MUJERES LEJOS
DE ESTE LIBRO

AGUILAR

Quiúbole con...

Primera edición: noviembre de 2006
Segunda edición: septiembre de 2016

Primera reimpresión: marzo 2017
D. R. © 2006, Gaby Vargas y Yordi Rosado

D. R. © 2017, derechos de edición mundiales en lengua castellana:
Penguin Random House Grupo Editorial, S.A. de C.V.
Blvd. Miguel de Cervantes Saavedra núm. 301, 1er piso,
colonia Granada, delegación Miguel Hidalgo, C.P. 11520,
Ciudad de México

www.megustaleer.com.mx

D. R. © Pico ADW, por el diseño de cubierta
D. R. © Pico AdWorks, S. A. de C. V., con la colaboración especial de Carolina García,
Heidi Ávila, Marcos Arellano, Omar Salgado y Víctor Covarrubias, por el diseño de interiores

D. R. © Humberto Ramos, Francisco Herrera y Edgar Delgado, por las ilustraciones
D. R. © Guillermo Mercado, por la adaptación de interiores

ISBN: 978-607-314-727-9

Impreso en México – *Printed in Mexico*

El papel utilizado para la impresión de este libro ha sido fabricado a partir de madera procedente
de bosques y plantaciones gestionadas con los más altos estándares ambientales, garantizando
una explotación de los recursos sostenible con el medio ambiente y beneficiosa para las personas.

Penguin
Random House
Grupo Editorial

ÍNDICE

CAPÍTULO 1
QUIÚBOLE CON... MI CUERPO

CAPÍTULO 2
QUIÚBOLE CON... MIS RELACIONES

CAPÍTULO 3

QUIÚBOLE CON... MI VIDA

CAPÍTULO 4

QUIÚBOLE CON... MI SEXUALIDAD. EXO QUE LLAMAN SEXO

CAPÍTULO 5

QUIÚBOLE CON... MIS ROLLOS EMOCIONALES

PRÓLOGO

Los jóvenes de hoy enfrentan una vorágine de vicisitudes ocasionada por su migración a una nueva etapa. Confundidos por los mensajes de la sociedad respecto a lo que se espera de ellos, buscan alternativas que apuntan a un objetivo común, donde se congregan los puntos de vista adecuados para bla, blabla, blablabla, bla, bla.

Blabla, blablabla, bla blabla ¿bla? Bla blablabla, bla, blabla, bla, bla, blablabla, bla, blablabla, bla, bla, blablabla, bla, blabla, bla, bla, blablabla, bla, blabla, blablabla (bla, blablabla, bla, blabla, bla, bla, blablabla) bla, blabla, bla, bla, —blablabla—, bla, blabla, bla, bla, bla bla, blabla, bla, bla, bla bla, blabla, bla, bla, bla bla, blabla, bla, bla, bla bla, blabla, bla, bla, bla bla, blabla.

Bla, bla, bla bla, blabla, bla, bla, bla bla, blabla, bla, bla, bla bla, blabla, bla, bla, bla bla, blabla, bla, bla, bla bla, blabla, bla, bla, bla bla, blabla, bla, bla, bla bla, blabla, bla, bla, bla bla, blabla, bla, bla, bla bla, blabla, bla, bla, bla bla, blabla, bla, bla, bla bla, blabla, bla, bla, bla bla, blabla, bla, blablablabla, bla, bla, bla bla, blabla, bla, bla, bla bla, blabla, bla, bla, bla bla, blabla, bla, bla, bla bla, blabla, bla, bla, bla bla, blabla, bla, bla, bla bla, blabla, bla, bla, bla bla, blabla, bla, bla, bla bla, blabla, bla, bla, bla bla, blabla, bla, bla, bla bla, blabla, bla, bla, bla bla, blabla, bla, bla, bla bla, blabla, bla, bla, bla bla, blabla, bla, bla, bla bla, blabla, bla, bla, bla bla, blabla, bla, bla, bla bla, rblabla, blablablabla, rblabla, bla, bla, bla bla, blabla, bla, bla, bla bla, blabla, bla, bla, bla bla, blabla, bla, bla, bla bla, blabla bla, blabla, bla, bla, bla bla, blabla, bla, bla, bla bla, blabla, bla, bla, bla bla, blabla, bla, bla, bla, bla ¡bla,bla! ¿bla? bla, blabla, bla, bla, bla.

BIENVENIDA

Quiúbole (palabra vintage que significa hola, ¿qué onda?, ¿cómo vas?, ¿qué pasa?, ¿qué tal?, ¿qué de qué?, ¿cómo van las cosas?, (perdón, nos emocionamos). Nos da muchísimo gusto que tengas este nuevo *Quiúbole* en tus manos (o dónde lo tengas) porque estamos seguros que te va a encantar, ya que tiene los temas más nuevos y actualizados que estás viviendo, así que ya seas Millenial, Generación Z, Tween, Teen o niño cristal (aunque sea empañado), vas a ver que estos temas te gustarán y funcionarán mucho. En esta etapa de tu vida seguro ya conoces muchísimas cosas; por ejemplo:

QBL: Eres el máster de las redes sociales, pero ¿sabes qué es cybergrooming, sexcasting y sexting?

QBL: Cómo y en qué año fue la Independencia de México; pero, ¿tienes idea de cómo independizarte de un cuate que te trae de bajada?

QBL: Cómo se hacen varias reacciones químicas; pero, ¿tienes idea de cómo tener química con la chava que te gusta y hacer que "reaccione"?

QBL: El proceso de fotosíntesis de las plantas; pero, ¿ubicas lo que puedes sufrir si fumas algunas de ellas?

QBL: Cómo subir tu nivel en los deportes; pero, ¿sabes cómo subir el nivel de tu autoestima?

QBL: El resultado de la fricción entre dos cuerpos; pero, ¿qué tal si los cuerpos son el tuyo y el de tu novia?

Sabemos que todo esto es súper importante para ti. Por eso escribimos *Quiúbole con...*® un libro especialmente para hombres entre 13 y 22 años, aunque estamos seguros de que los más grandes también van a encontrar cosas que no saben y que les van a servir muchísimo.

Vas a ver que este libro es diferente a cualquier otro que hayas visto, ojeado, leído por tarea, por obligación, por castigo o hasta por gusto.

Ésta es la versión súper actualizada, Millenial, Generación Z, advance y todo lo que se te ocurra.

Te prometemos algo: te vas a divertir y vas a aprender muchas cosas. Algunas medio las sabías, o a lo mejor las sabías chuecas, y otras no sabías que *ya* las sabías (parece trabalenguas, pero es neto).

Éste es el momento de construir las bases de tu vida, y las batallas más grandes que debes enfrentar no son con tus papás, maestros o amigos; ni siquiera con tus exnovias. Las batallas están en ti mismo.

Todo esto nos motivó a actualizar e investigar durísimo este nuevo *Quiúbole con..*® y queremos que, más que un libro, sea como un "manual de supervivencia".

Nuestra idea es platicar acerca de tus problemas de una manera padre, cool y divertida, pero también profunda y muy bien documentada: las cosas importantes no tienen por qué ser aburridas.

Puedes leerlo de dos maneras: saltando de un tema a otro según lo que te lata, o bien de principio a fin.

En *Quiúbole con...*® nunca te decimos qué hacer o qué no hacer; eso lo decidirás tú. Sólo buscamos que sepas lo que puede pasar si decides hacer X , Y o Z.

Esperamos que al leerlo te diviertas y lo disfrutes como nosotros al hacerlo y, lo más importante: que al momento de tomar las decisiones en tu vida, algo de lo que leíste te ayude a hacerlo de manera inteligente.

Esta generación digital es una de las más inteligentes que ha existido, así que ¡¡vas con todo!!

Gaby y Yordi

MAESTRO YOBA

Hola, soy el maestro Yoba. Seré tu guía, tu *sensei* a lo largo de este libro. Bueno, así como *sensei*, *sensei*, no, porque de entrada reprobé mi examen de cinta amarilla tres veces. Pero de que te voy a guiar… te voy a guiar.

Sé cuales son tus inquietudes y conozco todas las respuestas. Y no porque sea sabio, sino más bien porque he vivido por muchos siglos y me ha pasado de todo. Algunos ejemplos:

- ME MANDARON A MI PRIMER EXAMEN EXTRAORDINARIO EN KINDER 1.
- ME DIO VARICELA DOS VECES.
- CUANDO ME DEJABAN IR A UNA FIESTA Y ME RECOGÍAN A LAS 8:00, LA FIESTA EMPEZABA A LAS 9:00.
- DE CADA 10 000 PARACAÍDAS HAY UNO QUE NO ABRE Y, POR SUPUESTO, YO LO ENCONTRÉ.
- EL ÚNICO DÍA EN QUE ME DEJARON ENTRAR A UN ANTRO HUBO REDADA.
- MI NOVIA ME ENGAÑÓ CON SEIS DE MIS AMIGOS. LA SIGO CONSIDERANDO UNA MUJER DECENTE.
- EL DÍA QUE ME GANÉ UN PREMIO EN LA LOTERÍA, EL BOLETO ERA FALSIFICADO.
- ME ATACARON DOS DOBERMANS. LOS DOS ERAN MÍOS.

Además, estuve mucho tiempo en la escuela. No por estudioso, sino porque mi mamá siempre se olvidaba de mí y me recogía dos horas después de la salida. Así pues, gran parte de mi sabiduría se la debo al tiempo, al universo y a don Lino, uno de tantos conserjes de las escuelas por las que pasé. En fin, todas estas experiencias me han dado mucho conocimiento, así que no dudes de lo que te diga, porque todo es real.

Cada vez que me veas empezaré diciendo la frase: "Debes saber…", y la digo porque es herencia de mis antepasados y porque, porque… pues porque debes saberlo.

CAPÍTULO 1

QUIÚBOLE CON... MI CUERPO

¡ODIO QUE ME DIGAN PUBERTO!

En la vida hay un buen de cosas que son insoportables, como por ejemplo:

- **QBL:** Que a la niña que te gusta le lata más tu mejor amigo;
- **QBL:** encontrarte los calzones de tu tía colgados en la regadera (¡aaaghhh! especialmente si son de paracaídas);
- **QBL:** cachar a tus papás en la hora romántica;
- **QBL:** pedir una pizza y que llegue en el minuto 29; y
- **QBL:** que tus papás le enseñen a tus amigas, o a tu novia, la típica foto de la tina, donde estás encueradito, enseñando tu "pilín" (debería existir una ley que prohíba enseñar esas fotos).

Pero nada como que te traigan de bajada con la frasecita: "Déjalo, pobre puberto."

De hecho, los hermanos y los primos mayores son expertos en el arte de *pubertear*. Manejan el verbo mejor que nadie: yo puberteo, tú puberteas, nosotros puberteamos, ¿vosotros puberteais?; no importa cómo lo digan, se la viven molestando.

Para saber qué pex con este rollo debes conocer lo básico: ¿qué significa pubertad? Según la Real Academia Española:

1. f. Pubertad.— Primera fase de la adolescencia, en la cual se producen las modificaciones propias del paso de la infancia a la edad adulta.

O LO QUE ES LO MISMO:

1. f. Pubertad.— Primera fase de la hormona loca en la cual tus partecitas, que antes eran de juguete, se convierten en armas letales.

Si estás en esta etapa, el diagnóstico es indiscutible: eres un *homo sapiens pubertis futboleris;* o sea, eres un puberto. Relájate, todos hemos pasado por eso. De hecho, hay algunas cosas de las que nadie se salva: la muerte, perder un calcetín —y jamás encontrarlo— y la pubertad.

Esto significa que, de entrada, no eres el único. Date cuenta: cuando llegas a tu salón… la neta es "Pubertilandia". A todos les pasa lo mismo que a ti: te salen granos; cuando hablas salen más gallos que palabras; sientes el cuerpo desproporcionado, tipo monito de plastilina (una cabezota y un cuellito) y, por si fuera poco, te sucede uno de los fenómenos más extraños del planeta: te sale barba lacia.

Sí, te sientes un fenómeno de la naturaleza y crees que te falta poco para presentarte en un circo como "El abominable hombre de la barba lacia".

El hecho es que ser puberto no se trata sólo de esto, también tiene muchas cosas chidas. Por ejemplo:

QBL. Tu cerebro crece, así que ahora vas a entender más cosas, tomar tus propias decisiones y tener más control de tu vida. Pero eso sí, por más que te crezca el cerebro, seguirá siendo cañón entender a las mujeres.

QBL. Tu carácter empieza a definirse.

QBL. Dejas de ser solamente el hijo "de" para empezar a ser "tú".

QBL. Vives cosas nuevas que antes ni te pasaban por la cabeza. Además, aprendes. A veces le atinas y a veces la riegas, pero eso es lo divertido. Cuando lo haces bien te sientes increíble, y cuando te equivocas tienes un punto más de referencia para saber qué *no* debes hacer y qué *sí* debes hacer.

Ahora bien, si alguien te molesta mucho con lo de "puberto", date cuenta de que te lo dice más por hacerte enojar que por otra cosa. No lo tomes personal. Sobre todo, no le hagas ver que te prende, porque entonces verá que decírtelo da resultado y no te lo vas a quitar de encima. Mejor olvídalo, ignóralo, no le des importancia. Cuando menos te lo imagines, ese cuate va a ser historia.

Ser puberto es como tener una tarjeta de crédito platino: tiene muchos beneficios pero, eso sí, tienes que pagarla. Debes saber que crecer no significa que tengas la experiencia de los adultos, aunque tu cuerpo, tu mente y hasta tu ángel de la guarda se pongan PUNKS y se sientan más grandes. La experiencia se adquiere con muchos años y madurez. Es mejor no intentar ser algo o alguien que todavía no eres.

La experiencia y todo lo que saben tus papás es real. Lo aprendieron con mucho tiempo y trabajo. Tú mejor sólo vive esta etapa, experimenta, aprende y disfrútala muchísimo. Es más: casi, casi sal a la calle y grita: "¡Estoooy orgullosooo de ser pubertooo!" Que te valga, ¿no?

¿ADOLESCENCIA
O ABORRECENCIA?

Un día te levantas de la cama y te das cuenta de que todo el mundo cambió: tus papás, tus hermanos, tus maestros; bueno, hasta el perro te ve feo (aunque es mucho peor si te ve bonito y se enamora de tu rodilla). En fin, todo es diferente, como si unos extraterrestres hubieran bajado a cambiar a toda tu familia por copias piratas (quizá no te molestaría que se quedaran con tu hermana/o para hacer algunos experimentos).

Pero bueno, tú, como cualquier otra mañana, abres el ojo, te rascas tus cositas y limpias la baba de la almohada. Pero ese día sientes algo raro, tu cuarto se ve como de niño; los posters de cuando eras chiquito ya no vienen al caso; el Supermán que cuelga del techo y daba vueltas (de hecho, ya no da vueltas, da lástima), nada que ver; los cuadros de aviones o de pelotas que tus papás te pusieron, menos. ¿Qué pasooo? El tapiz es de animalitos ¡y no te habías dado cuenta! Y en tu repisa tienes unos dinosaurios, unas construcciones de Lego que guardas como si fueran el Premio Nacional de Arquitectura, un Hulk con otros tres muñecos y, además, ¡tu tele está llena de estampitas! Entonces te preguntas: "¿Cómo no me di cuenta de esto ayer? ¿Aquí estaba todo?"

Cuando te ocurre esto sólo hay una explicación:

YA CRECISTE.

El rollo es que al mismo tiempo te das cuenta de que no sólo es el cuarto; tú también empiezas con un buen de cambios. Son muchos y no los controlas: es como sacar a pasear a un perro que es del doble de tu tamaño, y más bien parece que el perro te sacó a pasear a ti.

Algunos cambios
¿Qué ONDA con ellos?

- Te sientes incomprendido y con más presiones.
- Te vuelves enojón, tipo Grinch en intercambio navideño.
- Si antes tu paciencia era de 10, ahora es como de 3.5, y el .5 no sube.
- Lo mejor de la vida es salir con tus cuates.
- Cuestionas todo lo que viene de tus jefes: permisos, forma de vestirse, forma de hablar y demás.
- Estás hipersensible.
- Le contestas a tus papás por todo, no importa si no te preguntaron nada.
- No te entiendes ni tú mismo.
- Tienes mil broncas con tus jefes. Ya no quieres que se metan en tu vida, y cuando te regañan sólo les dices que sí, pero ya ni les pones atención.
- La niña que antes no soportabas ahora te gusta; hasta sus braquets te parecen sexys.
- Tu deporte favorito es "echarla" (la web).
- Ya no te diviertes con las mismas cosas de antes.
- Tu autoestima esta súper inestable.
- Antes estabas de acuerdo con todo lo que tus papás te decían; ahora sus recomendaciones ya no te laten tanto.
- Te sientes ridículo con los tres pelos que te salen en la barba.
- Así como el planeta tiene sus elementos (agua, fuego, tierra y aire), tú tienes los tuyos (fiestas, niñas, estar en línea y amigos).

En fin, te preguntas: "¿Qué onda? Yo no era así". Entonces, un día te la pasas excelente, otro te sientes terrible, confundido y a veces súper inseguro.

Tranquilo, la adolescencia es una época muy chida y divertida en la que vivirás mil cosas nuevas, pero la neta también tiene sus retos y responsabilidades. Todo tiene su *kit* básico de cambios físicos, emocionales y sociales, y, aunque suene de flojera, es esencial que les des una checadita, porque no son los cambios de los europeos en la Edad Media: ¡son tus cambios!

En cuanto a los cambios físicos, es como pasar a otro nivel en un videojuego: te salen "cosas nuevas" y las que ya tenías te crecen (por desgracia, no todo llega al tamaño que quisiéramos). Los rollos emocionales se convierten en tu deporte extremo: de repente escalas la parte más alta de la montaña y cinco segundos después te vas de hocico. Finalmente, en los cambios sociales, tus héroes ya no lo son. El que menos te imaginabas ahora es tu súper *brother*. En fin, a veces ni tú mismo sabes si te caes bien o mal. En caso de que te caigas muy mal, adminístrate lo siguiente:

Paso # 1. Hazte la ley del hielo a ti mismo.
Paso # 2. Perdónate al tercer día.

NOTA

Si después del tercer día, te sigues cayendo #muymal, regresa al paso #1, y rompe relación contigo, por lo menos hasta Navidad.

Como ya no eres niño —pero tampoco un adulto—, con todos estos rollos te pones súper rebelde, sensible y confundido. No te preocupes, es completamente normal. Lo que importa es entender *qué* te pasa en esta época de tu vida y *por qué* te pasa.

Cuando menos te lo imagines todo esto ya se habrá ido, así que, como dicen por ahí, tú flojito y cooperando. Todos hemos pasado esta etapa, unos sin broncas, otros con pocas y los demás con un buen. Podríamos decir que en general, todo depende de ti, de la "actitud" que tengas y, sobre todo, de las decisiones que tomes diariamente.

La adolescencia es una de las etapas más padres que vas a tener en tu vida —muchos adultos darían lo que fuera para volver a ser adolescentes (por ejemplo, YO)—. Así que disfrútala al máximo y entiéndela para que te sea leve. Como decía un gran filósofo del siglo XVIII: "La adolescencia te va a encantar… pero hay que echarle ganitas".

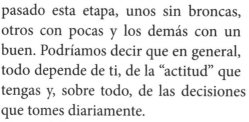

¿QUÉ PASA CON MI CUERPO?

Cada cuerpo es diferente y crece a su propio ritmo. La manera en que el tuyo cambie te puede enojar, apenar, no latir nada o de plano gustar muchísimo. De hecho hay quien se siente ultra suertudo.

Estos cambios, obvio, afectan tus sentimientos, la forma en que te relacionas con tu cuerpo y con la gente que conoces. ¡Así que no te claves! Para estar a gusto y cómodo contigo mismo, lo primero que necesitas es entender qué pasa y por qué pasa. Ojo: "Conocimiento es poder" o lo que es lo mismo: "Entre más sepas, menos te equivocas".

Algunos de los cambios más frecuentes

QBL Te sale vello en lugares donde no había: piernas, alrededor del pene, axilas y cara (aquí se comprueba que no todo el vello es bello).

QBL Los pies te crecen y empiezan a transpirar. Si te huelen muy grueso no es que seas súper puberto, sólo eres súper cochino.

QBL Creces muy rápido. Te das cuenta de que la ropa que ayer te quedaba ya no te entra hoy. Ahora que, si ya no estás en la pubertad, pues es muy sencillo: la persona que te lava la ropa ¡te la está encogiendo!

QBL Te ves como muñeco de acción "pirata"; tienes los brazos más grandes de lo normal. Haz de cuenta que te pusieron los de un cuate cuatro años más grande que tú.

QBL La frente y la quijada crecen, por lo que puedes presentar el síndrome "Quequi": ¡qué quijadota!, también conocido como el síndrome "cara de luna".

QBL Los pechos se te pueden inflamar y quedarse así por uno o dos años, en especial si eres gordito. #WTF

QBL La piel se vuelve más grasosa y te pueden salir brotes de juventud, mejor conocidos como "asquerosos barritos".

QBL Los pezones se te oscurecen y pueden estar más sensibles, así que ¡aguas!, no te los vaya a pellizcar un amigo medio gandalla.

QBL Los órganos sexuales crecen y se desarrollan; por ejemplo el escroto —la bolsita de piel que está atrás del pene— crece, se alarga, su piel se afloja, se adelgaza, se pone rojiza y oscurece.

QBL Los testículos (antes llamados "huevitos" por las mamás) se agrandan y cuelgan. Ahora más que "itos", van a ser "otes".

- El pene se alarga y se hace un poco más grueso. Al principio, sólo un poco: no olvides que es desarrollo, no milagro.
- Tienes más erecciones (cuando el pene se pone duro por un tiempo).
- Empiezas a eyacular. De tu pene sale un líquido cremoso y blanco llamado semen.
- La espalda se te ensancha y tus caderas se ven más delgadas. De hecho, la espalda se pone como triángulo invertido; pero si más que como un triángulo la tienes como círculo, bájale a las papitas.
- Tu mini conejito se convierte en una liebre robusta. Este cambio te va a encantar, porque los músculos se desarrollan y te sientes más fuerte que antes.
- Te empiezas a sentir diferente por dentro (lógicamente por fuera también, sólo hace falta que te asomes a tu bóxer).
- Te empieza a cambiar la voz.

Todo se me hace más grande ¿Puedo escoger el tamaño?

Cuando te empiezas a desarrollar todo es nuevo. Aprovéchalo. Te salen bolas por aquí, bolas por allá y otras por acullá. Cuando descubres las de "acullá", entiendes el verdadero significado de la palabra "frágil".

En fin, quisieras que fuera como hacerle una carta a Santa en la que le pides todo en **LARGE**; nada más no te vaya a traer en *petit* lo que más te importa. Si te pasa esto, seguro que piensas: "¡Chin!, me dejó el de uno de sus duendes".

Sería chidísimo escoger el tamaño y la forma de tu cuerpo, pero la neta es que no se puede. Imagínate: todos tendrían el cuerpo súper tronado como el del típico maestro de gimnasio, y la cara del artista de moda que vuelve locas a todas las chavas.

Las proporciones de tu cuerpo dependen por completo de factores hereditarios así que, si quieres saber cómo va a estar tu carrocería, nada más fíjate en la de tu papá y en la de tu abue. Esta última puede tener ya dos o tres llegues. No te preocupes, es el exceso de kilometraje. En tu caso, los golpes todavía salen con *polish* (o sea, muy fácil).

Ahora que si estás preocupado porque todos tus cuates te sacan 20 centímetros y están fuertísimos, y a ti te dan ganas de esconderte porque tienes cuerpo de niño, recuerda que es normal. Cada quién tiene su tiempo. Al rato los alcanzas y, tal vez, hasta los pasas.

Las etapas

Para llegar a la adolescencia tienes que pasar por varias etapas. Las mujeres empiezan su camino antes que los hombres: por eso, cuando jugabas a las escondidillas con ellas no les importaba perder mientras siguieran escondidas contigo.

Es básico saber que algunos hombres llegan antes que otros a la adolescencia; en algunos casos sus cambios empiezan desde los 9 años. Si no has empezado a sentir cambios, no te desesperes: al rato vas a estar como árbol de navidad, con todo y sus dos buenas esferas.

¡A cruzar el río!

Sí. Para llegar a ser adulto necesitas cruzar el río. Fíjate, cuando eres niño estás en una orilla y no hay bronca, porque pisas tierra firme. Pero cuando te metes al agua para llegar al otro lado, te das cuenta de que la corriente es fuerte y hasta divertida, pero donde pisas está lleno de hoyos, piedras, ramas, algas, arena, peces, hojas, latas, anzuelos, ajolotes, basuritas (¡caray!, lo que se te ocurra que hay en un río). Pero ni modo: lo tienes que cruzar para llegar a la otra orilla, a la vida adulta. Esta etapa es la adolescencia.

Uno de los principales rollos de este río es que, mientras lo cruzas, ni eres niño ni eres adulto; además, buscas independencia, reafirmarte, probar las cosas por ti mismo, saber qué pasa con tu vida; buscas pertenecer, caer bien, que tus amigos y todo el mundo te acepten; tener tus propias ideas, tu propia personalidad; en fin, ser tú. Pero lo cañón es que, como en el agua todo se mueve, luchas contra mil cosas. Además de los problemas que tienes afuera, también te defiendes de los que llevas dentro, como son las inseguridades y los miedos pero, sobre todo, te urge saber bien quién eres. En conclusión, no sabes ni de dónde agarrarte.

¿Qué pasa conmigo?

La adolescencia trae cambios súper fuertes en todo tu ser, cambios ocasionados por las hormonas y los químicos que se producen en tu cerebro y en tus testículos (léase también huevos, gumaros, pelotas, *balls* o como quieras llamarles). Estas sustancias son las responsables de todos los cambios. Mientras tú estás en las nubes, ellas por dentro chambean a todo lo que dan.

Es probable que de un día para otro dejes de ser "El abominable hombre de la barba lacia" y, con esos pelos que empiezan a salirte por todos lados, te conviertas en "El abominable hombre lobo"; es más, si sientes que al levantar los brazos te huele el sope, té ruge la bisagra o te chilla la ardilla, ¡felicidades, ya estás en ese momento!

A veces los cambios son tan rápidos que ni te das cuenta. El rollo es que la pubertad te prepara para entrar a la etapa de la vida en la que, entre otras muchas cosas, puedes embarazar a alguien, ¡ups!

DE MODO QUE, SI CREÍSTE QUE ALGUNAS PARTES DE TU CUERPO ERAN SÓLO PARA ECHARTE UNA CASCARITA ¡ABUSADO! AHORA YA SABES QUE SIRVEN HASTA PARA JUGAR EL MUNDIAL.

Las cinco etapas de la pubertad

Para que puedas seguir el desarrollo de tus órganos genitales casi casi con GPS, aquí están las cinco etapas de la pubertad para que sepas cómo vas.

ETAPA 1

- Sucede antes de que la pubertad empiece.
- Tus órganos sexuales tienen cambios mínimos.
- Volumen de los testículos: dos centímetros cúbicos (de plano, nada para asustar).
- Presentas calvicie inferior, o sea que todavía no tienes vello púbico.

ETAPA 2

- Los testículos y el escroto dan su primer estirón: pueden tener un volumen de tres centímetros cúbicos o más.
- El pene todavía anda como dormidón: no crece mucho, así que evita usar una lupa… sería sólo un espejismo.
- El escroto se hace más grande y arrugado; los testículos ya no llenan la bolsa.
- La piel del escroto se siente diferente.
- Puede aparecer vello púbico (tipo "colados en fiesta de paga": casi no se ven, pero ahí están).

ETAPA 3

- El pene crece a lo largo.
- El pene y el escroto se oscurecen.
- Si no ha salido el vello púbico, ahora sí sale porque sale.
- Si ya tienes vello, se oscurece y se enchina —si eres lacio, tendrás doble personalidad, lacio por fuera y chino por dentro.
- Esto pasa entre los 10 y los 14 años y puede durar de dos meses a un año y medio.

ETAPA

- Los testículos siguen echándole ganitas y crecen todavía.
- La bolsa del escroto cuelga más.
- El pene crece y se ensancha.
- El glande se desarrolla (la cabecita del pene).
- La piel del pene y del escroto sigue oscureciéndose.
- Por lo general, este rollo es entre los 12 y los 14 años.

ETAPA

- Como veas tu pene en esta etapa, lo vas a ver toda la vida. Ya está completamente desarrollado, así que cuando lo saludes repite: "Bienvenido a la realidad".
- Los testículos tienen de cuatro a seis centímetros cúbicos de capacidad y entre 14 y 27 milímetros de largo (si quieres comprobar las medidas, evita la regla T y la escuadra del juego de geometría... puedes poncharte uno).
- El escroto ya se desarrolló por completo.
- El pene y el escroto siguen oscureciéndose.
- Esta etapa llega casi siempre entre los 14 y los 16 años; aunque hay algunos niños que empiezan a los doce o trece y otros que terminan hasta los diecisiete o dieciocho años. No te alucines, es normal.

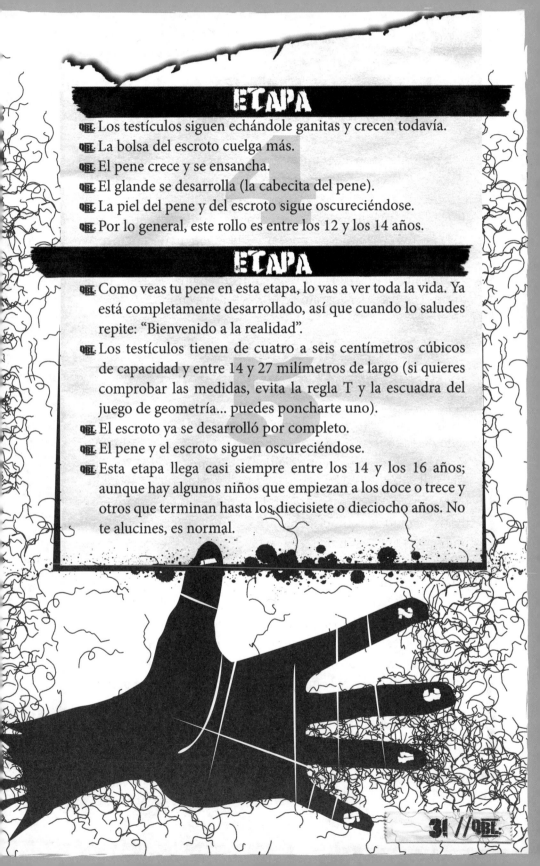

Los famosos genitales, también conocidos como "genitowers"

Los genitales son el pene y el escroto. Dentro del escroto están los testículos (el pene es mucho más *genitower*, por obvias razones; y así como hay rascacielos gigantescos, hay casitas dúplex… pero bueno, eso es otro boleto. Ambos se encuentran en la parte exterior del cuerpo, afuerita, y son, ni más ni menos que prprprprprprprprp (es un redoble de batería, no creas que nos quedamos dormidos apachurrando unas teclas… en la compu): la base del aparato reproductor masculino.

Más cambios. "Tengo mi propia selva"

Mientras tus testículos crecen, alrededor del pene te sale un vello delgado, como que los pelitos se estacionan por ahí (eso sí es un "estacionamiento púbico"). Bueno, la cosa es que este vello poco a poco se oscurece, se enchina y se extiende incluso hasta la parte baja del abdomen y las caderas, en forma de triangulito de bikini. Sube y hace una carreterita hacia el ombligo. Para las mujeres a esta edad, toda esta zona es conocida como el "área 51 de la NASA", pues todas saben que existe, pero muy pocas la conocen.

Puede ser que te salgan algunos granitos alrededor del compañero ("Pene": compañero que nunca te deja solo). No te preocupes, es el vello que a veces se entierra al salir. También pueden aparecer otros granitos que no tienen vello. Estos surgen por el sudor y la grasita de las glándulas que se activan durante los cambios en la pubertad.

La piel en esta área es más húmeda y tiene un olor diferente. Es parte natural de hacerte hombre.

EL PENE

A pocas partes del cuerpo humano se le han dado tantos nombres, apodos y adjetivos como al pene. Desde los nombres más tiernos que le ponen las mamás, hasta los más guarros, que con el sólo hecho de nombrarlos hacen que en cualquier escuela te manden tres días a la congeladora (alias "tu casa").

El asunto es que el pene es como estrella de Hollywood: muy pocas veces se deja ver, ¡pero es famosísimo!

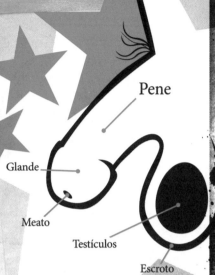

Pene
Glande
Meato
Testículos
Escroto

El pene es un órgano eréctil (o sea que se pone duro cuando se estimula), que sirve como tubo para sacar los espermatozoides del cuerpo. Es mega sensible a los estímulos sexuales y su tamaño es la preocupación de un buen de hombres que no tienen la menor idea de qué pex con este rollo del tamaño —nunca leyeron *Quiúbole.*®

En la punta o glande está el meato; por ahí orinas. Cruza los dedos para que esa ranurita no se pegue de en medio porque si eso te ocurre te conviertes en un monstruo de dos cabezas: al mismo tiempo vas a hacer pipí a la derecha y a la izquierda. De hecho, se ve chistoso, pero a la persona que limpia el baño no le va a hacer mucha gracia.

El glande es la parte del pene más sensible (así se llama, no significa que si tienes glande, lo tienes glande. Irónicamente, puedes tener un glande muy chico).

Hay penes con circuncisión y otros sin circuncidar; o sea, con gorrito y sin gorrito. Más adelante veremos más del tema.

Comparando tus cositas con las de otro

Como mencionamos, una de las cosas que más le preocupa a cualquier hombre es ¡el tamaño del pene! Siempre se dicen cosas como: "Si es muy grande, a las mujeres les gusta más", "si es muy chico, no sienten nada", "Es mejor chiquito y rinconero, que grande y atontado", etcétera.

Es todo un rollo. Deja que te digamos que el tamaño del pene nada tiene que ver con lo hombre, macho, valiente, atractivo o súper héroe que seas. Tampoco tiene que ver con lo bueno que vayas a ser como amante, esposo o papá.

DEBES SABER QUE LA MAYORÍA DE LOS HOMBRES, CUANDO ESTÁN DESNUDOS EN UN CLUB O EN UN VESTIDOR, EN ALGÚN MOMENTO SIENTEN LA CURIOSIDAD DE VER LOS PENES DE LOS OTROS PARA COMPARARLOS CON EL SUYO, PERO PREFIEREN NO HACERLO PARA QUE LOS DEMÁS NO VAYAN A CREER QUE SON GAYS. NO TE PREOCUPES, ES NATURAL.

¿Será normal? ¿Muy chico? ¿Muy grande?

Muchos hombres se preguntan: "¿Cuánto mide un pene normal?"

La respuesta es: todos son normales (ahora que si es de tres cabezas o mide dos metros, no lo lleves a un urólogo, llévalo a los récords Guiness o a un zoológico). Pero ya en serio, aunque existen algunas disfunciones especiales, la mayoría, grandes o chicos, son normales. Tenemos cuerpos distintos. Es como si preguntáramos: "¿De qué tamaño debe ser una mano o una nariz?"

El tamaño promedio de un pene dormidón en un adulto es de entre cinco y ocho centímetros. Cuando está erecto, mide de doce a quince centímetros. El diámetro promedio es de no más de 4 centímetros y alrededor de 10 a 11 centímetros de circunferencia.

El tamaño tiene un buen que ver con la raza; así como un pastor alemán tiene un súper equipo comparado con el de un chihuahueñito, así más o menos es con la raza humana, aunque no tan radical.

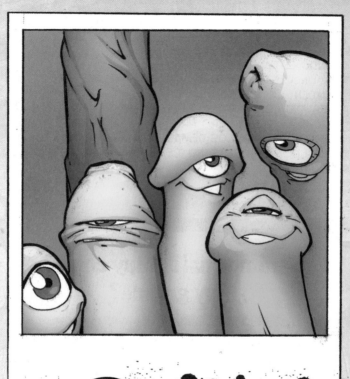

Ch-K-T lo siguiente

Los penes de los orientales miden, por lo general, de 10 a 14 centímetros de largo y unos 3 centímetros de diámetro. En los caucásicos, van de 14 a 15.2 centímetros de largo y 3.8 de diámetro. Los negros tienen de 16 a 20 centímetros de largo y 5 de diámetro. En algunas razas negras, lo tienen del mismo tamaño en reposo que en erección. ¡Así que no sabes si está despierto o anda sonámbulo!

DEBES SABER QUE EL PENE DE UNA BALLENA AZUL MIDE, EN PROMEDIO, 3.6 METROS. ASÍ QUE MUCHO CUIDADO CUANDO NADES CON BALLENAS: ¡FÍJATE BIEN DE DÓNDE TE AGARRAS!

OTROS DATOS IMPORTANTES:

QBL. Los penes chicos tienden a crecer más durante una erección: pueden aumentar su tamaño hasta 260 por ciento.

QBL. Los penes que se ven grandes crecen menos cuando están erectos: llegan a crecer hasta 165 por ciento.

QBL. Es más fácil que un pene chico dé la sorpresa, o el estirón, que uno grande.

QBL. Cuando te da miedo, tienes frío o estas nerviosón, tienes menos irrigación sanguínea dentro del pene, y éste se hace más chico. Se puede encoger hasta tres o cuatro centímetros. Así, hasta para hacer pipí es difícil encontrarlo.

QBL. Cuando estás relajado y calientito aumenta el flujo de sangre y con ello el pene crece. Así que si quieres impresionar a alguien, relájate, relájate, relájate...

QBL. El tamaño varía según la hora del día, la temperatura de tu cuarto, lo tranquilo o nervioso que estés, tu humor, la situación o la actividad sexual.

Recuerda que el pene llega a su desarrollo total hasta los diecisiete o dieciocho años. Si ya tienes esta edad, quiérelo y acéptalo porque va a ser tu amigo *inseparable* (pero si no lo quieres, ¡auuuuchh!, qué dolor).

Mitos acerca del tamaño del pene

Los mitos son historias o leyendas. Muchos mitos son súper exagerados.

 **lo siguiente**

✗ Falso:

- Los hombres con penes grandes son mejores para los deportes, más fuertes y más valientes.
- Tienen más potencia sexual, son más calenturientos, tienen más erecciones o éstas les duran más. Son mejores amantes (negativo, pareja… negativo).
- A las mujeres les gusta más un pene grande (¡cero!); a las pocas que les gustan los penes grandes es por estética, por la influencia de lo que ven en la tele o en las películas porno.
- Ellas disfrutan más la relación sexual.
- Si tienes largo el dedo pulgar, tienes largo el pene.
- Los hombres altos y fuertes tienen el pene más largo (aquí se comprueba el refrán: "Mucho cuerpo y poca mecha").

✓ Verdadero:

- El tamaño del pene no tiene que ver con lo hombre que seas, ni con lo fuerte, valiente o atlético que puedas ser.
- El tamaño del pene no tiene que ver con el placer que puedas darle a una mujer en el acto sexual.
- Hay estudios en los que se comprueba que la mayoría de las mujeres le dan muy poca o ninguna importancia al tamaño del pene de su pareja (a menos que sea una ballena azul hembra).
- El tamaño de los dedos de la mano no tiene nada que ver con el tamaño del pene.
- La altura tampoco tiene nada que ver. Si así fuera, todos los basquetbolistas de la NBA tendrían tres piernas en lugar de dos.

NO TE LA CREAS.

Seguro vas a encontrar anuncios como estos en internet, revistas o en cualquier lado.

TurbopeneMAX

¡Tu pene puede ser más largo y más ancho!

¡Erecto puede medir hasta veinte centímetros o más!
¡Llama YA! ¡Nuestras operadoras te están esperando!

¡Conviértete en todo un semental con un sencillo curso por correspondencia!
Si lo ordenas ahora, te llevas un exprimidor de naranjas... ¡gratis!

Háblale a tu pene, él te escucha. ¡Científicamente comprobado! ¡Conoce tu máximo potencial y hazte su amigo!

"FUE INCREÍBLE, UTILICÉ EL TURBOPENE-MAX TAN SÓLO 5 SEGUNDOS, Y CRECIÓ COMO CUELLO DE JIRAFA. AHORA TODAS LAS CHICAS DEL MUNDO ME HABLAN Y ME BUSCAN."

01-800-TURBOPENEMAX
TurbopeneMAX

Estos productos, como las "gotas para tener mejor sexo" o las "cremas para el pene" ¡no sirven para nada! Hasta pueden ser peligrosos.

El tamaño del pene tampoco cambia con ejercicios, sesiones de hipnosis, pastillas, jaleas, colgándote algo o cualquier otra mafufada. No desperdicies tu dinero ni dejes que te vean la cara de súper güey.

¡Ojo! Si tienes el pene morado, hay de dos: estás haciendo una tontería de éstas o eres primo hermano de Barney.

El pene: con y sin circuncisión

La circuncisión es una operación en la que el prepucio —una pielecita especial que cubre la parte superior del pene— se corta. ¡AAAAYYYYY! No te aterres, esta operación normalmente se hace a los recién nacidos, y sólo si sus papás quieren.

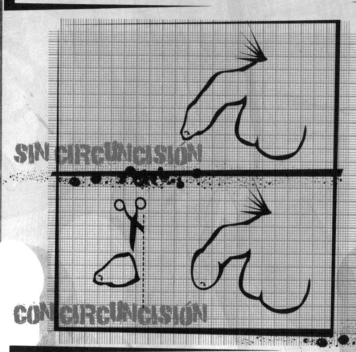

SIN CIRCUNCISIÓN

CON CIRCUNCISIÓN

¿Duele? Sí, pero como te la hacen recién nacido, pues ni te acuerdas. Si te la hacen cuando eres más grande, es una cirugía menor. Es necesaria cuando el prepucio se cierra o si presenta infecciones. Después de la operación te puede molestar de dos a cuatro días y no cambia para nada tu sensibilidad. Por supuesto, a esta edad es con anestesia, así que no te duele. Si acaso, a los que les duele es a tus papás cuando les llega la cuenta del hospital.

En México, se calcula que se le hace la circuncisión a 60 por ciento de los bebés.

¿Por qué la circuncisión?

En la religión judía y en la musulmana, la circuncisión se acostumbra desde hace siglos. También hay algunos doctores que la recomiendan por rollos de higiene, aunque otros médicos piensan que no es necesaria.

La circuncisión cambia la apariencia del pene (según algunas comparaciones urbanas, puede ser "cheto" o "champiñón"), pero no tiene nada que ver con su desarrollo ni con su comportamiento.

La Organización Mundial de la Salud (OMS) dice que los hombres circuncidados adquieren menos infecciones, tienen 60 por ciento menos probabilidades de contraer el virus del SIDA, herpes tipo 2, el virus de papiloma humano y hepatitis B.

El pene sin circuncisión (CHETO)

- Cuando un pene no está circuncidado, el prepucio cubre la corona y casi todo —o a veces todo— el glande, tipo excursionista que no llena el sleeping-bag. Este pellejito se puede retraer (hacerlo para adelante y para atrás) aun si el pene está dormido o erecto.

- El estiramiento del prepucio comienza cuando un niño es bebé, porque los bebés también tienen erecciones de vez en cuando. Desde muy chiquito el niño "descubre" sus genitales y, con el tiempo, cuando es más grande, también descubre lo placentero que es resbalar el prepucio por el glande para arriba y para abajo (la famosa técnica subibaja). Esto por lo general ocurre entre los once y los quince años de edad.

- Si tu prepucio no se puede retraer, no te preocupes. Pero si te duele o te incomoda, ve al doctor; es súper sencillo de aliviar.

- Si no te duele, puedes aplicar la técnica "hazlo tú mismo". Primero trata de estirarlo; empieza poco a poco, despacio y de manera muy suave. Puedes intentarlo cuando estés en una tina caliente.

- No lo estires hasta que te duela porque puedes rasgar el tejido y ahí sí no te lo arregla ni el sastre de la esquina.

- ¡Nunca trates de retraer a fuerza el prepucio! Puedes sangrar y lastimarte súper heavy. Cuando esta herida cicatriza se pueden formar adhesiones, que son como "puentes" de piel entre el prepucio y el glande que pueden impedir la retracción. Para quitarlas debes ir con un doctor.

- Si jalas con fuerza un prepucio apretado, se puede atorar atrás del glande. Si te pasa, no te saques de onda. Sostén el glande con tus dedos y presiona fuerte durante dos minutos para que se encoja lo suficiente y el prepucio pueda regresar sobre el glande.

- Circuncidado o no, debes lavar muy bien el pene todos los días: tállate bien tus partecitas y cámbiate todos los días los calzones; si no, al rato vas a tener a tu amiguito más muerto que una momia.

El pene con circuncisión (CHAMPIÑÓN)

- Hay varios tipos de cirugías que dejan distintas cicatrices. No te claves, tampoco se trata de ver quién tiene la circuncisión más *fashion*.

- El glande en el pene circuncidado se ve un poco diferente al no circuncidado, tipo casco de bombero. De hecho, éste también apaga incendios.

Otras variaciones del pene

QBL: Además de los penes circuncidados y los que no lo están, también hay, como dicen las abuelitas, de dulce, de chile y de manteca. Ya sabes, los más delgados, los más gordos, chicos, medianos, grandes y de plano "los groseros".

QBL: A unos se les notan las venas y a otros no. Si se notan, no significa que su dueño hace mancuernas con él en el gimnasio.

QBL: También hay diferentes tamaños de glandes: es normal.

QBL: El pene puede tener unas pequeñas protuberancias blancas, como perlitas chiquititas alrededor de la corona o regadas sobre el glande. Son súper normales y desaparecen con la edad, pero si descubres que tienes una bolita amarilla y otra rosa mexicano, no te asustes, son confetis de la fiesta de anoche.

Soy diferente…

Hay casos en los que los doctores recomiendan que pases a servicio, o sea, que te des una revisadita:

a) Si tu pene o testículos empiezan a crecer y te sale vello púbico antes de los nueve años.
b) Si a los catorce o quince años todavía no tienes ninguna señal de que ya llegó la pubertad.

EL ESCROTO Y LOS TESTÍCULOS

Los testículos son dos órganos dentro del escroto que tienen forma de huevo: de ahí el famosísimo apodo.

Si un testículo es un poco más grande que el otro, no te preocupes, es normal; incluso un hombre ya adulto puede tener el testículo derecho más grande que el izquierdo. Regularmente, el izquierdo cuelga un poco más. Así que la famosa frase: "Lo hice porque se me hinchó uno" es bastante neta.

 lo siguiente

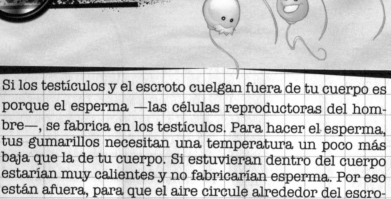

Si los testículos y el escroto cuelgan fuera de tu cuerpo es porque el esperma —las células reproductoras del hombre—, se fabrica en los testículos. Para hacer el esperma, tus gumarillos necesitan una temperatura un poco más baja que la de tu cuerpo. Si estuvieran dentro del cuerpo estarían muy calientes y no fabricarían esperma. Por eso están afuera, para que el aire circule alrededor del escroto (esto sí es una brisa de huevos). De esta manera, los testículos permanecen fríos (¿así o más tecnología?).

El escroto anda movidísimo para mantener la temperatura. Cuando hace frío o te echas a una alberca de agua helada, el escroto se hace chico para acercar los testículos al cuerpo para que, como fogata de campamento, "reciban un poco de calor".

Si te bañas en agua muy caliente, hace mucho calor o tienes fiebre, el escroto se relaja y los testículos cuelgan un poco más, o lo que es lo mismo, te conviertes en un huevón.

QBL: A veces el escroto cuelga más bajo o más alto que la punta del pene.

QBL: El escroto puede tener vello púbico.

QBL: El testículo de la derecha es casi siempre más grande que el de la izquierda, pero no te claves, por más grande que sea no te va a desequilibrar.

QBL: El escroto puede estar vacío de uno o dos lados por la falta de uno o dos testículos. Esto puede ser por muchas razones.

QBL: Si te falta un testículo y el otro está sano, vas a tener un desarrollo normal y no afectará para nada tu vida sexual. Ahora sí que…

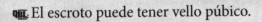

DE LOS 2 QUE YO TENÍA…

Ya en serio, si sólo tienes uno, va a producir esperma suficiente para embarazar a alguien. Si es tu caso, cuidado, pues aunque tengas un solo cartucho, las balas funcionan igual.

QBL: El testículo puede estar retraído (nada que ver con re'tarado). Esto puede ser por frío, agua helada, mucha actividad física o porque andes medio querendón. Después, los testículos regresan a la normalidad.

QBL: Si siempre está retraído, por lo general se vuelve menos tímido cuando llegas a la pubertad. Pero si aun así no baja, no te preocupes, eso pasa en algunas ocasiones. Contacta a un doctor (urólogo) y no te preocupes: son profesionales… no te van a apretar de más.

CUANDO LA TESTOSTERONA TE SALE POR LAS OREJAS

Cuando te sientes como tigre, consideras que Batman y Robin, más que súper héroes, son un par de tetazos a los que se les perdió el Halloween. Ves a una niña y te tiembla hasta el rincón más escondidito… esto te pasa porque la testosterona ya se te sale hasta por las orejas.

La testosterona es la hormona culpable (afortunadamente) de la mayoría de los cambios que tienes en la adolescencia: los rollos sexuales, emocionales, tu forma de actuar, la agresividad, el ser aventado y arriesgado, el tamaño de tus músculos y demás.

Una vez que la pubertad empieza, la testosterona está como súper héroe amarrado: brinca, se pega contra las paredes, le urge soltarse y está a punto de explotar. Cuando lo sueltan, ¡no manches!, no te la acabas; sale con toda la fuerza que guarda y te dice: "¡Quítate que ahí te voy!"

Para que tengas testosterona, tu cerebro manda una señal a los testículos para que produzcan esta hormona (si uno de los dos se atonta no te preocupes, el otro le avisa). Por eso se dice "si tienes muchos o no", o "si los tienes bien puestos" (como si se pusieran con cinta canela… ¡auuuch!)

Como dijimos, la testosterona te vuelve más aventado; por eso te gustan los deportes, lo peligroso, lo extremo (tipo volarte el coche, esconderte con tu novia, mentársela a cualquiera). En fin, todo eso te late cañón. Es más, en esta época, videojuego que no te da para matar a 15 enemigos por minuto no es videojuego.

Lo que importa es que con este rollo debemos tener cuidado, porque de repente te armas con tantos *watts* que puedes llegar a hacer cosas ilegales o que te pongan en peligro, como lastimar a alguien o robar. Esto sí es súper serio, mejor no la riegues. Además, ni modo que cuando estés frente al policía y te pregunte: "¿Cuál es el motivo de su delito?", le contestes: EXCESO DE TESTOSTERONA EN MIS GÜIMAROS, OFICIAL.

En el momento más intenso de la pubertad pueden surgir de cinco a siete "picos" o "clímax" de testosterona en un día; esto hace que te puedas tropezar un buen con las cosas o atontarte, es normal. Pero tampoco te pases y le digas a tu jefe cuando le entregues un cuatro en mate: "Exceso de testosterona en mi examen, oficial". Porque ahí si te va a aplicar tres semanas de encarcelamiento en el penal de máxima seguridad —o sea tu cuarto cerrado por fuera— y con trabajos forzados —lavar los baños. Mejor no le juegues al vivo.

Otra de las causas por las que te sientes torpe es, aunque no lo creas, porque tu cuerpo está creciendo muy rápido. Por ejemplo: un día tomas el salero de la mesa sin problema alguno, pero a la semana siguiente, aunque ya lo tienes medido, lo tratas de tomar y lo tiras: lo que pasa es que el brazo ya te creció.

Por otro lado, seguirás con mucha testosterona casi hasta los 50 años. Después, ésta baja poco a poco. A esa etapa se le llama andropausia, pero no te claves: para que llegues a eso falta una vida (neto).

Las mujeres casi no tienen testosterona. Por eso, entre otras cosas, son ¡tan diferentes!... más tranquilas y dulces... y los hombres más agresivos. De hecho, un hombre a los 16 años tiene veinte veces más testosterona que una mujer de la misma edad.

En lo sexual, la testosterona te pega **GRUESÍSIMO**. Sientes que te quemas por dentro. Sí, y también ¡te quemas por fuera!, porque esta hormona hace que andes súper prendido. Este rollo hace que pienses mucho en la masturbación. Tranquilo, es normal; ya lo platicaremos en el capítulo de sexualidad, a ver si luego no dices: "Exceso de testosterona en mi mano derecha, oficial".

DE SEIS PALABRAS QUE DIGO, SIETE SON GALLOS

Seguro te ha pasado: suena el teléfono de tu casa y vuelas a contestar esperando que sea una niña o tu amigo: "Bueno", dices muy serio con voz de galán. No falla, es tu tía que te dice: "¡Hola, Paola!" (el nombre de tu hermana), "¡Qué gusto oírte! ¿Está tu mami?" ¡Chin! La quieres matar. Furioso, haces más grave la voz y dices: "Sí, tíaaaa". Después avientas el teléfono y piensas: "Con razón cada vez me cae peor... ¡inche tía!"

¿Por qué pasa esto?

En la pubertad, la laringe (la caja de la voz) crece y las cuerdas vocales de un niño se hacen más gruesas y largas. Esto hace que la voz cambie, se haga más grave y empiece a sonar como la de un señor. O sea que de voz de pito, pasas a silbato mayor.

La voz de las niñas también cambia, aunque no tanto como la de los niños. Esto es porque las hormonas en los hombres hacen que la laringe y las cuerdas vocales crezcan un buen, casi tres veces más que las de las niñas. Así que si andas preocupadón con el rollo del tamaño, por lo pronto, puedes decir que tienes una laringe y unas cuerdas vocales muy grandes.

En un hombre, el cambio de voz generalmente se da entre los 14 y 15 años. Es normal que también ocurra antes o después. La voz te puede cambiar de golpe o sin que te des cuenta.

Cuando te pasa esto, estás inmerso en la "dimensión gallofónica". En pocas palabras: te salen mil gallos.

HAY VARIOS SIGNIFICADOS DE GALLO:

QBL. Animalito juguetón que *le pone* a la gallina (también considerado como despertador análogo).

QBL. Protuberancia de pelos en la cabezota que te diferencia de los demás.

QBL. Serenata que le llevas a tu novia con todo y mariachi.

QBL. Cuando la voz te cambia, se "quiebra" y sube de tono.

Esto te va a pasar por un rato y no lo puedes evitar. Así que no te alucines. Olvídate de la pena, siéntete orgulloso y aprovéchalos. Porque los gallos son como los bebés: cuando pasa el tiempo, ya no hacen la misma gracia.

¡AUXILIO! TENGO MÁS BUBIS QUE MI HERMANA

Si cuando ves tu pechonalidad dices: "No manches, se está inflando de más", es importante que tengas esta información: a más de la mitad de los hombres le crecen los pechos durante la pubertad. Esto puede originar una inflamación hasta de 4 centímetros y causarte dolor. Lógico: a los gorditos se les nota más. Así que no te preocupes, los *brasier* de tu hermana no son opción pues esto es normal. Lo causa la hormona luteinizante y dura más o menos de uno a tres años.

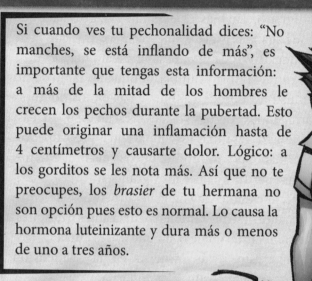

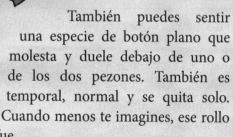

También puedes sentir una especie de botón plano que molesta y duele debajo de uno o de los dos pezones. También es temporal, normal y se quita solo. Cuando menos te imagines, ese rollo ya fue.

LA PIEL

Rasurarme por primera vez

Rasurarte podría ser súper "x", pero cuando estás chavito es como un signo de que ya eres grande. Por eso, cuando llega el momento, te mueres de ganas por hacerlo.

Hay muchos chavos que ya les urge porque traen una nube de pelitos arriba de la boca, que más que bigote parece azotador.

La mejor opción es pedirle a tu jefe que te enseñe, pero si tu mamá es la mujer barbona de un circo, también te puede enseñar. En fin, si por alguna razón no te puede ayudar tu papá, checa bien los siguientes puntos, para que no te vayas a dar en la mauser.

Equipo

Lo primero que tienes que decidir es el tipo de rasuradora que vas a usar. Básicamente tienes dos opciones: rastrillo o rasuradora eléctrica.

Ventajas del rastrillo

QBL: Rasura al ras (se escucha como comercial de tele, pero es neta). Elimina las células muertas y deja la piel limpia y súper suave.

QBL: Corta la barba en ángulo, a diferencia de la rasuradora eléctrica, que corta el pelo casi al ras, pero lo hace de manera recta, como cortar un árbol horizontalmente.

Ventajas de la rasuradora eléctrica

QBL: Es súper cómoda y segura.

QBL: No la tienes que estar cambiando, a menos que tengas la de tu abuelito.

QBL: Es muy difícil que te cortes.

QBL: Irrita mucho menos la piel.

QBL: Arrastra menos grasa de la piel, lo cual, si tienes la piel seca o sensible, te ayuda.

Así como hay varios tipos de rasuradoras, hay un buen de rastrillos: desechables, de una hoja, de dos, de tres y hasta de cuatro; con lubricante, sin él, con refrescante, flexibles, vibradores... En fin, ¡casi, casi con quemacocos y estéreo! El rollo es que pruebes lo que más te acomoda.

¿Cómo rasurarte?

Excelente pregunta. De hecho hay adultos que nunca aprendieron y presentan el síndrome del chayote: siempre traen dos o tres pelos que les sobran.

Para empezar, depende si es con rastrillo o rasuradora.

Pero siempre acuérdate:

QBL: Para evitar cortadas, no lo hagas con prisa.

QBL: Después de la rasurada, enjuágate con agua fría para que la irritación baje.

QBL: Trata de usar sólo tu rastrillo. Hay enfermedades que se transmiten por medio de éste.

Con rastrillo

QBL: Entre más húmeda la piel, mejor. Te puedes rasurar en la regadera (con espejo, porque si no te vas a dejar como boxeador después de seis *rounds*). También funciona que al salir de bañarte, con la cara húmeda, te pongas la crema para rasurar y esperes 5 minutos para que el pelo se remoje.

QBL: Usa agua tibia (no caliente). El agua caliente puede inflamar la piel. Así es más difícil que la rasurada sea cerrada. No olvides enjuagarte con agua fría.

QBL: Usa crema, espuma o gel para rasurar. Procura no usar el jabón como lubricante; es malísimo porque se pega a las navajas y puede secar e irritar la piel.

QBL: Usa una navaja afilada. Con las que están súper usadas tienes que presionar más y arrastrar sobre la piel de forma más brusca; eso te irrita y hace que la rasurada te quede terrible. De hecho, más que rasurarte te vas a dejar unos surcos como para sembrar.

QBL: Rasúrate hacia la dirección donde nace la barba. Es decir, para abajo. A muchas pieles les irrita la rasurada a contrapelo. Aunque ésta queda más cerrada, es una rasurada x-trema.

QBL: Deja el mentón y el bigote al final. El pelo en estas zonas es más grueso y es bueno que cuando llegues a ellas ya estén más remojadas.

QBL: Enjuaga el rastrillo cada vez que esté lleno de pelitos y después de cada uso, pero no talles la navaja. Cuando estés en medio de la rasurada, llena de agua el lavabo y hazle bucitos al rastrillo de derecha a izquierda para que se limpie. Cuando ya acabaste, deja que se seque solo. Si lo secas con una toalla le quitas el filo.

Con rasuradora eléctrica

QBL: Rasura la cara seca. Estas rasuradoras funcionan mejor sobre la barba seca, así que rasúrate antes de bañarte. Si tienes una barba muy cerrada, puedes usar alguno de los productos especiales o, después de unos años, alquilarte como Santa Claus en un centro comercial.

QBL: No presiones mucho (algún día esta frase también se la vas a decir a tu novia). Las rasuradoras eléctricas están diseñadas para resbalar sobre la piel. Si presionas, nada más te haces tonto; ni te rasuras mejor y las navajas se pueden dañar.

QBL: Limpia con frecuencia la rasuradora. Algunas rasuradoras vienen con un cepillito especial para limpiarlas; otras de plano se tienen que abrir y poner bajo el chorro del agua.

QBL: Cambia de navajas cada año. Luego llevan 22 años en tu casa sin cambiarles nada... y todavía te preguntas: ¿por qué no rasura bien?

Cortadas y raspadas

Todos los que se rasuran se dan sus llegues de vez en cuando. Como es más probable que te pase las primeras veces, cómprate un lápiz cicatrizador de los que venden en las farmacias. Lo presionas sobre la cortada y... ¡tarán!: los químicos detienen la sangre.

Si no tienes uno, corta un pedacito de kleenex limpio (como del tamaño de la yema de tu dedo), humédecelo tantito y pégatelo en la cortada de 3 a 5 minutos para que pare la sangre. Sólo hay algo con lo que debes tener cuidado: cuando salgas a la calle ¡quítate el kleenex!, si no te vas a ver medio teto. #fail

Irritaciones

Cuando la piel se irrita, se pone súper roja, te da comezón, se inflama y te molesta. Por lo general, la irritación se quita sola. Si la molestia es mucha usa una crema para rasurar la piel sensible, pero si está muy heavy ve con un doctor y no te rasures esa zona hasta que se alivie.

BARROS O POZOS PETROLEROS

Que te salgan barros, puntos negros o espinillas en esta época es una película de terror. Sólo checa lo siguiente:

VAS A SALIR CON LA NIÑA QUE TE GUSTA

(aquí entra musiquita de misterio):

¿QUÉ ME PONGO?, ¿QUÉ ME PONGO? A VER, ¿CÓMO ME VEO?... NOOO! (grito despavorido, y la música sube)

¿GÜEY? ¿QUÉ ES ESO? TENGO... TENGO... TEN... ¡TENGO UN BARRO!

(Te acercas al espejo) BUENO, NO ESTÁ MUY GRANDE... NO, SÍ ESTÁ GRANDE, SÍ...ESTÁ GIGANTESCO. ¡INCHE GRANO! ES, ES... ¡ES MÁS GRANDE QUE MI CARA!

NO. DIOS MÍO (LLORANDO). NO ME CASTIGUES ASÍ.

¡ODIO LOS GRANOS! (GRITANDO) ¡MÁTAME, SI ES NECESARIO, PERO **QUÍTAME** LA NARIZ DEL GRANO…DIGO…EL GRANO DE LA NARIZ!

PROMETO NO VOLVER A VOLARME EL COCHE, NI VER PORNO DE 10 A 12 DE LA NOCHE… PERO REGRÉSENME MI NARIZ. ¡POR FAVOR!

¡ESTÁ **HORRIBLE**, ROJO, CON LA PUNTA BLANCA!

¿GÜEY, QUÉ **PASA**? SE… SE… SE ESTÁ MOVIENDO, NO… ¡TIENE VIDA, PROPIA! ES UN MUTANTE DE BARRO… ¡NOOOOO!

Relájate:

A ocho de cada diez adolescentes les salen granitos, espinillas, sarpullido, pústulas, quistes, puntos negros, puntos blancos y acné. Es más, si algo todavía no se descubre seguro te sale también.

Pero para eso tenemos una noticia buena y una mala: la mala es que los hombres son más propensos a tener broncas de acné que las mujeres. La buena es que si te cuidas, no los tocas, tienes una súper higiene y te dejas de preocupar, puede pasar más rápido de lo que te imaginas.

Estos odiados especímenes pueden aparecer en todos lados; en la cara, el pecho, la espalda, el cuello y hasta los rinconcitos del cuerpo jamás vistos por el ojo humano.

¿Cómo se forman?

Cuando eres adolescente, las glándulas sebáceas crecen y secretan más sebo, un aceite blanco que mantiene húmeda la piel. El sebo se puede acumular en los ductos de la glándula sebácea y los tapa. Si el poro se queda abierto, hace que los puntos negros aparezcan.

Si el poro se tapa (ahí empieza la bronca) se cierra y empieza a inflamarse. Entonces tienes un granito completamente gratis. Si la bacteria entra al poro, la glándula sebácea se puede infectar y hace que la piel se ponga roja y se forme un precioso punto blanquecino gracias al pus que es de un color entre blanco y amarillento (ojalá no estés comiendo mientras lees esto).

¿Qué hacer?

Primero maneja la conducta Gandhi: haz un pacto de "no violencia" contra el grano. No lo toques, no lo apachurres ni lo exprimas. Puedes hacer que la grasa y la bacteria se vayan más adentro de la piel, y ahí sí vas a quedar súper mal. Tampoco lo piques con un alfiler, porque te puede quedar la cicatriz para siempre. ¡Ojo! El acné se quita, pero las cicatrices no.

Es básico mantener tu piel limpia. Las bacterias y las células muertas que se quedan en ella pueden hacer que el asunto se ponga más feo.

Aunque lavarte la piel sólo ayuda por encima, el acné es causado por lo que pasa debajo de ésta. Por más que te laves la cara cien veces, el acné no se quita; y si te tallas mucho podrías perder hasta tu identidad y convertirte en el hombre sin rostro. Ya en serio, lavarte la cara muy seguido puede empeorar la situación porque estimulas la producción de grasa de la glándula sebácea. Pero tampoco te vuelvas un cochino.

Para limpiar las zonas con este problema:

- Lávate la cara dos o tres veces al día. Hazlo con cuidado.
- Más que jabones, usa limpiadores suaves, neutros, de preferencia líquidos.
- Por las noches, lávate siempre la cara con un jabón exfoliante antes de acostarte.
- Los jabones fuertes, detergentes, astringentes o peor, los exfoliantes abrasivos, sólo empeoran la situación. No los uses. Te aseguramos que si los usas te van a ver la cara... ¡pero destrozada!
- ¡No te talles! Tallarte la zona, aunque sea con toalla, puede provocar más acné.

¿Cómo prevenirlo?

La herencia es el factor número uno del acné. Si tus papás o hermanos tienen acné, *sorry*. #yavaliste

Aunque no puedes hacer nada con tu carga genética, hay varios tratamientos que te pueden ayudar. ¡Y mucho!

Cada piel, de acuerdo con su condición, necesita diferentes tratamientos. Lo mejor es que vayas a un dermatólogo para que te recete lo que tu piel necesita.

Los alimentos y la piel

Algunas personas piensan que comer chocolates o alimentos grasosos hace que te salgan granitos. Muchos doctores opinan que nada que ver. Pero es buena idea ver cómo reacciona tu piel. Si notas que al comer cacahuates te salen más granitos, deja de comerlos y checa qué pasa.

Si te atascas de chocolates y no te salen granitos, está perfecto, sólo que vas a traer una panza como si fueras a dar a luz ocho cachorritos.

Lo mejor que puedes hacer por tu piel es tomar mucha, mucha agua; esto lava las impurezas y la mantiene súper hidratada.

Productos que te alivianan

Antes de usar cualquiera de los siguientes productos, consulta a un doctor.

Peróxido de Benzoilo

Este producto se ha usado por años para tratar acné. Mata las bacterias, disminuye la producción de grasa y seca la zona.

Las marcas comerciales son:

Benzac 2.5 % gel

Benoxyl 2.5% gel

NOTA:

Usa sólo esta concentración para que no te tatemes la piel. Aplica una capa delgada por las noches. Si tienes muchos granitos, puedes usarlo máximo dos o tres veces al día. En algunos casos puede irritar. Lee las instrucciones antes de aplicarlo. Puede provocar alergia.

Alpha-hydroxiácidos (Aha's)

Los encuentras en muchas cremas del mercado (así se dice, no vayas a buscarlo al mercado de la esquina). Es bueno para el acné ligero y para disimular las líneas finas de la cara.

Las marcas comerciales son:

Piel grasa: *Glicolic* loción

Piel seca: *Glicolic* crema

Otros:

Effaclar K crema.

Cleanance K crema,

Keracnyl crema

NOTA

Escoge uno de estos últimos tres y ponte una capa delgada por las noches.

Si quieres una solución más rápida, ponte una bolsa de pan en la cara: no se te quitan los barros, pero de que no se te ven, ¡no se te ven!

Retin-A

Se consigue sólo en crema y contiene derivados de la vitamina A. Acelera la regeneración de células, disminuye la acumulación de células muertas en los poros y estimula la producción de elastina en la piel. Puede dejar la piel más sensible al sol, causar irritación y descamación. Asolearte después de este tratamiento es un suicidio.

La marca comercial es:

Accutane

Ésta es una medicina que el doctor receta sólo en casos de acné severo. Es un secante megapotente. Puede resecar los labios, la nariz y los ojos. Se debe usar siempre con un buen hidratante.

Un sustituto casero es ponerte por las noches leche de Magnesia de Phillips; pero, ¡aguas!, no se te vaya a olvidar quitártela y te vayas al antro con tu mascarilla, porque no te vas a ligar a nadie.

CAPÍTULO 2

QUIÚBOLE CON...
MIS RELACIONES

LAS MUJERES Y EL LIGUE
¿Qué onda con el ligue?

El ligue es una experiencia extrema, algo increíble y padrísimo, pero así como te puede hacer sentir inmensamente feliz, puede hacerte sentir tan mal como americanista perdido en la porra de Chivas. Pero, ¿sabes algo? Vale la pena.

Seguro de chavito sentiste mariposas en el estómago al ver a una de tus compañeritas o a tu *miss* de inglés (las maestras de inglés casi siempre estaban de 10). Bueno, pues pudo haber sido por dos razones: la magia del ligue nacía en tu ser o tenías una diarrea de miedo.

Pero eso es sólo el principio. Si quieres aprender más de este rollo, lo único que debes hacer es clavarte en el tema y tener muy presente que todos somos buenos para ligar, sólo tenemos que aprender a hacerlo. Ahora que si ya sabes ligar, sigue leyendo, porque te vamos a enseñar cosas que te van a llevar de nivel "intermedio" a "experto tercer *Dan*".

La palabra "ligue", viene de ligar a dos personas entre sí. ¡Y vaya que se ligan! Existen parejitas que más que besarse parece que se clonan.

Al principio, como todos, sientes un poco de inseguridad. Pero si te aplicas, en menos de lo que te imaginas lo vas a dominar.

El ligue, como sabrás, se trata de una serie de permisos que las parejas se piden y se dan entre sí todo el tiempo (algunos se dan más que otros). Ahora que si pides y pides y no te dan, te cayó la maldición de los maderos de san Juan, ¡tu ligue es un #megafail!

El asunto es que estos permisos tienen que ver con lo que dices, haces y con todo lo que tu cuerpo hace o deja de hacer.

Ligue de película

Por otra parte, la tele y el cine nos hacen creer que todos los ligues son precisamente de película... y pues no.

Obvio que esto jamás va a pasar. Los ligues no son así, como tampoco una niña te va a amar a los tres minutos que la conociste, ni tú a ella. Relájate, la realidad es otra.

¿Por qué ella?

La razón por la que unas personas te llaman la atención y otras de plano ni las volteas a ver, es que de niño, entre los 5 y los 8 años, empiezas a formar en la mente lo que te gusta de una mujer: los ojos, la boca, la sonrisa y demás. Cuando estás más grande y ves una característica de tu modelo ideal pues dices: "Me la doy". El punto es que ligar es todo un arte. Y pensamos hacer de ti todo un artista.

¿Cómo entender mejor a las mujeres?

Para ser el galán de la mujer que siempre soñaste, primero tienes que conocerla un poquito. Imagina que una mujer es como una casa: en la entrada tiene una puerta mega grande que da a la calle, ahí tiene contacto superficial con mucha gente, los cuates de su escuela y de las fiestas, sus maestros, amigos y hasta uno que otro perrito.

Después pasas a la sala: ahí entran las personas con las que hace sus actividades, como los compañeros del salón, los vecinos, sus amigos con los que toma clases en la tarde, hace trabajos y demás.

Luego entras al comedor: ahí, ella sólo invita a su mesa a las personas que realmente quiere, como sus papás, sus súper amigos y su familia. Hasta ahí llegan las personas que más quiere, pero... Hay un último lugar: su cuarto. Este lugar es el que más aprecia y lo reserva para lo más íntimo, aunque esté todo tirado y lleno de posters. Esta puerta no la abre a su mamá ni a su mejor amiga o amigo. Está reservada para alguien muy especial. En este lugar se encuentra su alma.

Cuando ella piensa que esa persona especial llega, mejor conocida como "su soul mate" o "su media naranja" (si estás muy grande puedes considerarte "su media toronja"), es cuando se abre por completo y se entrega. Entonces descubre nuevas formas de sentir, de soñar, de esperar, y las reserva para compartirlas con esa persona especial.

Si te toca la suerte de ser esa media toronja y lo sabes apreciar, verás que sale su feminidad con toda la fuerza y, al mismo tiempo, que es súper frágil. Su alma va mucho más allá de lo físico. Aunque igual te suena raro, porque como hombre eres muy diferente a las mujeres. Para ellas esto es súper real. Tienen la necesidad de sentirse atesoradas, valoradas y protegidas: necesitan un superhéroe. Y lógicamente el hombre que lo entiende y que lo hace de corazón, tiene la mejor arma para conquistar a la mujer que quiera.

MUCHA ATENCIÓN:
CARITA MATA CARTERA;
CHORO MATA CARITA;
PERO SABER QUÉ QUIERE
UNA MUJER... MATA TODO.

Kit básico para ligar

¿Te imaginas un videojuego sin gráficas?, ¿una dona sin hoyo?, o ¿una tableta sin pantalla? Está cañón, ¿no? Hay cosas que si faltan, de plano ya no son lo mismo.

Para ligar es igual. Necesitas el *kit* básico. Aunque como decíamos, a ti como hombre, hay cosas que te parecen súper "x", pero para las mujeres son importantes. Acuérdate de que se dan cuenta de todo. Aquí te decimos algunos puntos básicos para tu ligue-vida. Pon mucha atención, pues aunque parezcan típicos, son el motivo por el que las mujeres no sueltan a algunos hombres. Si te aplicas y les das un poco de lo que les gusta y necesitan, prepárate para volverte un "insoltable":

- Su nariz te ve antes que sus ojos. No hay nada que le guste más a una mujer que un niño huela rico, a limpio; ponte loción pero, porfa, no te bañes en ella.
- Si tu *look* es pandrosón-alternativo, está perfecto, nada más no le declares la guerra a la regadera. Odian que te sude el sope o tengas ese delicado aroma a "caño".
- Ten las uñas limpias y cortas. Evita esa uñita larga del dedo chiquito, por más que te funcione como desarmador para emergencias.
- Aunque seas muy galán, por favor no manejes el aliento amansa-cobras, ni se te ocurra comerte unos camarones al mojo de ajo en la primera cita porque la vas a peinar para atrás con el simple hecho de decirle "holaaaaaa". ¡Puedes convertir la nueva cita en la última!
- Si una chica te ve cerilla en la oreja, o te cacha un moquito de yoyo en la nariz, más que provocarle ternurita le vas a provocar asquito.

QBL Vístete como quieras, pero que te veas bien. Por más que quieras a tu abuelita, evita ponerte el suéter y la bufanda que te tejió la Navidad pasada (la típica de estambre que más que bufanda parece red).

En fin, ¿te ha pasado que de repente dejas de salir con una chava porque tuvo una falla como éstas? Pues a ellas también les pasa, así que piénsalo: quizá alguno de estos seis puntos es la razón por la que has perdido tus últimos seis ligues.

Cómo acercarte a una niña y no morir en el intento

"Y fueron felices por siempre…" Sí, se oye increíble pero, ¿cómo empezaron? La historia nunca dice: "Había una vez un ligue que empezó terrible". No, ¿verdad? Cuando no puedes ligar, así te sientes.

Hay chavos que son tan buenos para el ligue, que lo manejan hasta como deporte; parecen medallistas olímpicos porque se cuelgan muchas medallitas: unas de oro, otras de plata y, ya las más dejaditas de la mano de Dios, de bronce. Y, ¿qué pasa si no te has colgado ni siquiera una de corcholata reciclada? Arde, ¿no?

A veces, acercarte a una niña cuesta más trabajo que ponerte dos aretes "extra grandes" en las zonas nobles. La ves como si fuera el enemigo, como un animal que te puede morder, como si fuera una loba; de hecho, si la chava tiene algo que ver con este animalito, no te preocupes, solita se acerca.

¿Sabes por qué te cuesta trabajo acercarte a la niña que te gusta? Por miedo, y la verdad está horrible porque el miedo es tan poderoso que puede llegar a paralizarte por completo. Lo importante es controlarlo para que cuando veas a la señorita no quedes como conejo lampareado.

WCIB Form #1.

Test

1. Cuando la niña se acomoda el pelo, ¿la ves en cámara leennnntaaa?
2. Por más interesante que esté la plática de tu amigo, el Chinicuil, ¿tú sólo escuchas lo que ella dice?
3. Llevas más de una hora esperando a que ella voltee a verte. Pero no voltea. Crees que no te estás concentrando lo suficiente, y piensas "¡Voltea... voltea!"
4. ¿Les dices a tus amigos frases como: "Siento que le gusto a esa niña"?

5. ¿La has visto tanto que podrías hacer más fácil un retrato hablado de ella que de tu hermana?
6. ¿La preocupación más grande que tienes en ese momento es que ella venga acompañada, o sea que algún ser masculino se le acerque y le tome su manita?

El boicot

Cuando presentas alguno de estos síntomas de conejo lampareado, es fácil que solito te boicotees.

Ch-K-T **lo siguiente**

a) Esperas a que voltee a verte; cuando lo haga, tú como que ves hacia otro lado, ¡uf! Luego te juras y te prometes mil veces que te vas a acercar a ella, pero… "al ratito".

Tu pretexto es que esperas a que sus amigas se vayan al baño o a "x" lugar, y cuando lo hacen, sientes que el tiempo que tienes para acercarte es muy poco. Así que te quedas paradote en tu lugar y lo único que ves enfrente es la carota de tu cuate el Chinicuil.

b) Te decides. Y caminas firme y seguro hacia ella, pero dos metros antes te desvías o te das la vuelta, como que el GPS te dice "recalculando ruta".

c) Una vez que regresas a tu lugar, la ves como hora y media más. Si se te pierde de vista, sientes que te mueres. Te sientes peor que papá que pierde a su hijo en el centro comercial. Finalmente, cuando te armas de valor, caminas a hablar con ella… ¡y ya se fue!

¿Ves? Ese es el problema: nos da tanto miedo que perdemos la oportunidad, al grado de *no* lograr lo que queremos.

No te preocupes, el mejor antídoto para el miedo es la confianza. Y como no se puede comprar una caja de confianza en internet, en el siguiente capítulo te enseñamos cómo hacerle.

¿Qué pierdo?

Si todos nos hiciéramos esta pregunta, nadie tendría broncas de ligue.

Piensa: ¿qué es lo peor que puede pasar? ¿Que la niña te mande a volar? ¿Que se voltee? ¿Que no te conteste? ¿Que se haga la sorda o te diga "no"? La neta, eso no es nada en comparación con lo que puedes ganar. Es más, hasta que te avienten el refresco en la cara o te dé la vuelta, está leve.

A los niños que tienen éxito no les preocupa un *no*; se avientan y punto. Simplemente por estadística, dos o tres de cada diez niñas con las que intentes, te van a decir que sí.

QBL *Ligue-Tip:* que no te importe que tus cuates vean cómo la niña te batea; a todos los batean. Y la verdad es que a veces nos preocupa más quedar mal frente a ellos, a que la niña no nos pele. Mejor piensa que mientras muchos amigos sigan solos, después de unos cuantos *home runs*, les vas a presentar a tu porrista personal.

Es más fácil de lo que crees. Nada más saca ese James Bond que todo hombre trae dentro.

El primer contacto

Una vez que decides acercarte a la niña, el primer contacto es súper importante; pero relájate, si eres natural y la riegas, no pasa nada. Hasta te puedes reír de tu error y eso ayuda cañón. Si llegas súper tenso y mecánico, vas a parecer robot *"made in* Tejupilco"; eso sí les cae terrible a las mujeres. Para evitarlo checa algunos *tips*:

QBL. Camina derecho. Esto es lo primero que necesitas, no sólo para verte mejor, sino para tener éxito en cualquier cosa que hagas. Esto se llama comunicación no verbal y no tienes idea de cómo funciona. Cuando caminas así, reflejas que estás seguro de ti mismo, que tienes fuerza y determinación. Si estás encorvado y como agachado, transmites inseguridad, cobardía y miedo. No te presentes así, a menos que te hayan roto el hocico, o vayas a un Halloween disfrazado de jorobado de Notre Dame.

QBL. Sonríe. Esta arma es cañonsísima y funciona para verte atractivo, no sólo con las mujeres, sino con todo el mundo. Cuando sonríes te ves contento, confiado y seguro de ti mismo. Si frunces el ceño —o sea, cuando aprietas la frente como de pujidito— pareces asustado, de malas o preocupado. Así que sonríe normal, como si te acordaras de algo agradable. Nada más no te pases, no vayan a decir: "A este güey se le perdió el circo".

QBL. Mira a los ojos. ¡Mega elemental! Cuando al hablar ves a la persona a los ojos significa que eres seguro, confiado, que tienes carácter y estás dispuesto a averiguar y a conocer más a esa persona. Además, de volada pareces más confiable. ¡Esto suena sencillo, pero no sabes cómo influye en las mujeres! Aunque creas que sí lo haces, vuelve a intentarlo cuando estés con una niña. Vas a ver cómo cambia su actitud contigo.

QBL Inclínate hacia enfrente. No importa si estás parado o sentado, hazte un poquito para adelante. Eso hace que te veas con energía, fuerza y ganas. Esta posición también funciona en la escuela o en el trabajo. Cuando te echas para atrás, así como desparramado, transmites flojera, pazguatez ("Pazguato": dícese de una persona poco brillante cuya actividad predilecta es… ¡echarla!).

Cuando estás a tiro de piedra con la chava (o sea cerquita), es hora de establecer contacto y conocer su respuesta. Así que hazlo para que midas como va el rollo. Es como pasar corriente de un coche a otro para ver si prende.

Si no tienes tema para acercarte, pregúntale la hora, si tiene un cigarro, con quién viene al lugar, si viene muy seguido, si te presta una pluma (esto último en caso de que estés en la escuela, porque si estás en un antro te vas a ver como idiota).

Genera conversación de algo que esté pasando en ese momento, eso siempre funciona, tipo, "Es riquísima la comida aquí, ¿no?", "¿Qué pediste?", ¿Te gusta esta canción?", "¿Qué música es tu favorita?" También puedes preguntarle cómo la encuentras en X red social (obvio seguirla, pero no darle likes como si no hubiera mañana), preguntarle cuál es su app favorita, en fin cualquier cosa de la que ambos puedan hablar y fluya fácilmente.

Si las cosas van bien, cuando menos te des cuenta vas a saborear el elíxir del ligue. De hecho, al rato hasta gárgaras vas a hacer.

Por otro lado, si a la niña no le late el ligue y de plano le das flojera, la princesa puede llegar a pronunciar uno de los sortilegios más perversos y detestables que conoce el ser masculino, el temido "ahorita vengo".

Una vez que deja escapar esa frase de su linda boca, ya valió, ya valió, ¡¡¡ya valió!!!

El "ahorita vengo" de una mujer, en realidad significa: "Nunca me vas a volver a ver". No te preocupes, acuérdate de que hay que regarla varias veces para atinarle. Además, siempre cabe la posibilidad de que la próxima vez que una chava te quiera ligar, tú le puedas decir: "Ahorita vengo".

Los mejores lugares para ligar

Antes de empezar con la lista, hay que estar abierto. El ligue es como hacer pipí: nunca sabes en dónde te va a sorprender; puedes encontrar al amor de tu vida en el departamento de salchichonería del súper. ¡Así que ponte alerta!

Los mejores lugares para ligar son aquellos que tienen algo en común contigo y con los demás. Es importante porque ahí te sientes a gusto y la gente también. En ellos hay mucho de qué platicar.

¡Los TOP TEN!

1. *Lugares de moda:* pueden ser centros comerciales, cines, calles, malecones, etcétera. Esos lugares son el *hit* para ligar; todo mundo va a eso. De hecho, la chava que ya tiene novio, va a ver quién será el "próx" cuando el actual se convierta en "ex". Aquí puedes escanear a todas y conocer a mucha gente. No le hagas el feo a ninguna niña, nunca sabes cuándo una de ellas será el pasaporte a la tierra prometida.

2. *La escuela:* aunque suena muy típico, es excelente. Primero, hay mucho material —aunque ya te las sepas de memoria, desde tercero de primaria. Segundo, hay mil pretextos para acercarte a ellas: la tarea, los apuntes y otros rollos. Además, te las puedes ligar poco a poco. Al principio te sientas junto a ella, luego le pides un lápiz y, con un poco de suerte, hasta termina haciéndote la tarea.

3. *Redes sociales, chats, grupos en línea y apps:* Aunque este lugar no es físico es imposible no ponerlo porque es el más popular, prácticamente si existiera un ligódromo/dadódromo sería éste, ya que actualmente no hay lugar donde más gente se conozca y se cierre el ojito (aunque sea en un emoji) que en línea. Un like por aquí, un post por allá, una foto compartida por acullá y... el palacio de los mensajes amorosos (mensajes directos) quedará abierto de par en par. Ligar en línea es una gran opción, porque no te enfrenta directo a la persona, te da chance de conocer y de que te conozcan mucho más a fondo y hasta de ver tooooodas las fotos del perfil de tu galana, y las de tu suegra (para que veas como se va a ver tu princesa en unos añitos). En línea lo más importante es jamás, jamás, jamás ligar con alguien que NO conoces, ya que es aquí donde muchos adultos pederastas (abuso sexual) y jóvenes con muy malas intenciones, te pueden hacer más daño del que te imaginas. Puedes estar en línea con la amiga de una amiga, aunque todavía no la conozcas físicamente, pero porque te consta que es ella, pero nunca con una persona que no sabes si verdaderamente es quien dice ser. ¡Aguas!, más adelante platicaremos de esto.

4. *Vacaciones:* "la vacación" es lo mejor para ligar. Sales de la rutina y la mayoría de las cosas que haces son muy divertidas. Conoces gente nueva y todo mundo trae "actitud" y ganas de divertirse. Las niñas se ven más guapas y tú también, todos están bronceados, súper arreglados, bikinis, lentes, etcétera. Además, las niñas olvidan sus ligues de la ciudad, sin duda un buen punto. Es momento de aplicarse.

5. *Restaurantes y cafeterías:* se oye súper viejo pero funciona. Las cafeterías tipo Starbucks, Sanborns, Vips o la típica de Doña Lupita, se prestan perfecto para ligar y platicar. Los restaurantes siguen siendo súper buena opción. Puedes mandar un papelito con el mesero y así no te enfrentas directo a la niña. Más rápido que inmediatamente, sabrás si tu chicle pegó o no.

6. *Eventos:* competencias deportivas, exhibiciones, viajes de la escuela, campamentos, actividades con otras escuelas, etcétera. Aquí no sabes qué te importa más, si el evento en sí o las chavas que hay. Sólo fíjate bien quién se te queda viendo y ya estás. Pide redes o correos lo más rápido que puedas, porque estos eventos son tan grandes que cuando menos te imaginas, pierdes de vista a tu presa.

7. *Clases en la tarde:* aunque te puedan parecer de flojera, son súper opción porque ves seguido a la niña, les gusta lo mismo y tienes muchas oportunidades de acercarte y platicar. Si toman karate, nada más ubica la cinta que es, pues si se pelean ya sabes que debes cuidarte para que no te de una patada recta en tus partes curvas.

8. *Gimnasio:* por lo general en estos lugares hay niñas guapísimas —ya vas de gane—, van siempre a la misma hora —información valiosa— y tienes el tema del ejercicio y las rutinas como pretexto para platicar. Cuando la gente hace ejercicio está de mejor humor y, por lo mismo, las niñas son más "ligables". Nada más llévatela leve, porque odian a los perros. Si haces 20 minutos de "caminadora", escoge una junto a ella y ahora haz 40 minutos de "platicadora".

9 y 10. *El antro y las fiestas:* son como la Universidad del Ligue. Las mujeres se arreglan cañón y si no, la oscuridad ayuda mucho, así como la música, el chupe, las amigas de tus amigos y las ganas de reventar. En fin, si no hay ningún exceso tienes el mejor terreno para el ligue. ¡Ojo! Cuando hay mucho alcohol o drogas todo deja de funcionar: entras a la irrealidad, a la ciencia ficción en todos los sentidos y esto puede ser muy peligroso.

SI EN LA "VACACIÓN" TE LATE UNA NIÑA LÁNZATE DESDE EL PRIMER DÍA, PORQUE LUEGO TE ANIMAS HASTA EL PENÚLTIMO Y TE DAS CUENTA DE QUE TAMBIÉN ELLA QUERÍA, PERO SE ACABARON LAS VACACIONES.

Los sociólogos dicen que entre más ves a una persona y convives con ella, hay mayor posibilidad de que haya atracción entre ustedes. A este fenómeno se le conoce como "atracción por familiaridad". Aplícate y con un poco de suerte tú vas a nombrar al fenómeno: "quiero ser tu familiar".

Cuerpo a la ofensiva: cinco yardas para el primero y diez

A la hora del ligue tu cuerpo tiene reacciones automáticas que no controlas. Si no lo crees, acuérdate cómo se presenta una nueva protuberancia en tu pantalón (5 minutos antes no la tenías) y, como vendedor pirata, tienes que esconder tu mercancía.

Fuera de esas reacciones obvias, hay otras que no lo son tanto. Gracias a la adrenalina, mujeres y hombres nos vemos más atractivos y galanes o, lo que es lo mismo, a la hora del ligue hasta un chico zapote se convierte en mango petacón.

Así que checa muy bien lo que sigue, para que sepas si la chava con la que estás se derrite por ti, o se derrite pero por irse.

En un estudio se comprobó que a la hora de coquetear, la mayoría de las mujeres hacen una serie de movimientos; lo grueso es que los hacen exactamente en el mismo orden:

- Sonríen.
- Levantan las cejas rápido e inesperadamente.
- Abren más los ojos.
- Bajan la mirada.

QBL. Bajan la cabeza y la ladean con ternura.

QBL. Ven a lo lejos, con mirada de "hago como que no me doy cuenta de que me estás viendo, pero es en lo único que estoy pensando".

Si ves que una galana repite estos pasos, ya estás, pero si se queda 15 minutos estancada en el paso numero seis, igual no le latiste y más bien espera ¡pero el camión!

Semáforo en verde

El ligue va bien si:

QBL. Ella se siente a gusto, relaja el cuerpo y respira suave: lo disfruta.

QBL. Si mientras platicas, de vez en cuando asiente, dice sí con la cabeza: está interesada.

QBL. Si sus cuerpos se sincronizan en cosas como respirar al mismo tiempo, parpadear o moverse de la silla: le gustas.

QBL. Si el único que se mueve eres tú, igual y la silla tiene un tornillito salido que se te está clavando.

Semáforo en rojo: Cuando ya valió el ligue

QBL. La chica ve todo el tiempo su reloj. ¿Así o más lógico?

QBL. Si mientras te escucha se tapa la boca con las manos. Esto es un mecanismo de censura; significa que quiere callar tus palabras, científicamente conocido como: "Ya cállate, güey".

QBL. Cuando hace la posición típica de poner las manos atrás de la cabeza significa que ella domina la situación; por lo tanto, está claro que loquita, loquita por ti, no está.

QBL. Si te da la espalda, de plano mejor vete.

¿Qué les pasa a las mujeres?

Les pasa todo. Aunque tenemos cosas en común, es impresionante lo diferente que somos los hombres y las mujeres. Si existiera un mapa para entenderlas, más que mapa sería un atlas completo.

El asunto es que al ser diferentes, actuamos de manera distinta. Científicamente, el cerebro de los hombres y las mujeres es diferente en siete cuestiones estructurales. Seguro dentro de esas siete hay una en las mujeres que dice: "Ama los zapatos y las bolsas".

DEBES SABER QUE UNA DE LAS PRINCIPALES DIFERENCIAS ES QUE EL CEREBRO DE LOS HOMBRES GENERA MUCHA TESTOSTERONA, UNA HORMONA QUE LOS HACE SENTIR MUY AGRESIVOS, MIENTRAS QUE EL DE LAS MUJERES GENERA MUCHA SEROTONINA, QUE ES UNA SUSTANCIA QUE TRANQUILIZA EL COMPORTAMIENTO AGRESIVO.

¡Lucharaaaán!

¡En la esquina técnica, la despiadada: SEEEROTONINA!

VS

¡En la esquina ruda la aguerrida y destructora... TESTOSTERONA!

DE 2 A 3 CAÍDAS SIN LÍMITE DE TIEMPO

En general, las mujeres son tranquilas, amorosas y delicadas, mientras que los hombres son agresivos, competitivos y adoran los riesgos físicos. Por eso, a veces nos cuesta trabajo entendernos.

En ese aspecto somos como el agua y el aceite: los hombres agua y las mujeres aceite, ¡porque a veces pueden ser medio densas!

Hablando en serio, vemos las cosas de manera distinta. Es como si ellas hablaran ruso y tú español, pero no te preocupes, porque en *Quiúbole©* se dan clases de ruso.

Para saber qué onda con las niñas, es mejor que apliques la "Einstein", o sea, "todo es relativo". Y para muestra un botón... de frases.

- Cada vez que una mujer dice: "Estoy lista", significa: "Salgo en 30 minutos".
- Dejarlas plantadas durante 40 minutos es equivalente a fracturarles un hueso o robarles algo.
- Cuando dices: "Luego te hablo", para ellas significa: "Te juro que mañana tempranito te marco".
- Cuando te preguntan: "¿Me veo gorda?", significa: "Si me dices la verdad, te mato." #WTF
- No importa la cantidad de ropa que haya en su clóset, siempre dirán: "¡No tengo nada que ponerme!"
- Contestarles "gracias", cuando dicen "te quiero", es peor que una mentada de madre.
- Aunque te parezca raro, las mujeres se arreglan más para otras mujeres que para los hombres.
- Darle like a una foto de una amiga suya significa casi casi: "Me estás poniendo el cuerno."

Después de estos femini-puntos, ubicarás que las niñas son menos facilitas de lo que piensas. Así que Ch-K bien esta información, para entenderlas mejor.

DEBES SABER QUE CUANDO A LAS MUJERES LES DICES: "¿ME DAS TU TELÉFONO?", ELLAS ESCUCHAN: "TE VOY A HABLAR". NO COMPRENDEN QUE UN HOMBRE PUEDE COMPRAR UN BALÓN PERO JAMÁS USARLO; ES SÓLO PARA PONERLO EN UNA REPISA, COMO DE COLECCIÓN O TROFEO... IGUAL QUE EL NÚMERO DE TELÉFONO.

Palabras y frases que nunca debes decir a una mujer

La gran mayoría de los hombres saben que todas las mujeres del mundo son muy sensibles, incluso las luchadoras de la triple "A".

Y como sabes, una frase mal dicha a una mujer le puede pegar durísimo, y te puede costar que te la reclame por el resto de tus días o, lo que es lo mismo, que te cobre muy cara la factura. También te puede sentenciar a que se la pase reclamando: "Te lo dije". Así que mejor pon mucha atención a este capítulo para que después no tengamos que decirte en el siguiente libro: "Te lo dijimos".

A continuación, Ch-K algunas de las frases y situaciones que más le molestan a una mujer.

¡IUDADO! · CIERRA LA BOCOTA   ·   ¡CIUDADO! · CIERRA LA BOCOTA   ·   ¡CIUDADO! · CIERRA LA L

¡Alerta!

Temas sensibles que las pueden hacer llorar, o conseguir que su 😊 se convierta en 🙁

- *Su apariencia:* nunca le digas que se ve mal cuando van a salir; tampoco hagas la pregunta "¿ya te arreglaste?" cuando ya lo hizo; es como un gancho al hígado. Tampoco le digas a la mitad de la cita que se ve mal o que su blusa está medio rarita; recuerda que lo rarito es primo de lo feo. Si en verdad no se ve bien y le tienes mucha confianza, coméntaselo con mucho tacto, cuando todavía lo pueda arreglar, o bien hasta el final, porque le vas a amargar toda la noche, se va a sentir súper incómoda y no te la vas a acabar.

- *Su complexión:* otro detalle importante es jamás meterte con la complexión de la señorita. En caso de que esté medio pasadita de peso —30 ó 45 kilos arriba de su peso normal—, coméntaselo con cuidado, pero sólo si ya le tienes mucha confianza y te lo pregunta. Recuerda que este tema es tan delicado que muchos hombres han contribuido a que sus novias sufran bulimia o anorexia. Ayúdala, no la traumes.

- *El peinado:* este punto es muy similar al de la ropa. Si parece que le explotó el boiler, no le digas que está precioso; mejor cállate y aguanta como los machos. Si se corta el pelo y queda tan espantosa que ella misma se da cuenta, te va a hacer la clásica pregunta: "¿Cómo me veo?" Si en realidad es evidente que está mal di la verdad en forma sencilla: "Me gustaba más antes, pero no te preocupes, el pelo crece".

- *Otras niñas:* enfrente de ella no chulees a otras niñas y evita voltear a ver cuantos escotes pasen por tus ojos, aunque sean de concurso, por lo menos mientras ella te ve. Jamás hables mal de otra niña con la que hayas salido ni digas cosas como: "Ves a esa niña, salí con ella dos veces... es güilísima". Aunque el adjetivo se quede corto con la soltura de la señorita, lo único que vas a lograr es que ella piense que así vas a hablar de ella. Sin importar tu experiencia con la chava que viste, si no puedes hablar bien de ella mejor no digas nada.

- *Redes sociales:* Nunca la ridiculices o pongas algo que la incomode.

- *Su familia o amigos:* no critiques a su familia ni de broma y tampoco hables mal de sus amigos con frases típicas como: "Tus amigos son unos nacos"; "Tus amigos son de flojera"; "Son unos idiotas"; "Son muy infantiles". Acuérdate que aunque ella hable mal de ellos, irónicamente a ti no te lo perdona.

- *No la compares con nadie:* menos con su hermana o su mejor amiga; eso lo pueden alucinar.

- *Cuida lo que dices:* nunca le hables mal, nunca le grites, y jamás le digas groserías cuando se peleen ni la hagas sentir menos frente a los demás. ¡No te luzcas con tus amigos! Tampoco se te ocurra comentar o bromear acerca de que tuvieron un faje o cualquier otra intimidad; la puedes hacer sentir súper mal.

- *El choro:* si te la acabas de ligar hace diez minutos, no se te ocurra tirarle el típico choro: "Eres la estrella más brillante del cielo" o "Si te hubiera conocido Hesíodo, te hubiera convertido en musa". Eso les revienta; se les hace súper falso y las haces creer que lo único que quieres es llevarte a la musa, pero a otra cosa. Recuerda que son románticas, no idiotas.

En conclusión: trata a las mujeres con pinzas.

Nadie me pela

A veces, las niñas (sin pertenecer a la familia de los caninos) "mueren por tus huesitos". Otras, si les dan a escoger entre un examen de ecuaciones de segundo grado o salir a tomar un café contigo, prefieren el examen: ¡eso sí se siente cañón! Es transformarse de #foreverhappy a #foreveralone.

En este caso, ni la brujería, ni las lociones atrayentes, ni las app de ligue, ni el vudú sirven de *nada*. Hay que buscar otro tipo de estrategias para lograr que una niña se fije en ti.

La próxima vez que estés cerca de ella, sugerimos que te desnudes, te embarres de pegamento blanco, te bañes de plumas amarillas y aleteando gustosamente te acerques. Si de plano ni así te voltea a ver, cómprate un perro y recuerda que son "el mejor amigo del hombre".

Ya en serio, cuando parece que ninguna mujer se interesa por ti, es importante que te relajes y te la lleves leve. Cuando menos te imagines, vas a conocer a una chava que va a dar la vida porque la peles.

Ahora, cuando una mujer no está muy convencida de salir contigo, existen varios truquitos que, si los haces de corazón, muy posiblemente hagan que hasta te dé sus contraseñas.

Cómo lograr que te diga que sí

QBL Acércate a ella y hazte presente lo más que puedas (atracción por familiaridad), nada más sin agobiarla con muchas llamadas, visitas, comments y demás, porque te puede mega alucinar.

QBL Demuéstrale interés, ayúdala con los exámenes, sé detallista, acuérdate de su cumpleaños, pregúntale cómo le fue en "x" cosa que para ella es importante. Si tiene otro galancín y éste siente que la tiene ganada, lo más seguro es que no pele mucho este tipo de información. Así que ahí tienes un punto extra.

QBL Trátala muy bien y hazla sentir como reina. Suena viejísimo, pero les encanta.

QBL Pórtate caballeroso. Aunque parece pasado de moda, hicimos una encuesta sobre qué es lo que más conquista a las mujeres. Ser caballeroso quedó en segundo lugar (el primer lugar, fue hacerlas reír). Aplícate porque a las mujeres les encanta. Tampoco te pases y les hables de usted porque en diez segundos puedes pasar de caballeroso a tetazo. #megafail

Aquí te damos una lista de lo que las mujeres nos dijeron, para que tengas algunas de las respuestas cuando te preguntes: "¿Cómo le hizo ese güey para que esa chava le hiciera caso?"

QBL Si llevas coche, ábrele la puerta.

QBL Dale el paso; aunque a veces ni pelas eso, ellas se fijan mucho.

QBL Si van a algún lugar a comer, pregúntale en qué mesa quiere sentarse.

QBL Si necesita algo, párate y consíguelo. #asiomasrapido

QBL Si tiene frío, préstale tu chamarra. Si ya tienen más confiancita, maneja la "chamarra humana", o sea abrázala y quítale el frío.

QBL Preséntala siempre que se encuentren con alguien. Parece "x", pero para ellas es súper importante; si no te van a decir la típica frase: "Nunca me das mi lugar".

- Ponle un comment en alguna foto donde salga con su familia, pero que sea muy educado, tipo: "Qué bonita familia" (si lo ve su mamá te va a adorar).
- Cuando camine por la banqueta, ponte del lado de los coches.
- Al sentarse, ayúdala con la silla.
- Consiéntela, pero sin exagerar, pues puede resultar contraproducente. El asunto es que cuando esté contigo se sienta como reina. Si te aplicas, puedes ser el próximo rey.
- Si quedaste de textearle o escribirle en cualquier red social, hazlo a la hora acordada. En esta época nada se agradece más que un caballero-digital.
- Sé puntual. Si por alguna razón no puedes llegar, avísale que vas a llegar más tarde, ya sea porque se te cruzó una manifestación de manifestantes manifestando manifiestos, o lo que sea. A las mujeres no les molesta tanto que llegues tarde, sino que no sepan qué onda y que las tengas esperando como idiotas.
- Escúchala y toma en cuenta su opinión. Hazla sentir importante.
- No lo olvides: no seas lucido frente a tus cuates, sus amigas o en las redes; tampoco seas interesado. Lo de ser lucido lo puedes eliminar si te ligas a la princesa de Mónaco.
- Procura tener temas de conversación. No se te ocurra quedarte callado como si meditaras o le rezaras a algún santo para ver si súbitamente baja a salvarte.
- Dile siempre la verdad. Cuando te cache en una mentira, por mínima que sea, va a creer que le dices mentiras en cosas más importantes.
- Evita las groserías (o di las menos posibles) en su presencia aunque esté muy de moda decirlas. Recuerda que por decir quince veces "güey" no eres más hombre o más cool. En serio, aunque ellas sean groserísimas, adoran a los niños que las respetan y no son tan "pelados" (como diría mi abuelita).

Lo que a una mujer le molesta de un hombre

Como vimos, hay cosas obvias que a cualquier mujer le gustan y otras que no le laten. Pero hay unas que te parecen tan sencillas que ni cuenta te das, pero les súper choca. Échales un ojo, para saber qué onda.

- *Que te rasques tus partecitas.* Aunque como hombre te parece normal, a ellas les parece patético. Si tienes comezón, busca un baño y entonces sí maneja "la guitarrita", pues ahora sí que una rascadita te puede costar una tronadita.
- *Que dejes poca propina o, peor aún, que no dejes.* Siempre se fijan y piensan que si eres codo, así vas a ser con ellas.
- *Que tengas mamitis.* Ya sabes, cuando no puedes vivir sin ella, te la pasas marcándole por teléfono y la incluyes en todos los planes. Está excelente que adores a tu mamá, ¡pero no es la mejor arma para ligar!
- *Que te hagas güey con la cuenta.* A los gorrones le aguantan una, no más.
- *Que te les quedes viendo a los ojos inferiores.* Léase: que sólo les veas las bubis, mientras hablas con ellas.
- *Que al estar con ella te claves en otras cosas.* Por ejemplo, que te intereses por más de dos horas en el fut, en los videojuegos o en tu Smartphone.
- *Que te suden las manos.* Si te sudan, frota un poco de bicarbonato de sodio en tus manos, eso funciona. Pero si te sudan cañonsísimo, ponte unos guantes y di que eres mago.
- *Que coquetees con su amiga guapa.* A leguas se nota cuando te dicen: "Te cayó muy bien Laura, ¿no?"
- *Que jamás le escribas una carta.* Así como los musulmanes tienen que ir una vez en la vida a La Meca, a cada niña que quieras en serio tienes que escribirle por lo menos una carta en la vida. Para ellas no es optativo, ¡es obligación!

- **QBL** *Que te luzcas en las redes sociales y subas mil pics con otras niñas.*
- **QBL** *Que hables de tus exnovias.* Ese tema sólo te hace ver inseguro y les da web.
- **QBL** *Que al estar con ella te marque o textee una amiga al celular y te quedes platicando horas.* Esto se complica si esa amiga es tu ex.
- **QBL** *Que al salir las primeras veces con ella invites a un amigo.* Más que mala estrategia, eso es una idiotez. Nadie se la pasa bien y sólo te arriesgas a que tu amigo te la baje.
- **QBL** *Que trates mal a los meseros.* ¡Lo alucinan! Refleja poca sensibilidad y cero educación.
- **QBL** *Que cuando textees con ella seas rudo o grosero.* Aunque ellas se rían y se hagan las muy cool, les molesta mucho y no quieren un galán así.

Tácticas de ligue

Si ya superaste "Lo que a una mujer no le gusta de un hombre", estás listo para las famosas tácticas de ligue:

Hazla reír

El arma más poderosa es la risa. Si logras que la niña se ría y se la pase bien, va a estar difícil que te suelte. Cuando una chava se divierte con tus bromas, quiere estar más tiempo contigo. Si al principio no le gustas físicamente, después de una "risaterapia" es muy posible que cambie de opinión.

Sólo acuérdate de que las mujeres se ríen de cosas distintas que los hombres; así que omite las bromas típicas de hombres como empujarse, meterse el pie, zapes o calzón chino.

Sé tú

Lo mejor de ti sale cuando eres verdaderamente tú. No trates de ser otra persona. Se ve falso y ellas se dan cuenta.

Un hombre seguro y confiado les atrae muchísimo; sólo abstente de la pose de galán y la forma mamila de hablar. En una de esas, tu ex te cacha y se va a hacer pipí, pero de la risa.

Sé sincero

A los hombres les gusta impresionar a las mujeres. Pues te tenemos un mega consejo: nada las impresiona más que un hombre sincero.

Si la niña te pregunta sobre tu ex y ella fue la que te tronó, dícelo. Si has tenido una novia, o ninguna, también. Eso las impresiona más que la mejor de las mentiras. Les das confianza.

Aprende a bailar

A las mujeres les encanta bailar y, para ellas, los hombres que bailan son una especie en extinción. Si eres uno de ellos, no significa que es urgente que te reproduzcas, sólo apréndete unos buenos pasitos. Cuando las mujeres ven a un niño que baila bien, se lo pelean.

Salte de la Friend Zone

Nunca, nunca, pero nunca uses la típica táctica de soy tu súper amigo y platícame tus problemas. Aunque algunas veces funciona, es la peor. Una vez que te ven como amigo, les cuesta mucho trabajo verte como otra cosa. Así que aléjate de la amistad y déjale claro que tu rollo es el ligue.

No platiques de temas muy serios ni profundos. Se puede aburrir, verte como "intensito" y retrasar o anular el ligue. Habla de cosas divertidas, lo que sea, ríanse, tócale el brazo, la mano, la espalda —las partes pemitidas— y hazle ver que te gusta, pero no mucho.

Detalles

Como ya mencionamos, toda mujer adora los detalles. Aunque te cueste trabajo, nunca los olvides; ganarás muchos puntos. Si no se te ocurre qué regalarle, envuélvete en papel celofán, ponte un moño y dile: "Aprovéchame".

Interésate en sus temas

A la gente le gusta hablar de lo que sabe, de lo que le interesa. Saca la antena, averigua qué le gusta y pregúntale sobre ese tema. Ella va a sentirse muy a gusto. Asegúrate de poner cara de: "¡Qué interesante!" Ella se va a sentir bien y, por lo tanto, tú también.

TIPOS DE MUJERES

Aunque es difícil encasillar o etiquetar a las mujeres, algunas de plano hacen todo lo posible para que las ubiques en un cierto tipo.

Así que nos juntamos con un grupo de hombres para conocer qué piensan sobre los tipos de mujeres, sus características, habitat, nivel de *sex appeal* (escala 1 a 5) y poderes para ligar. Aquí los resultados:

CURSI

INTENSA

BARBIE

PANDROSA

INTENSA

Características: super clavada, acosadora. Ama todo tipo de mensajes: celular, cartitas, mails, servilletas. Y será la stalker #1 de todas tus redes.

Conoce tu vida y horarios mejor que tú; se sabe de memoria el teléfono de tu abuelita y el santo de tu papá.

Disfraz: viene en diferentes presentaciones.

La encuentras en: en cada uno de tus posts y publicaciones.

Poderes: se teletransporta, siempre está ahí.

Pros: siempre tendrás a alguien que vaya por las chelas y conocerás gran parte de la poesía del siglo XVIII.

Contras: no conoce la palabra "no".

Armas: tu familia la adora, les lleva regalos cuando no estás.

Enemigo: cualquier mujer que te abrace o te de like.

NIVEL DE SEX APPEAL: ☠☠☠

CURSI

Características: melosa, amorosa, muy detallista. Habla todo en diminutivo. Su pregunta favorita es: "¿Cuánto me quieres?" Si dices "Mucho", te contesta: "¿De aquí a dónde?"

Disfraz: se viste "tierno"; su color favorito es rosa pastel (el rosa mexicano es muy agresivo).

La encuentras en: tiendas de regalos y papelerías; el 14 de febrero está en todos lados.

Poderes: es la mejor para los detalles y te manda un millón de frases positivas en sus redes.

Pros: muy linda y consentidora.

Contras: es casi imposible tronar con ella sin sentirte culpable.

Armas: papel de china y plumones.

Enemigo: cualquier persona que olvide su cumpleaños.

NIVEL DE SEX APPEAL: ☠☠

PANDROSA

Características: inteligente, culta y maneja temas super clavados. Odia lo superficial y ama la ropa arrugada. Es liberal y se preocupa por los demás. En su ideología, si su blusa combina con sus pantalones es pecado.

Disfraz: playera del Che Guevara, chanclas de pata de gallo, blusas de manta, faldotas y pantalones cargo. Collares *hippies* y jeans rotos (ojo: los hoyos de los jeans son de uso, no los compraron así).

La encuentras en: zonas bohemias, librerías, bares, museos y mercados de artesanías. Alérgica a los antros de moda, a menos que sea pandrosa-*wanna be.*

Poderes: sus temas de conversación.

Pros: relajadas, no le gustan los problemas.

Contras: si platicas de algo que no sea elevado, les das flojera.

Armas: incienso de copal.

Enemigo: el agua y el jabón.

NIVEL DE SEX APPEAL: ☠☠☠

BARBIE

Características: tiene súper cuerpo y sólo quiere salir con cuates populares, el 99% de sus fotos son selfies.

Disfraz: es la más *fashion.*

La encuentras en: desfiles y fiestas de moda. Jamás la verás en las puertas de los antros; dos metros antes de que llegue le abren la cadena.

Poderes: sabe que, pase lo que pase, la vas a voltear a ver.

Pros: llegar con ella a alguna fiesta o concierto es inmortalizarte con tus cuates.

Contras: la inteligencia no es su principal característica.

Armas: calibre 90-60-90

Enemigo: cirujanos plásticos que no sepan poner bubis y Apps de fotos sin filtros.

NIVEL DE SEX APPEAL: ☠☠☠ 1/2

ZORRA

INTERESADA

LA LUCIDITA

LA BUENA ONDA

INTERESADA

Características: le gusta más tu cartera que tú. Tiene fotos con famosos y los taggea para tener más likes.

Disfraz: a la moda; trae marcas hasta en la suela del zapato.

La encuentras en: eventos importantes y en cualquier lugar en el que esté alguien que le interese, desde una taquería hasta Palacio Nacional.

Poderes: chantajista y seductora. Posee memoria fotográfica: nunca olvida a quién conoce ni la ropa que te has puesto.

Pros: se viste y se arregla bien. Lamentablemente tú lo pagaste.

Contras: le vales un pepino. Sólo le importa lo que te pueda sacar.

Armas: su físico y sus relaciones.

Enemigo: el límite de la tarjeta de crédito de la persona con la que sale.

NIVEL DE SEX APPEAL: SEGÚN LA CARTERA

ZORRA

Características: lanzadísima. No tan guapa, pero se sabe sacar provecho. Kilometraje alto; muchas ya van en la segunda vuelta.

Disfraz: sexy-corriente. Ahorra mucho en tela y ama todo lo entallado, todas sus fotos son con media bubi de fuera.

La encuentras en: ladies Night y antros pasados de moda.

Poderes: reputación con amnesia; faje seguro. No tiene que esperar a que nadie se la ligue, solita puede.

Pros: fiesta segura; funciona para darles celos a las que están medio indecisas contigo.

Contras: jamás la tomarás en serio, ni ella a ti. Si la encuentras en algún lugar, espanta a la niña bien con la que quieres.

Armas: va con todo.

Enemigo: ley seca.

NIVEL DE SEX APPEAL: 🐭🐭🐭🐭 I/2

LA BUENA ONDA

Características: guapa y sencilla; es buena amiga, te ríes con ella, te da confianza.

Disfraz: se ve bien, sin exagerar.

La encuentras: por todos lados. A veces no la ves porque otras te deslumbran.

Poderes: te cae bien y le cae bien a tus amigos.

Pros: confiable e inteligente. No es coqueta con los demás. A donde vaya contigo, se integra.

Contras: cuando la descubras, los demás también van a querer con ella.

Armas: su forma de ser.

Enemigo: no tiene.

NIVEL DE SEX APPEAL: 🐭🐭 I/2

LA LÚCIDITA

Características: tiene buen cuerpo, es súper coqueta y después de prenderte durante dos horas te avienta y te dice: "¿Qué te pasa? ¿Crees que soy una golfa, o qué?"

Disfraz: escotado-saltarín.

La encuentras en: las barras de los antros.

Poderes: mirada sexitropicoardiente; baila muy bien, tiene su propio canal en línea.

Pros: te emocionas por un rato, sientes que la conquistaste; hasta te sientes galán.

Contras: pierdes tu tiempo y terminas súper ardido.

Armas: gusta de cazar en manada; siempre está con otras mujeres iguales.

Enemigo: los que no las pelan.

X-tras: gusta de bailar en las alturas para llamar la atención: mesas, bocinas, barras, tarimas, tinacos, etcétera.

NIVEL DE SEX APPEAL: 🐭

CREÍDA

MUSTIA-NERD

INALCANZABLE

NO HAY IMAGEN DISPONIBLE

NIÑA BIEN

MUSTIA-NERD

Características: tranquila, estudiosa y aparenta ser cero prendida; a la hora de la hora, puede ocasionar un incendio.
Disfraz: suéteres cerrados y blusas con cuello de tortuga. La playera de deportes que usa en la escuela le parece muy escotada.
La encuentras en: tu salón, en la fila de adelante.
Poderes: puede explicarte cualquier materia.
Pros: te ayuda con la tarea, y es como los huevos de chocolate sorpresa: "Nunca sabes lo que tienen dentro".
Contras: no quieres verla bailar.
Armas: sus contactos con los maestros.
Enemigo: cualquier persona con menos de siete de promedio.

NIVEL DE SEX APPEAL: 🐮🐮🐮 1/2

CREÍDA

Características: generalmente guapa. Se siente indispensable, su mayor tesoro son sus seguidores en redes.
Disfraz: siempre perfecto para la ocasión.
La encuentras en: restaurantes caros; vip de los antros.
Poderes: su indiferencia.
Pros: si quiere contigo, te da *rating*.
Contras: su deporte favorito es bajarte la autoestima.
Armas: su ego, sus amigas la idolatran.
Enemigo: cualquier persona que no sepa su nombre.

NIVEL DE SEX APPEAL: 🐮🐮

NIÑA BIEN

Características: educada. Jamás pierde el estilo; tiene buen gusto. Generalmente no toma y critica todo lo que puede.
Disfraz: ropa de marca, pero que no se note. Todo combina.
La encuentras en: revistas de sociales, el antro de moda, los lugares de vacaciones *in* y bodas mamilas.
Poderes: es súper presentable con tus jefes.
Pros: le gustan las relaciones largas. Nunca te va a poner el cuerno. A donde la lleves, quedas bien. De hecho, luego se acuerdan más de ella que de ti.
Contras: hay que trabajarla mucho. Tienes que invertirle. Debes tener buena reputación para que quiera contigo.
Armas: su popularidad.
Enemigo: los zapatos de la temporada pasada.

NIVEL DE SEX APPEAL: 🐮 1/2

INALCANZABLE

CENSURADO

Características: imposible saber qué tiene mejor: el cuerpo o la cara. No hay un sólo hombre, a 100 kms. a la redonda, que no haya por lo menos escuchado su nombre o visto sus fotos de perfil.
Disfraz: *fashion*-conservador.
La encuentras en: es difícil; hay una en cada seis escuelas.
Poderes: su físico.
Pros: todo mundo la admira.
Contras: no te atreves a hablar con ella.
Armas: sus ojos y su boca.
Enemigo: su ex.
X-tras: si un día te llama por tu nombre, te emocionas; jamás te imaginaste que lo supiera.

NIVEL DE SEX APPEAL: NO SE CONOCE

LOBA

Características: son maestras de las zorras. No conocen el significado de la palabra "vulgar".

Disfraz: la ropa transparentosa, blusas de red y pantalones blancos pegados.

La encuentras en: bares de solteros y cualquier antro después de las cuatro de la mañana.

Poderes: cuando toma (o sea, siempre), aguanta más que cualquier hombre.

Pros: te puede quitar a una zorra de encima.

Contras: te puede tomar una foto con ella.

Armas: usa su experiencia para enrollarte.

Enemigo: la hora de cierre de los *after-hours*.

NIVEL DE SEX APPEAL:

Nota 1:
Cada tipo puede tener su ascendente en otro. O sea, puedes encontrarte una Intensi-cursi o una Fresi-zorra.

Nota 2:
Así como algunas jamás cambiarán, otras son transmutables: pueden cambiar de tipo en algún momento de su vida.

TÁCTICAS "X-TREMAS"

Si ya aplicaste todo lo anterior y no te funciona, es hora de aplicar estas nuevas tácticas de alto rendimiento. Vas con todo.

Nunca llames o textees al otro día

Hazte el interesante. Cuando pidas un teléfono o la sigas en redes, manifiéstate a los dos o tres días. Aunque no lo creas, es bueno que ella vea que tienes otras mil cosas que hacer, pero no te pases: si se da cuenta, cuando menos te imagines te la voltea y te aplica "la fantasmal", o sea desaparece.

No le hagas mucho caso

Cuando te des cuenta de que ella te ve, hazte tonto por un rato y no la peles. Esto funciona cañón. Aunque ya los dos se dieron cuenta de que se laten, quédate en tu bolita y no la voltees a ver. Hazte menso una media hora y, aunque te cueste mucho trabajo, aguanta. Tampoco te tardes mucho en acercarte, porque quizá ella no se decida a buscarte y se puede ir. Si lo haces súper bien, igual y es ella la que te busca.

No le digas todo lo que quiere oír

Si la niña es muy guapa, tiene un cuerpazo o unos ojos padrísimos, ella lo sabe y espera que se lo digas. Quizá hasta al arreglarse pensó: "¿Me lo dirá en el coche, o en el antro?"

¡Sorpresa! Por más que te derritas por ella, no se lo digas. Eso las pica durísimo.

Adminístrate

Nunca atosigues con mil llamadas, regalos, comments, likes, recaditos y demás. A las mujeres les aburren los hombres que se ponen materialmente de tapete, que hacen todo lo que ellas dicen y que a todo siempre dicen "sí".

Aunque a veces ser persistente funciona, el ligue es como el juego de jalar la cuerda: si la sueltas de un lado, el juego ya no tiene chiste.

Dile lo contrario

Cuando una niña es muy guapa, dile que es muy inteligente; cuando es muy inteligente, dile que es muy guapa. Esto funciona grueso. Sienten que aprecias otras cosas de ella; les gusta y les pareces más interesante que cualquier otro tipo. Pero si de plano no encuentras nada padre que decirle, dile... dile... dile que te vas a ir a un curso de alemán a Berlín y que le hablas en cuatro años, cuando regreses.

Técnica YD (Ya Despídete)

Cuando todavía la están pasando chido, dile: "Me tengo que ir", o "Tengo que colgar" ¡No lo va a creer! Al hacerlo mandas el siguiente mensaje: "En este momento hay cosas más importantes que tú". Esto te hace ver más seguro y deja picadísima a la niña. En realidad, a los dos. Esta técnica hace que la relación se haga súper fuerte y que se mueran de ganas por estar juntos. Por favor, nunca digas: "Es que mi mami me dejó usar mi teléfono hasta esta hora".

Juega a los relevos

Si estás con una bolita de niñas y la que te quieres ligar ya no te pela, es momento de aplicar el arma secreta, que ni es tan secreta pero sí muy efectiva. Ponte a platicar con otra de sus amigas. Eso les súper arde. Finge que te la estás pasando muy bien aunque la otra amiga esté de flojera. Cuando menos te lo imagines, la vas a tener otra vez ahí.

Si aguantas y ese día no la vuelves a pelar, la próxima vez que se vean vas a ver cómo te recibe.

Adverti-tip: Estas tácticas funcionan en la etapa del ligue. Cuando ya tienes una relación seria y madura, salen sobrando. Mientras andan de ligadores, o según el lenguaje escolar "armando equipos", estos truquitos se valen para sacar diez en tu trabajo final.

Ligue a la carta

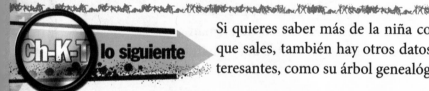 Si quieres saber más de la niña con la que sales, también hay otros datos interesantes, como su árbol genealógico.

Hay características de las personas de acuerdo al orden en que nacieron en su familia. Esto se repite y se repite por generaciones. Así que, "dinos qué lugar ocupa tu chava entre sus hermanos y te diremos cómo puede ser tu ligue". Por cierto, esto también aplica contigo.

- La más grande: generalmente es mandona, mega responsable, competitiva y muy clara con sus decisiones; léase: no te la vas a acabar.
- La de en medio: agradecida, alivianada y hace todo lo posible para que no haya broncas. Por lo general, son las mediadoras de la familia. Pero no cantes victoria: sigue siendo mujer.

- **QBL** La más chica: puede ser aventurera, creativa y buena confidente. Tienden a ser súper sensibles y consentidas. Les gusta que las apapachen, así que si algún día su papá los cacha en medio del faje, puedes decir: "Perdón señor, la estaba apapachando".
- **QBL** Hija única: después de toda la vida ser "la niña de la casa", es común que les guste llamar la atención. ¡Están acostumbradas! Pueden ser un poco agresivas y seductoras, especialmente si les das cuerda.

Ya sabes, si la niña con la que sales no te latió, consulta otra vez el árbol genealógico. Con un poco de suerte tiene otra hermana y así no cambias ni de suegra.

¿COCHE PARA PASAR POR ELLA?

Cuando empiezas a salir con una niña quieres impresionarla en todo, para que al final muera por ti, ¿a poco no? Si existiera un libro llamado *Cómo lograr que una mujer se desmaye cada vez que escuche tu nombre*, todos los hombres lo leeríamos hasta tres veces.

Cuando estás chico y apenas empiezas a ligar, lo más normal es que en las primeras citas se queden de ver en algún lugar y que cada quién llegue como pueda. Te puedes ir en transporte colectivo, en taxi, Uber, en el coche de un amigo o, lo más común, que te lleve tu jefe o tu mamá. Por supuesto, en este último caso lo que menos quieres es que tus papás vean a la chava, o que ella los vea. ¡Es alucinante! Pero todavía no se demuestra científicamente por qué los papás ¡a… fuerza! quieren ver a la niña; y si la que te lleva es tu mamá, ahí sí no te la acabas.

Ahora pide a Dios que tu mamá no te quiera dar la bendición frente a todos —si es que eres católico—, porque entonces sí vas a querer que te trague la tierra (y si fuera posible que se tragará a tu mamá también).

Pero si quedaste de pasar por la niña y no tienes en qué llevarla, no te malviajes. Existen muchos trucos que puedes hacer para alivianar eso.

- **QBL** Pide un servicio de taxi privado y seguro (Uber, taxi de sitio, etc.)
- **QBL** Pídele a un amigo que te preste su coche.
- **QBL** Invita a tu amigo (el que tiene coche) y que también lleve a si amigovia.
- **QBL** Organiza una bola de amigos para que todos vayan juntos y luego te separas tantito con tu cuasinovia.
- **QBL** Dile la verdad a la niña: "No tengo coche, no me lo prestan" o "En mi casa no tienen coche", y juntos arreglen el problema. Le va a gustar tu sinceridad.
- **QBL** Pasa por ella y llévala en transporte público a vivir una aventura urbana. Aunque no lo creas, si es fresa funciona mejor.
- **QBL** En muchas ocasiones, la familia de ella tampoco tiene coche y está acostumbrada a andar en transporte público, igual que tú: cero broncas.

En conclusión: a todo hombre le gustaría llegar en una súper nave para impresionar, pero acuérdate de que vales por lo que eres, por tu actitud, por tu corazón; no por tu coche, tu dinero o la marca de ropa que traigas. Lo más importante es que sienta que contigo siempre se la pasa chido. Que se sienta protegida y querida. La neta, esto no se compra en ninguna agencia automotriz.

Si efectivamente tienes el famoso coche del año (de los que dicen que jalan a seis chavas por kilómetro), recuerda que esto no te garantiza absolutamente nada. Simplemente es algo material; puede ser padre, pero para conquistar verdaderamente a una mujer, en realidad estás en "ceros" igual que todos. Y, por favor, evita cualquier comentario presuntuoso como: "Perdón que traje este coche, es que los demás de la casa están ocupados", cuando tu coche es casi un avión. Cae como bomba y no te van a bajar de "mamila", así que elimínalo de tu vocabulario.

También existen mujeres que se deslumbran con este tipo de cosas: no te preocupes, en realidad esas niñas no valen la pena para una relación en serio. Si la niña con la que sales es de este tipo, pásala a la lista negra y consíguele el teléfono de algún millonario, a ver cuándo le da una cita.

Sin embargo, tampoco está mal que a la niña le guste que la recojan en un coche bonito, siempre que no sea su prioridad en la vida. Y si encuentras a una niña a la que parece gustarle mucho eso, tampoco seas tajante; dale un poco de tiempo para que se enamore de lo que realmente eres. Si no cambia: ¡¡Bye!! (léase también: "hasta nunca").

Me batearon de *home run*

Cuando crees que tus jefes son los únicos que te dicen frases terribles como: "Necesito ver tu boleta de calificaciones"; "Vamos a ir todo el día a casa de tu tía Cuquis"; "No hay internet"; "Llevas horas ahí metido. ¿Qué haces?" (si estás en el baño, la dimensión de esta pregunta cambia), entonces descubres que las mujeres te pueden decir otras mucho peores como: "No quiero bailar. ¿Qué no entiendes?"; "¿nos puedes dejar de molestar? Llégale, ¿sí?"; "a mi amiga no le lates; pero quiere saber cómo se llama tu amigo", o de plano: "¿Qué parte de estás horrible no entiendes?"

Después de escuchar esto, la frase "trágame tierra" es de Kínder I. Te sientes terrible. Relájate, no es tan cañón como parece; lo que importa es qué actitud tengas.

Cuando Pablo me saca a bailar, no puedo decir que no.

Tengo 14 años y me invitan a la mejor fiesta del año. Todos te preguntan: "¿Ya te invitaron?" "¿Con quién vas a ir?" "Voy con Pepe" —les digo—, el primo de mi amiga, como de 15 ó 16 años, que la verdad, pues…me cae bien.

A la una de la mañana, Pepe se despide. Me entero de que hasta esa hora lo dejaron sus papás. "¡Qué oso!", pensé. Se fue primero que yo. Pero qué bueno, porque toda la noche no paró de hablar, quiso estar como melosito y me dio un repele espantoso.

Después de bailar toda la noche me siento con mis primas a platicar. ¡Ya no aguanto los zapatos! Mis tíos quedaron en recogernos a la una y media pero, ¡qué felicidad!, se les hizo tarde.

De pronto escucho una voz grave, como de alguien más grande, que me dice:

—¿Quieres bailar?

—No gracias.

—¿Por qué no?

—Qué pena, pero estoy muy cansada —contesto.

—Mira chulita, te esperé hasta que se fuera el monito con el que estabas para bailar, así que ahora bailas.

El tono, la voz y la seguridad con que me lo dice, hace que me pare a bailar como robot, con todo y los pies adoloridos y la pintura corrida.

Pablo tiene 19 años. Me doy cuenta de que no es mucho mi tipo, pero me impacta su seguridad.

No te hago el cuento largo, pero después de un año de amigos, cuatro de novios, hasta la fecha sigo casada con él. Desde ese día, me sigue apantallando, me sorprende, me divierte y me doy cuenta de que cada día es más mi tipo.

Gaby

Después de este ejemplo sólo podemos decirte que si una niña te gusta, aunque al principio te rechace, debes insistir con inteligencia. No olvides que por lo menos dos o tres de cada diez niñas te van a decir que sí. Cuando te bateen no lo tomes personal; tómalo como si fueras un vendedor de algo: los vendedores se preparan psicológicamente porque saben que ocho de cada diez clientes le van a decir "no" a su producto.

En este caso el "producto" eres tú, y puede ser porque:

- La niña ya sale con alguien y te queda muy claro que ese "alguien" no eres tú.
- Sus papás no la dejan salir hasta que tenga "x" edad.
- En su última relación le fue mal y tiene miedo de volverse a enamorar. Parece choro, pero muchas veces es verdad.

- **OBL.** Está clavadísima en la escuela o en "x" deporte.
- **OBL.** No le atraes físicamente, no eres su tipo. Para otra niña seguro lo eres.
- **OBL.** Es muy superficial y piensa tonterías como: "Está muy chaparro, muy alto, muy blanco, muy moreno..."
- **OBL.** De plano es gay... y si no tienes un pelo larguísimo y usas tacones, no eres opción.

Si estas excusas no te convencen, échale un ojo a las siguientes:
- **OBL.** Estás tan galán que considera que no te merece.
- **OBL.** Es tu media hermana, pero jamás te lo ha dicho.
- **OBL.** Pertenece a una secta en la cual está prohibido salir con hombres guapos.
- **OBL.** Después de un golpe muy fuerte, su cerebro bloqueó la palabra sí, y cuando le preguntas si quiere salir contigo, no puede contestar.

Ya en serio, como ves hay muchas razones por las que una niña te puede batear. No te sientas mal ni dejes que tu autoestima baje. El ligue es un juego en el que se gana y se pierde y, como en cualquier otro, si quieres ganar tienes que arriesgar y jugártela.

Después de todo lo que hemos visto, estamos seguros de que tienes todas las armas para que una mujer muera por ti. Aplícate. Sólo nos queda decirte : "Suerte matador". En una de esas cortas oreja, ¡y hasta rabo!

MIS AMIGOS

En la adolescencia el significado de la palabra "amigo" es muy diferente al que tenía cuando eras niño. Y no nos referimos a que ahora les dices *brother*, carnal, bro, cuate, ca..., o como se te ocurra.

Los amigos son súper importantes porque te ayudan a construir ese puente entre la dependencia familiar y tener una vida propia, con más independencia.

Tus amigos son como una mezcla de tu novia, tu confidente, tu promotor, tu psicólogo, tu abogado tu perro y hasta tu guarura. Proverbio: "Amigo que no se mete a defenderte cuando te quieren romper el hocico, no es amigo".

Lo padre de los amigos es que te aceptan de una forma que a lo mejor los papás no logran, y también agarran la onda de lo que te pasa, te preocupa y te gusta. Están en lo mismo que tú. Imagínate a un papá que se quiera hacer dos perforaciones en la ceja, que juegue cerbatanazos en su trabajo y que se quede una hora y media en la cadena de un antro para que lo dejen entrar: está difícil, ¿no?

Los grupos

Para muchos adolescentes, ser parte de un grupo es la neta de la vida. Sin embargo, también quieren ser individuos ellos mismos. Esto a veces es difícil, sobre todo cuando se espera que actúes, pienses o te vistas igual que todos. (Si en tu colonia hay un grupo de tipos que andan en "canicas", en "pelotas" o "encuerados", quizá sea mejor no llevarte con ellos.)

Si perteneces a un grupito muy unido es fácil que, aunque no lo seas, la gente te etiquete como darketo, fresa, **PUNK**, deporti–adicto, psicodeli–gótico–alternativo (nada más con leer esto último se te acaba el aire), sólo porque tus amigos así son. De ahí la famosa frase: "Dime con quién andas y te diré quién eres". O la variante: "Dime con quién andas y te diré a qué antro vas". Es decir que, si tus amigos son "x" o "y", prepárate para que así te cataloguen.

Pertenecer o no pertenecer

La realidad es que a muchos nos interesa pertenecer a un grupo o a una bolita, y aunque por fuera dices "me vale", por dentro a veces te preguntas: "¿Cómo le hago para que me consideren cool?", o por lo menos para que no te sientas "tan" diferente, como bicho raro, ya sabes, de esos que tienen seis ojos y ocho extremidades (si tus lentes son de fondo de botella, por lo menos cuatro ojos ya tienes).

Hay una gran diferencia entre hacer, decir y ser lo que tú quieres (porque así eres y en eso crees); a hacer, decir o actuar de "x" manera porque así crees que los "demás" quieren que seas.

¿Qué tanto tenemos que ceder de lo que en verdad somos para pertenecer a un grupo?

En la adolescencia, este rollo te confunde gruesísimo porque todavía no sabes quién es tu "verdadero yo". No te preocupes. Hay señores de 40 años que tampoco tienen idea, por ejemplo Michael Jackson, al final de su vida no sabía si era blanco, negro o dálmata.

Al mismo tiempo, sientes mucha presión por vestirte y actuar de determinada manera. Si no lo haces o sales con alguna "idiotez", ¡no te la acabas!

También es común que en esta época te sientas como una rata de laboratorio, porque piensas que la gente que te rodea se la pasa juzgándote.

Se necesita mucho valor para expresar algo diferente a lo que todos opinan; o hacer otra cosa o que te interese algo que a los demás les parece raro. Y la neta, como muchos no se atreven, mejor ocultan parte de su personalidad.

Presión de grupo

Ser parte de un grupo te da confianza y te anima a probar cosas que a lo mejor no harías estando solo.

Es ridículo, pero muchos de los clubes y asociaciones de los adultos se basan en la misma idea: pertenecer. Si eres del club "x", significa que eres tal o cual cosa; pero si no eres de ese grupo, entonces sienten que no eres nada.

A veces los amigos te presionan directa o indirectamente para hacer algo que no te late o no debes hacer. Y muchas veces lo haces con tal de estar dentro del grupito. Ya sabes, es como un rito: "Si quieres estar con nosotros tienes que tomar sangre de murciélago, pelarte a rape y volarte un calzón de la regadera que sea de alguna chava del salón".

Hablando en serio, muchas bolitas te pueden obligar a situaciones límite tipo robar, probar una droga, manejar como loco o tener sexo con alguien que ni conoces o que conoces muy bien. A lo mejor tratas de negarte, y por alguna razón, no puedes. Por dentro te preocupa que sea peligroso, ilegal, que te cachen, que tus papás se enteren o pase algo duro. Entonces te preguntas: "¿Lo hago o no lo hago?" Este tipo de decisiones difíciles las vas a encontrar toda tu vida, situaciones que ponen a prueba tus verdaderos valores, lo que crees y lo que eres. No hay papás que vigilen a sus hijos las 24 horas para decirles lo que *sí* y lo que *no* deben hacer. Ya eres tú mismo y vas solo.

Si tomas la decisión de no ir con la corriente, corres el riesgo de que te molesten, se enojen contigo o te saquen del grupito. Por eso se necesita valor para ser diferente. A la larga lo que importa es decidir quién maneja tu vida: ellos o tú.

Aunque no lo creas, esos que se enojaron porque no hiciste lo que todos, en el fondo te admiran y quisieran tener tu valor; muchas veces terminarán siguiéndote. Así que cámbiate a un grupo donde vayan de acuerdo con tus valores, o forma uno y sé tú el lider.

Si tienes buenos amigos, cuídalos y defiéndelos en las broncas aunque te arriesgues a que te rompan todo lo rompible.

Me cuesta trabajo hacer amigos

¿Sabías que a 25 por ciento de los seres humanos del planeta les cuesta trabajo hacer amigos? La razón es que, por lo general, se trata de personas introvertidas que sienten como si su nave hubiera aterrizado en el planeta equivocado. Y para nada.

De acuerdo con las investigaciones, el otro 75 por ciento de los habitantes del planeta es extrovertido. Incluso algunos son extro-extro-extrovertidos; esta especie se conoce como "alma de la fiesta". Algunos efectivamente son el alma, pero el alma en pena, porque se pasan de luciditos.

Los extrovertidos tenemos otro chip en la cabeza; pensamos y actuamos diferente. Por lo tanto, cuando vemos o tratamos a los introvertidos con frecuencia nos parecen payasos, serios, arrogantes, creídos o sangrones.

Si te consideras introvertido, debes saber que no estás solo (se oye como frase del Sindicato de Introvertidos Anónimos, A.C.). Pero hablando netas, eres diferente y está bien.

Nacemos con un "nicho natural" de temperamento en el que funcionamos mejor: extrovertido o introvertido. De no estar en los extremos, cualquier punto intermedio es sano. Los introvertidos procesan la información de otra manera, o sea que les gira la piedra diferente o su hámster es de otra raza.

Los "intro" a veces son incomprendidos, aunque no necesariamente son penosos. La gente penosa tiene ansiedad o miedo social, no se conecta con la gente, pero los "intro" (se escucha cool, la palabra "intro", ¿no?) tampoco son ermitaños. Para ellos, la gente se parece a echar carreritas: les gusta pero los cansa; necesitan aislarse un rato para recargar pilas. Podemos decir que, en general, un introvertido disfruta cuando está solo. Considera que sólo son amigos aquellos con los que tiene una relación profunda; los demás son cuates, conocidos o extraños amigables. Las fiestas y los antros lo acaban, aunque la pase muy chido. Un "intro" es buenísimo para escuchar y le gusta mucho observar. También por eso se la puede pasar tan padre en los antros: algunas mujeres son un gran espectáculo.

El introvertido aparenta ser calmado y estar en control. Piensa y luego actúa o habla. Difícilmente se abre a los demás. Bien lo dice el dicho: "El que logre extrovertir a un introvertido, será un gran extrovertidor".

Con frecuencia sus pensamientos lo absorben, le gustan las conversaciones tranquilas sobre ideas o emociones y detesta las pláticas "x". Es súper territorial; no le gustan las interrupciones, visitas inesperadas o llamadas al celular (además, no regresa las llamadas). Le encanta leer, investigar y casi siempre le va bien en la escuela.

La personalidad de otros, lo que tienen o cómo se visten, no le impresiona a los "intro"; la inteligencia, la preparación y la educación, sí.

Al "intro" le molesta que lo apuren o lo presionen. Le da miedo equivocarse en público cuando está aprendiendo algo y normalmente dice lo que piensa.

Como podrás notar, es fácil ver por qué a los que somos extrovertidos, los introvertidos nos parecen un poco "raros".

Son tres las principales razones que hacen difícil que nos entendamos:

1. Los "intro" piensan y hablan diferente; necesitan tiempo para dar una opinión, mientras que los extrovertidos casi casi escupen lo primero que se les ocurre.

2. Tienen un súper poder porque "se hacen invisibles"; de repente no los ves. En una reunión social pueden pasar desapercibidos mientras ven y escuchan.

3. Presionan a los extrovertidos a detenerse y pensar. Esto a los extrovertidos les revienta porque son como caballos de carrera. Por cierto, ¡abusado! Cuando un introvertido habla hay que escucharlo, porque sabe lo que dice.

Si eres "intro", ¡qué bueno! Aprecia el súper valor que tienes, aprovecha tus fortalezas únicas y recuerda que todos somos diferentes, que cada uno tenemos distintas cualidades.

Para hacer amigos más fácil, recuerda cómo son los extrovertidos y entiéndelos. Ellos poco a poco se darán cuenta de lo valioso que eres, y quizá en poco tiempo te considerarán su mejor amigo. Por lógica, con otros introvertidos siempre te llevarás muy bien.

BULLYING

Ya no aguanto. No quiero ir a la escuela. No tengo amigos. En el recreo siempre estoy solo. En la secundaria todos me molestan, se burlan de mí, de mi peso, de cómo camino, me ponen apodos... y además me zapean.

Cuando en el recreo llego a una bolita, todos se levantan y se van a otro lado. Mis calificaciones han bajado mucho. Me insultan en los mensajes de texto y redes; hasta me dicen marica porque un día le dije todo esto al maestro y no me hizo caso. No sé qué hacer; he pensado hasta en matarme.

Juan Carlos, 14 años

Nunca falta. Todos en algún momento de la vida supimos lo que se siente que los demás se burlen de ti, del apodo, de los zapes, de la tristeza que te da y demás cosas relacionadas con el bullying. Sucede en todas las escuelas y, en el caso de los zapes, en todas las cabezas. Sin embargo, la manera en la que nos enfrentemos a esa bronca marcará la diferencia entre vivir bien o pasártela súper mal.

El bullying es algo muy serio que cada vez preocupa más a los papás y obviamente a los hijos, porque además de lastimarte física y psicológicamente (a veces para toda la vida), está creciendo en todos aspectos gracias al cyberbullying (bullying por internet) que hace que las cosas se salgan de control, más adelante hablaremos del cyberbullying.

Abusos, ofensas, aislamiento, golpes, intimidación y mucho miedo es parte de lo que genera el bullying. No te quedes callado sin hacer nada, eso es lo peor porque sólo conseguirá que los abusos aumenten, entre más tiempo te quedes callado más chance le das al agresor y a su grupito de que te molesten. Detén esto lo más rápido posible. Necesitas tomar decisiones para protegerte.

Aprende a decir "BASTA". Cuando te vuelvan a molestar párate derecho, ármate de valor (aunque por dentro estés temblando) y cuando se acerque el agresor velo directo a los ojos, muy seguro, saca todo el enojo que tienes y dile "BASTA no me gusta lo que me estás haciendo, PARA ya o te vas a meter en problemas muy serios". Es muy importante que la palabra basta se la digas casi gritando y que te salga del estómago, aunque te parezca imposible los agresores sienten tu enojo y muchas veces paran.

Si continúan con el bullying es muy importante que se lo platiques a algún adulto que no esté involucrado en todo esto y que le tengas mucha confianza (un tío, un amigo de tus papás, un vecino, un maestro), cuéntale cómo te sientes, qué te está pasando, qué te hacen, en fin, tooooodo, es importantísimo para que te puedan ayudar.

Ubica quién es el autor intelectual y quiénes los cobradores, o sea quién te molesta y quién es el que los manda. Coméntalo con tus papás para que ellos lo platiquen con tus maestros y directores (esto es muy importante), esto hará que en la escuela estén al pendiente y controlen la situación.

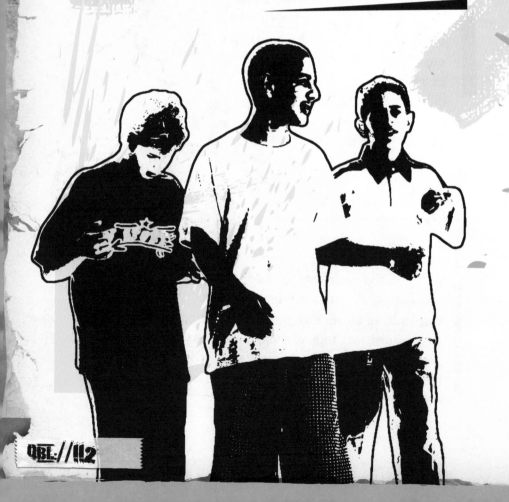

Los maestros deben controlar la situación (o sea, cuidarte), hablar con los papás de los agresores (eso los va a parar más de lo que te imaginas) y sancionar y poner consecuencias serias que pueden llegar hasta la expulsión de los alumnos que te molestan.

Es muy importante que los demás te incluyan aunque seas tímido, sensible, callado o inseguro—eso no te hace menos que nadie—, debes trabajar mucho, mucho, mucho en tu autoestima (más adelante hay un capítulo de eso) porque si no sufrirás bullying todo el tiempo.

Métete a clases de karate, judo, box, etcétera (tiene que ser en vivo, en videojuego no cuenta) y cuando estés listo defiéndete. Los agresores molestan a los que no se defienden, esos son su blanco principal, si te defiendes desde el principio (ya sea física o verbalmente) y pones un alto a la primera, es muy probable que no haya una segunda.

Podríamos decir que el ligue es como el entrenamiento para llegar a la primera división: el noviazgo.

Tener novia es padrísimo, y con el noviazgo todo en tu vida cambia, así que debes estar preparado. Claro que hay de novias a novias, por ejemplo: la típica novia de la primaria que era como tu noviecita de chocolate; eran novios pero ni siquiera se hablaban. Ya sabes, si le llegabas a tomar la mano era casi casi como tener un hijo. También está la novia con la que, más que estar enamorado de ella, estás emocionado con la novedad, por ser la primera niña con la que sentiste chistosito y puedes presumirla a tus cuates.

También puedes ser de los chavos que cuando tienen novia les da flojera y les gustan todas las demás; ya sabes, de los que aplican la técnica de dividir las silabas de la palabra "novia":

"No-vi-a **la güera del otro salón";**
"No-vi-a **la prima de Fernando, que está muy bien";** y
"No-vi-a **mi novia en un lugar iluminado, hasta hoy".**

Entre todas estas novias se encuentra la chava con la que quieres en serio porque estás mega enamorado de ella, y piensas que en un lejano, pero posible futuro, pueden llegar a algo más serio. Es la niña que te trae idiotizado, cacheteando las banquetas, de un ala o como quieras decirle. Esta relación es muy padre porque por primera vez te animas a decir algo que quizá nunca habías dicho: "Te amo". Entonces sientes que Romeo y Julieta son unos estúpidos al lado de ustedes.

Todos los noviazgos pasan por tres etapas. Prepárate porque así como hay amor, emoción, risas y felicidad, también hay broncas, celos y hasta lágrimas. Si estás clavado, todo vale la pena y fortalece tu relación.

Etapa 1: Babeo por ti

OBL Estás súper enamorado; piensas todo el día en ella.

OBL Te parece guapísima, buena onda, simpática y no tienes ojos para nadie más, incluyendo *playmates* y videos en línea.

OBL ¿Defectos? ¡Para nada! Ni tú ni ella los tienen.

OBL Textean de una a tres horas diarias (en esta etapa texteas más rápido de lo que hablas).

OBL Todo lo que te platica es novedad y te interesa.

OBL En cuanto la dejas de ver la empiezas a extrañar; la dejas en su casa y ya le estás marcando al celular.

OBL Si por alguna razón no la puedes ver, es peor que examen sorpresa, te súper enojas y mientas todo lo mentable.

Etapa 2: Ya nos vamos conociendo

OBL La relación entra en un bache.

OBL Sigues enamorado pero empiezas a darte cuenta de que ella no es tan perfecta: tiene granitos, de repente se pone histérica, se come las uñas, es mala para contar chistes y tiene muchas amigas medio federicas, en fin.

OBL Tú también te das cuenta de que tienes mil imperfecciones.

OBL Te sientes un poco inseguro pues te da miedo decepcionarla o que ella te decepcione a ti.

- Tal vez te sigue pareciendo preciosa pero también, de repente, abres un ojito para ver otra cosa en el menú, aunque sea un postrecito.
- Surge la técnica "O": me quieres o no me quieres. Me aceptas como soy o búscate a alguien más. Casi casi te trueno o me truenas.
- En este punto la relación puede terminar pues hay cosas que quizás no son negociables para ninguno de los dos. Algunas broncas no se negocian ni aunque les des doce meses sin intereses.
- También, fríamente abres el corazón y te preguntas: "¿es tan grave como para terminar? ¿Vale la pena?"

Etapa 3: Estoy de acuerdo

- Se calma el deslumbramiento y la intensidad de las emociones. Es decir, tus pupilas regresan a su tamaño original.
- Te das cuenta de que aprendes a ver, tanto en ti como en tu novia, las cosas padres que en realidad importan: se ríe muy fuerte, pero es muy tierna y cariñosa. Cuenta unos chistes malísimos, pero te hace sentir bien. Es la más despistada, pero es muy inteligente y sensible. Es muy gritona pero, pero, ¡pero ni modo!
- Aprendes a quererla y ella a ti, a pesar de su lado oscuro, también conocido como su "yo bizarro".
- El amor, lejos de disminuir, crece y se hace más profundo.

Las broncas

Es normal pelearse cuando sales con alguien, se están adaptando (siempre y cuando no se adapten con moretones y fracturas expuestas). Lo que no es normal es una vida de adaptación o, lo que es igual, pelearse todo el día y todos los días.

Regla básica

Cuando en tu noviazgo son más los momentos malos que los buenos, las cosas ya no funcionan, o sea ya medio valió. Tendrás que decidir si tronar o intentar mejorar la relación.

La mejor forma de resolver los problemas es evitarlos. Aquí te va una lista de consejos para preservar la especie, perdón, la relación:

- Díganse la verdad; las mentiras tarde o temprano se cachan y acaban con la confianza.
- Confía en ella. Trata de no ser celoso; los celos hablan de una persona muy insegura. Tampoco le des motivo para que se encele, no sigas a tu ex en Face ni le des mil likes a su amiga "la guapa".
- Sé cariñoso. Un detalle, un "te quiero" de vez en cuando, súper funciona en la relación. Un buen detalle no es regalarle cerillitos del restaurante de moda ni compartir una de sus publicaciones.
- Cuando se peleen y te enojes mucho, busca un tiempo solo y cálmate para no decir sin pensar cosas que lastimen fuertemente. El tiempo debe ser sólo de uno o dos días, no un mes de *spring-break* en Cancún.
- Olvídense de los picones. En esta etapa ya no funcionan (sabes muy bien de qué tipo de "picones" hablamos).
- Platiquen de lo que sienten. Si estás triste, enojado o dolido, dilo, no te lo guardes; luego el problema se hace más grande. La comunicación es lo que más falla en las relaciones y no se puede resolver algo que no se sabe.
- Recuerda que para una mujer, el "no tengo nada" significa "tengo todo, estoy muy enojada pero no puedo o no quiero hablar ahorita". Lo peor es que sienta que sigues como si nada y que no te importa. Deja que pase un rato y vuelve a intentarlo. Es como la ruleta; después de un tiempo sale tu número.

- Cuando te equivoques, acéptalo. Eso ayuda cañón.
- Si se enojan, evita cruzar esa línea muy delgada del respeto. Procuren no gritarse, decirse groserías o hacer escándalos públicos aunque los *paparazzis* no te sigan. Cuando se pierden el respeto, ya valió.
- Nunca utilicen la violencia física ni emocional. Es lo peor en una relación. Jamás la toques o la insultes y tampoco dejes que ella lo haga contigo.
- Dense un respiro. Invadir el espacio del otro hace que ya no se vean con tantas ganas y se empiecen a alucinar.

La mayoría de las broncas tienen que ver con el "yo pensé que tú pensaste". De esto podríamos escribir todo un libro; recuerda que hasta hoy nadie lee la mente, así que cuando tengas duda de algo mejor acláralo, porque este rollo es el papá de todas las broncas.

Si te gusta otra niña mejor termina. Y si ella te truena por la misma razón, compréndela. No te aferres. A la larga es peor. Recuerda el refrán: "Si un amor se va, déjalo ir; si regresa, siempre fue tuyo, pero si no vuelve, ¡ya te la bajaron!"

La declaración

Mientras que para muchos hombres la declaración es rarísima, la sienten de la prehistoria y algunas niñas se dan contigo antes de que te acerques 10 cm, aunque no lo creas, para la mayoría de las mujeres es básica y la hacen como de "meditación con el cosmos"; algo así como "vamos a sacrificar tres días de vacaciones para que los dioses y el universo le manden una buena declaración a Mónica: ¡Ommmmmm!"

Lo que ellas no saben es que si quieren que Declarión, el dios de la declaración, no las castigue, entonces jamas, aunque estén bajo la influencia de hongos alucinógenos, deben dar un beso antes de que te les declares.

Para las mujeres este asunto es importantísimo. Sólo fíjate; algunas de las cosas que más odian son que otra niña lleve el mismo vestido que ellas a una fiesta, los insectos, que en la playa se les enchine el pelo y que se les declaren con frases como:

- **OBL** "Entonces, ¿qué somos?"
- **OBL** "¿Quieres o no quieres?"
- **OBL** "¿Puedo ser tu amigo cariñoso algunos días?" (léase *free*).

Asegúrate que la niña ya está preparada al punto tal que es muy probable que te diga que sí. Cuando esto sucede, te va a decir que sí sin importar cómo se lo preguntes. No le saques; si te late, empieza lo mejor posible y habla de corazón.

Lo mínimo requerido en la Asociación de Declaraciones s.a. de c.v. es el formato Base 4 que se refiere a cuatro simples palabras:

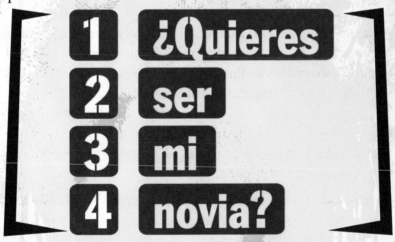

1 ¿Quieres
2 ser
3 mi
4 novia?

* Prohibido hacerlo por mensaje de texto, ¡Por favor!

Es lo mínimo que pide una mujer. Aunque ya se hayan puesto sus bocinazos —ataque de besos— y des por hecho que ya no hay bronca, en el fondo toda mujer quiere y necesita que aclares la situación. Las declaraciones originales y creativas ¡les encantan! Vale la pena que le eches una pensada, que la hagas sentir súper bien y que manejes un buen choro. Pero si la neta te cuesta trabajo hablar de sentimientos, aquí hay una Guía Desarmador para que te aflojes un poco:

1. Si están en algún lugar con mucha gente, llévala a donde puedan tener mas intimidad; no a lo "oscurito", eso es distinto.

2. Después dile la famosa frase: "Necesito hablar contigo". En ese momento empieza tu examen. Ella ya sabe que le vas a llegar. Utiliza cualquiera de estas frases:

- Cuando estoy contigo me la paso muy bien y pues…
- Me gustaría tener algo más serio contigo, como...
- Llevamos ya un buen tiempo saliendo; sólo quería preguntarte si…
- Espero que me entiendas, no soy el mejor para hablar de sentimientos, pero te quiero decir que…

Cuando empiezas con algo así, tu cerebro te ayuda a completar las frases. No dices ninguna mentira; simplemente te cuesta menos trabajo decirlo. Entonces tu boca se calla y son tus sentimientos los que empiezan a hablar. #aymivida

El asunto es que la vas a hacer sentir muy bien y esto es el principal objetivo. No lo dudes y lánzate. Ten por seguro que cuando ella tenga la oportunidad, se va a desvivir por hacerte sentir bien.

LOS CELOS

¿Alguna vez has sentido unos celos durísimos? De esos que te hierve la sangre y dejas de ser un cuate tranquilo y buena onda para convertirte en:

a) Monstruo asesino.
b) Futbolista que metió autogol.
c) Quinceañera que le fallan los chambelanes en su fiesta.
d) Chavo que sale del baño y una vez que llega con la niña que se está ligando, lo ataca la gotita traicionera.

Los celos le pueden dar a cualquiera. ¡Claro que hay niveles! La razón por la que los sentimos se debe a un instinto natural para proteger lo que amamos. Hay celos normales y enfermizos. Los enfermizos no son como una gripita; son los que unos días están "bien" y otros resultan odiosos, irreconocibles y mega violentos.

El que es celoso en extremo se siente abandonado y traicionado de todo y por nada. A cada rato le llama a la niña: "¿En dónde estás?, ¿con quién estás?, ¿a qué hora llegas?" Stalkea todas sus redes para ver con quién se escribe, quién la sigue, a quién sigue, en fin. Esto les súper choca a *todas* las mujeres. Sobre todo cuando llegan las preguntas: "¿Qué blusa te pusiste? ¿hasta dónde se te veía?, ¿de qué platicaste?, ¿algún hombre se te quedó viendo?, ¿escribiste algo en sus redes?, seguro te pusiste peda, ¿verdad?"

¡Nadie soporta a un posesivo, física, digital ni emocional-mente! Lo más seguro es que al primer ataque de celos enfermizos, la niña explote y te mande a la... Bueno, tan lejos que no puedas regresar.

ﻮ El celoso sufre cañón; piensa que lo engañan o que lo desprecian. ¿La causa?

Una baja autoestima que tal vez se originó entre los tres y cinco años de su vida, cuando le hicieron creer ideas equivocadas de su persona que afectaron su visión de la realidad y cómo se ve a sí mismo. Incluso pudieron hacerle pensar que era una mala persona o que no valía nada. Esto pudo tener su origen en la sobreprotección, el abandono o el hecho de que lo comparaban siempre con alguien que parecía mejor, ya sabes, el típico: "¿Por qué no puedes ser como fulanito?" "Deberías sacar las calificaciones de sutanito". De entrada, ¿quiénes se llaman Fulanito y Sutanito?

¡Ojo! Entre más baja es la autoestima, más fuertes son los celos.

Si algún día sientes que los asquerosos y agresivos celos te atacan, te damos algunos súper poderes para que le rompas su mandarina en celosos y jugosos gajos.

ﻮ Acepta y reconoce el problema: "¿Qué me da miedo? ¿Por qué?"

ﻮ Piensa que es tu mente la que exagera.

ﻮ Platícalo abiertamente con tu novia, cuando no haya un motivo de celos, para que no se peleen y puedan platicar tranquilos.

ﻮ Confía en ella; no siempre vas a poder estar ahí como fantasma vigilando cada movimiento que hace. Y eso a nadie le gusta.

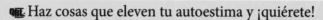

- **QBL.** Haz cosas que eleven tu autoestima y ¡quiérete!
- **QBL.** No pienses que porque tu ex te engañó, todas las niñas son iguales. Si piensas así solito boicotéas tu relación. No te malviajes.
- **QBL.** Está cañón pensar que con sólo 5 minutos que tu novia esté con otro cuate se va a enamorar de él, y va a olvidar todas tus cualidades y lo que has hecho por ella desde que la conoces. Es únicamente baja autoestima.

Si no te gusta vivir con celos, recuerda, por si no te quedó claro: no es tu novia, eres tú. Si no te alivianas, con la novia que tengas siempre vas a sentir lo mismo. ¡Aprende a confiar en ella y en la gente! Sobre todo, ¡aprende a confiar en ti mismo! ¡Ve todas las cualidades que tienes! Te vas a sentir mucho mejor, más tranquilo y tú y tu novia van a ser más felices.

EL TRUENE

Cómo tronar sin lastimar

Dicen que no se sabe qué es más difícil, si tronar a alguien o que te truenen. No hay mucha ciencia: es mucho más cañón que te truenen.

Pero si la persona a la que le vas a aplicar la descalabrada es linda, te quiere y no tiene ni la menor idea de que le va a llover, pues la verdad sí sientes feíto.

Antes de saber qué debes decir, te damos unas sugerencias de lo que *no debes decir*:

- **OBL.** No es que no te quiera, simplemente tu amiga está más buena.
- **OBL.** Sí, me pareces bonita; lo que no me late es que no te rasures el bigote.
- **OBL.** Nunca dije que fueras tonta, simplemente me pareces poco inteligente.
- **OBL.** Jamás dije que no quisiera andar contigo; lo que pasa es que perdí una apuesta.

Como habrás notado, éstas no son las mejores opciones, así que te vamos a anotar las que sí funcionan. Antes, es importante que te hagas una pregunta elemental: "¿Realmente quiero tronar a mi novia?" Porque muchas veces, más que enojado estás confundido. Y ahí sí no se vale, porque un truene —aunque te regreses a la mitad— puede lastimar muchísimo.

Si tienes dudas, es mejor que platiques con ella y resuelvan sus problemas. Si de plano ya no quieres salir con ella, es más sano que termines. Cuando lo aplazas, la relación cambia y nada más la estás tronando en cómodas mensualidades.

Si ya estás seguro de cortar, tienes que enfrentar las siguientes armas con las que tu novia te puede amenazar: "Te juro que voy a cambiar", "todo mundo se merece una segunda oportunidad", o "¿así de fácil te rindes?" Esta última es un golpe a los bajos.

Imagina que a estas frases le aumentas una carita linda, lágrimas y la voz entrecortada. Más que armas, se convierten en ataque atómico. Aun así, si ya lo decidiste, aguántese como los hombrecitos y siga adelante. Si no, sólo le haces más daño.

¡Otra cosa! Tienes que saber que existe la *novi-obsesiva*: una especie de niña que tiene un chip autoprogramado para no dejarse cortar. De hecho, hasta la tercera vez que la truenas, capta que algo va mal. Una vez que la terminas y no te vuelve a hablar por teléfono, te conviertes en un verdadero master. La novi-obsesiva se reproduce en grandes cantidades, caza en manada y representa un fuerte peligro para el hombre-tronador.

Ahora sí, vamos a las reglas básicas para tronar a alguien:

a) Una de las más importantes para cortar, tronar, terminar o pasar a perjudicar a alguien, es hacerlo de frente. No se te ocurra tronar a tu chava a través de un amigo, teléfono, mail, mensaje de texto, redes sociales (para que también se entere todo el mundo), cartita o señales de humo. Es súper bajo y muy poco valiente. Después del mal momento que va a pasar, lo mínimo que merece es que des la cara.

b) Platiquen en un lugar en el que puedan estar solos, porque puede llorar o mega sacarse de onda. Y si esto ya es incómodo, ahora imagínate dando *show*.

c) Una vez que empieces a hablar con ella, es muy importante que vayas al grano; no lo hagas largo. Desde el: "Oye, tengo que hablar contigo", ya sabe de qué se trata: ¡no la tortures!

d) Suaviza lo que vas a decir para no hacerla sentir mal.

Aquí hay un diccionario del truene.

"Me gusta otra niña." **Dile:** "Ya no siento la misma atracción."
"No me gusta cómo eres." **Dile:** "Creo que hemos cambiado mucho."
"Me aburro contigo." **Dile:** "Considero que ya no nos llaman la atención las mismas cosas."

Ch-K-T lo siguiente

QBL. Al hablar, es mejor que uses el plural en lugar del singular. Así le haces sentir que fue falla de los dos. Pero, por favor, no le digas: "Creo que ya nuestro ciclo se cerró"; "a mí me duele más que a ti", o "prefiero tenerte como amiga". Eso ya todo el mundo se lo sabe y es peor que una grosería.

QBL. Después de que hayan terminado, es muy importante cómo te comportes. Jamás se te ocurra hablar mal de ella o, peor aún, platicar los secretos de tu ex. Además de que es de muy poco hombre, si otra mujer te escucha, no importa cuánto le gustes, no le vas a latir nadita.

QBL. Lo importante es que seas sincero y que no la lastimes. Ten en cuenta que cuando truenas a alguien le bajas la autoestima cañón. ¡Es la pesadilla de cualquiera!

QBL. Evita que la chava se sienta mal. Piensa que ella, en muchas ocasiones, te hizo sentir muy bien. Nunca sabes cuándo vas a ser tú el tronado.

FIN DEL CAMINO

Me tronaron

Antes decían: "Los hombres no lloran", sólo que faltaba la frase: "Hasta que su novia los truena". Hay tres formas de tronar:

- **QBL.** Cuando estás hasta el gorro y más que dolerte te urge.
- **QBL.** Cuando te duele, pero… normal.
- **QBL.** Cuando estás clavadísimo y ella te dice: "Gracias por participar". Aquí es en donde se pone heavy.

Cuando te están tronando crees que es una broma y hasta te ríes. Pero cuando menos te lo imaginas, ¡bolas!, ya eres miembro del club de "Los novios desempleados".

En ese momento tu cerebro se atonta. La única neurona que todavía tienes útil, después del batazo que te acaban de propinar, junta las dos palabras y hace una complicada construcción gramatical que pregunta constante y doloridamente: "¿Por qué?"

Es horrible porque ya no te imaginas tu vida sin ella, y no sólo estás enamorado de ella, sino hasta de su familia; es más, quieres tanto a su familia que extrañas hasta al perro y al hámster de la hermanita.

En fin, una vez que todo esto pasa sientes que te quieres morir. Relájate, no es que te engañara con otro niño, quizá te engañaba, ¡pero con dos!

Si te acaban de tronar y ni siquiera sonreíste con este último párrafo, entonces sí estás muy mal. Esto último es un termómetro del truene. No te preocupes, ahorita mismo te echamos la mano.

Mucho se ha dicho que los hombres no lloran, sólo reprimen sus sentimientos; eso no significa que no los tengan. Cuando los guardan por mucho tiempo salen como tehuacán agitado (también conocido como tehuacán de judicial), o sea que una lloradita se convierte en todo un evento a moco tendido.

Lo más importante es que ubiques que a todos nos pasa y, por más que duela, nadie se ha muerto de amor. Imagínate el diagnóstico:

–¿Causa de la muerte, doctor?
–Lo tronaron frente a sus amigos.
–¿Eso lo aniquiló, doctor?
–No, el problema fue que era 14 de febrero... Murió de cursimetrosis.

Aunque el amor es quizá uno de los dolores más fuertes, tiene la medicina infalible: el tiempo. Bien sabemos que cuando estás tronado crees que no hay nada que te pueda ayudar, salvo que regreses con la niña. Te aseguramos que el tiempo alivia cañón.

Tronar es como pasar de un lugar con mucha luz a otro muy oscuro. ¡No ves nada! Poco a poco tus ojos se acostumbran a pesar del dolor. Al principio es normal que llores; de hecho, llorar es una excelente terapia. Nada más no uses esta terapia cuando pierdas en el fut con tus cuates. También puede ser que no tengas ganas de hacer *nada*, ni de salir con tus amigos.

Por un rato es normal y hasta te ayuda. Ya después, es básico que te empieces a aplicar para salir del hoyo. El tiempo es una medicina muy eficiente, pero para que cure necesita apoyarse con terapias. Aquí hay algunas para que te alivianen:

- Pide a tus amigos que te ayuden y te distraigan, que te presenten niñas: a la prima, a la vecina, a quien sea.
- Que te organicen planes.
- Haz ejercicio, ve al gimnasio, ponte mejor que nunca.
- No dejes de ir al cine, fiestas, antros. Aunque al principio vas a pensar en ella todo el tiempo; ya sabes, el típico: "A ella le gustaban estas palomitas, ¡aaahhh!", poco a poco se te va a ir olvidando.

QBL. Es momento de chatear y seguir a todos esos perfiles de "amigos" tuyos que no pelabas y que nuunca sabes cómo te pueden ayudar en este momento.

QBL. No le llames ni le preguntes a sus amigos por ella. Sólo te lastimas más y no ayuda en nada. No, no y no stalkes sus redes, eso sólo te deprimirá.

QBL. Trata de divertirte aunque te cueste trabajo.

QBL. Inscríbete a un grupo altruista. Ayudar a los demás ayuda mucho a que te sientas mejor.

QBL. Evita ir a los lugares que ella frecuenta. Sólo creas falsas esperanzas y retrasa tu recuperación.

QBL. Elimina todo lo que te la recuerde (cadenitas, regalitos, cartitas y redes, bloquear sus cuentas te ayudará a recuperarte). Si tienes un tatuaje con su nombre, ya valió, ¡auméntale unas letras para que diga otra cosa! #soloparamachos

Si te aplicas, aunque no lo creas, en menos de lo que te imaginas vas a estar bien.

> Nota: Cuando te truenan, crees que jamás volverás a vivir otro amor igual. No te preocupes: siempre vuelves a enamorarte igual o más; cuando decimos siempre, es siempre. Así funciona el amor.

Es muy importante que jamás trates de lastimarte o hacerte daño para llamar la atención de la niña; es lo peor que puedes hacer. El problema del amor es pasajero, pero el daño que te hagas puede ser irreversible. Y por favor no pongas un millón de mensajes de tristeza y desamor en tu muro para que todos se enteren (y te tengan lástima), eso sólo afecta tu dignidad. ¡Ánimo y adelante!

LA FAMILIA DE MI NOVIA

Mis suegros:
¿Qué piensan de mí?

Es probable que notes que los papás de tu novia se portan medio raros contigo: no te malviajes. Piensa que para los papás de la niña es un momento complicado. De entrada, saben que de hoy en adelante su hija va a pasar mucho más tiempo contigo que con ellos, y no sólo les preocupa el tiempo, sino qué cosas hacen en ese tiempo.

A ellos les preocupa que la trates bien, la respetes y, sobre todo, que no la hagas sufrir. El papá se saca de onda porque llega el nuevo dueño del corazón de su hijita (y del sillón del cuarto de la tele).

También el papá sabe perfectamente cómo eran él y sus amigos cuando estaban chavos, cómo funciona la mente de los hombres y sus pensamientos, que no son precisamente los más pulcros y sanos. Por eso le da pavor que su hijita esté en las manos de uno de la especie *gandalla-agarratodux*.

Si eres un excelente niño y tus intenciones con tu novia son de lo más normal —eso no significa que no se den sus encontrones— y aun así tu suegro se porta medio payaso, no te malviajes, es completamente lógico. No olvides que existe un factor cañonsísimo del que ya hemos platicado: los celos.

También recuerda: un papá jamás considera que su hija ya está en edad de estos asuntos del noviazgo, ¡aunque tenga 32 años!

De modo que es normal que el señor se comporte un poco serio, o sea medio "mamilón". Lo que pasa es que siente un pequeño recelo hacia ti.

Es probable que quiera interrogarte sobre qué haces, qué te gusta, ver qué tipo de niño eres y hasta quiénes son tus papás, para ver si por ahí puede encontrar una referencia tuya.

Lo importante es que esta situación no dura todo el tiempo, siempre y cuando demuestres que eres una persona responsable y confiable. Pero si le haces ver que eres el líder de una banda de asaltantes no te aseguramos que el Tuercas —o sea tú— vuelva a ver a la princesita.

Ganar la confianza de tus suegros te puede costar unos días, meses, o hasta años. Si después de haberla ganado la pierdes, te va a costar cañón recuperarla.

En caso de que de plano no les caigas bien a tus suegros, corres el riesgo de que tu relación sea muy complicada. Finalmente su hija depende aún de ellos y los permisos, horas de llegada y castigos, dependen directamente de sus jefes. Si de plano te das cuenta de que a tu suegro no le caes, no te preocupes, habla con él y échale ganas. Si te aplicas y eres un buen chavo, tarde o temprano va a cambiar. Sólo dale tiempo.

¿A cuál de mis suegros me gano primero?

Como ya dijimos, es básico estar bien con tus suegros; ellos van a ser una parte esencial en tu relación.

La mamá es la que está más cerca de los hijos y se le puede catalogar como la Directora de Relaciones Exteriores. Traducción: la que da los permisos.

También es la emisora fiel del panorama general para el papá o, lo que es lo mismo, es la que pasa el chisme. Así que la vibra que tu suegra sienta en la tarde, esa misma noche tu suegro la va a saber.

También está el caso en el que los papás de tu novia están divorciados y ella vive con su mamá o con su jefe. Aquí ni te preguntes a quién te debes de ligar primero, porque prácticamente sólo hay uno (no tiene mucha ciencia). De cualquier manera, llévala bien con cualquiera de los dos porque no sabes en qué momento tu novia decida irse a vivir con el otro, y si anteriormente te portaste mal, no te la vas a acabar.

La realidad es que los dos papás son igual de importantes, independientemente de quien dé los permisos o influya más en el comportamiento de tu novia.

Sin importar el suegro que te tocó, si haces alguna de las siguientes cosas, de inmediato pierdes como mil puntos.

Lo que odian los suegros

QBL. Nunca te pelees con ella frente a la gente y menos frente a tus suegros. A ella se le olvida, pero a tus suegros y a la gente no.

QBL. No te conviertas en el yerno precoz, el que a la segunda semana abre el refrigerador y pregunta: "¿No hay jamón? ¡mmmmta!", o el que a la primera semana se quita los zapatos y sube sus patitas a todos lados.

QBL. No te vayas hasta las once de la noche de la casa. Aunque no te digan nada, los papás lo alucinan.

QBL. No hables antes de las nueve de la mañana ni después de las diez de la noche, aunque sea por el celular de ella.

QBL. No le faltes el respeto a tu novia ni la hagas sufrir; eso es lo que más les molesta.

QBL. No subas fotos con su hija ni comentarios en las redes que los haga sentir incómodos.

En fin, pórtate bien y recuerda que detrás de unos suegros contentos, hay un yerno que se pone una súper friega.

No soporto a mis cuñados

A veces todo parece ser perfecto en tu vida: tu novia te fascina, te adora, comparte tus ideas, vive más cerca que tu mejor amigo y, por si fuera poco, hasta le gustan los tacos de longaniza que te paras a comer en las esquinas. Además, a tus suegros les caes excelente y parecen no tener ninguna bronca contigo.

En la escuela, las cosas van mejor que el año pasado; hasta conseguiste quién te pase los apuntes en limpio. En fin, que tu vida en general es un paraíso.

Pero de repente te encuentras con una de las plagas más mortíferas que pueden existir en este mundo de fascinación: los cuñados insoportables.

Reconocer a uno de estos especímenes es muy fácil. Entras a la casa de tu novia y de inmediato sientes cómo, en cuanto tu cuñado o cuñada aparecen, el ambiente se pone tenso.

Su objetivo es hacerte sentir pésimo. Lo primero que hacen es saludarte con el mínimo interés, sin ganas, casi sin darte la mano, como si tuvieras pulgas, y eso si te va bien, porque en la mayoría de las ocasiones ni la mano te dan. Es más, hasta la voz les cambia.

También existe el cuñado que, por más que le hagas plática, de plano no te habla. Quizá te conteste una o dos cosas y después haz de cuenta que se le gastan las palabras y no vuelve a hablar en todo el día.

Cuñada

Si es mujer, simplemente te pone una barrida de miedo y ni siquiera se acerca. En caso de que lo haga, simplemente manda el famoso beso al aire, como diciendo: "Olvídate de que te besé, idiota". Es probable que una cuñada de este tipo te mande indirectas bien directitas y frente a todo mundo.

Cuando notes que una cuñada te tira mala onda porque no le caes bien, trata de ganártela. Es típico que le meta a tu novia siete millones de ideas en la cabeza: "Es un tetazo", "yo no sé qué le ves a tu noviecito", "te mereces algo mejor".

Si te identificaste con alguno de estos casos, significa que tienes un cuñado *non grato* en la familia.

¿Qué les hago? Perdón... ¿Qué hago?

Primero, entender lo que pasa por la cabeza de tus cuñados. A lo mejor simplemente no les caes bien como persona. Por otro lado, es muy probable que los celos sean la razón de todo, sin contar con la preocupación por lo que hagas con su hermana cada vez que se queden solitos. Seguramente tu cuñado también tomó clases de anatomía y le encanta hacer la tarea con sus amigas; por lo tanto, le preocupa que quieras estudiar duro con su hermana. Finalmente, llega un extraño a ser parte del espacio vital de la casa: desde el cuarto de tele hasta el baño.

Otras veces, al hermano le dan celos porque se lleva muy bien con su hermana y están acostumbrados a salir juntos; si de repente llegas tú, las cosas cambian. Ahora toda su atención es para ti.

Si los problemas son con tu cuñada, tal vez escuchó cosas terribles de ti, o quizá nunca ha tenido novio y sea más grande que tu novia. Entiéndela y trata de ganártela.

Ahora que si te toca una cuñada a la que notas que simplemente le encantaste, y lejos de sentir que te tira mala onda te la tira toda, ahí sí preocúpate. No lo comentes con tu novia, ahórrale el disgusto, pero no se te ocurra jamás entrarle a la cuñada porque se te va a armar en serio.

Conclusión: comprende que tus cuñados también experimentan muchos cambios y uno de estos lo ocasionas tú. Dales chance y aplica los siguientes puntos.

Guía básica para alivianar a los cuñados

- Ten paciencia. Recuerda que ellos no tienen nada que perder y tú sí… y mucho.
- Pórtate decente con tus cuñados. Jamás les regreses la mala onda; recuerda que se trata de ganar con inteligencia la batalla.
- Interésate en sus cosas. Trata de platicar con ellos de sus inquietudes; como decíamos, a la gente le gusta muchísimo que le pongas atención y te intereses en lo que a ellos les interesa.
- Si de plano no les late hablar contigo, no insistas; deja que se tranquilicen y tal vez más adelante cambiarán su actitud.
- Trata siempre muy bien a su hermana. Es la mejor forma de ganártelos.
- Sé agradable con ellos y jamás les pierdas el respeto.
- Si tu cuñada te tira la onda, hazle ver lo enamorado que estás de su hermana y consíguele un amigo con urgencia.
- Si los hermanos tienen celos porque ya no pueden pasar tanto tiempo con su hermana, procura salir en bola lo más posible. Y, por favor, no se te ocurra que su hermano te dé celos a ti. Acuérdate: se llevan muy bien ¡y es su hermano!

En conclusión: ten paciencia y deja que poco a poco se adapten a tu presencia y, lejos de alucinarla, les guste. Es una de las primeras pruebas que tendrás que superar. Así, a tu novia le demostrarás que estás dispuesto a hacer todo para estar bien con ella.

GRRR

MIS PAPÁS

¿Qué les pasa?

Como dijimos en el capítulo anterior, cuando la adolescencia te llega, por lo menos tu cuerpo te avisa, te manda señales: un pelito por aquí, otro por allá, otro de plano por donde las arañas hacen su nido, en fin. El asunto es que cuando tú cambias, también a tus jefes les afecta. La bronca es que a ellos nadie les avisa. Sólo piensa: cuando menos se lo esperan, su hijito, que era un angelito cariñoso, se convierte en un francotirador a sueldo.

Entonces las soluciones que antes tenían para resolver las broncas, ya no les funcionan ni tantito.

Diferentes tipos de papás

Antes de hablar de los padres debemos tomar en cuenta que hay familias de todo tipo: las de ambos papás, las de un papá o una mamá, las que viven con los abuelos, con una tía, o quizá con la nueva persona con la que tu mamá o papá se casaron. Así que al decir "papás" nos referimos a esa persona esencial en tu vida, con la que compartes lo bueno y lo malo, las altas y las bajas de todos los días.

Ellos dicen, yo pienso

Cuando tu mamá se enoja contigo, a veces más que enojo parece que están en la lucha libre. Cuando menos te lo imaginas, tu jefa se lanza desde la tercera cuerda.

En esta edad los regaños aumentan, y por cada cosa que ella te dice tú piensas otra:

LO QUE TE DICE	LO QUE PIENSAS
No me contestes.	Pues entonces no me pregun- tes.
Esto no es restaurante.	Qué bueno porque la comida es malísima.
Me tienes con el alma en un hilo.	¿A poco se puede?
No me importa lo que hagan los demás.	¿Entonces por qué, cuando los demás sacan diez, eso sí te im- porta?
Es la última vez que te lo digo.	Ojalá que ahora sí lo cum- plas.
Porque sí.	¿No que todo tiene una expli- cación?
Te voy a dar una cachetada.	...sin palabras (Y si te la cúm- plen, también sin dientes).

En fin, se arma un problema gigantesco. El asunto es que los papás no quieren tirarte mala onda; al contrario, buscan la manera de hacer "lo mejor para ti"; pero como esta frase está más choteada que cuando la selección nacional pierde en pe- nales, te vamos explicar qué es lo que tus papás sienten en este asuntito de la adolescencia, para que les agarres la onda.

- **QBL.** Antes, a todo decías que sí y ahora como que nada te late.
- **QBL.** Antes, ellos sabían que eran tus héroes y de repente les quitas el puesto; más bien los ubicas como tus archienemigos o, por lo menos, los últimos en tu lista.
- **QBL.** Antes, no les guardabas secretos; ahora sí. Ellos se dan cuenta y se preocupan.
- **QBL.** Antes, las broncas contigo eran que te daban miedo los payasos o que te hicieras pipí en el arenero del kinder. Aho- ra las preocupaciones son que te pongas borrachísimo, que no sepan dónde estás, que vayas a chocar, que fumes, que em-

baraces a una niña, que te asalten, que te metas drogas, que te secuestren.

¿Estás de acuerdo en que son razones suficientes para que se súper saquen de onda? Entre más ubicas lo que les pasa a tu papás, es más fácil entender y llevarte leve este asunto.

Llevar la contraria: deporte nacional

¿Sabes por qué de repente les quieres llevar la contraria para todo? Lo que pasa es que cuando somos niños, nuestros papás son nuestro modelo a seguir: queremos ser como ellos. Y realmente nos parecemos mucho, primero, por la herencia genética (carácter, habilidades; bueno, hasta las orejas de Dumbo que odias de la familia, cuando menos te imaginas… tómala, ahí las tienes); y, segundo, por la educación que recibes de tus papás.

La cuestión es que una de las principales características de la adolescencia es que *necesitas buscar individualidad*. Tu instinto te pide que seas tú mismo y, ¡zaz!, te das cuenta de que llevas años tratando de ser como tus jefes. Entonces, inconscientemente decides llevarles la contraria en muchas cosas porque necesitas dejar de parecerte a ellos, para empezar a ser tú.

Ahí empieza el problema y, a veces, aunque te juren y perjuren que el cielo es azul, tú dices: "Pues yo lo veo verde y punto". Entonces sí que ¡veeerde!, porque te mandan a tu baticueva castigadísimo.

En realidad, ni tus papás ni tú tienen la culpa. Se trata de una etapa que ninguno escoge: las dos partes la tienen que vivir y resolver. De hecho, ellos la pagan sin deberla.

Lo que te choca

1. No me dejan ser. Sientes que son muy estrictos por los límites que te ponen y te molesta que te cuestionen cada paso que das; deja cada paso… ¡cada centímetro! Para ti, ellos no quieren aceptar que ya eres grande, que puedes cuidarte y tomar tus propias decisiones.

No olvides que muchos papás se sienten abandonados o rechazados cuando de un día para otro su hijo, que siempre estaba en la casa, ahora sólo llega para cenar.

Piensa: ¡es lógico!, ¡te extrañan! No es que sean unos molones o metiches; la verdad es que no han entendido que la época en que eras niño ya se terminó. Ni siquiera el hecho de que hayas cambiado el póster de la raqueta con pelotas por el de una chava en bikini los hace entender. Además, les cuesta trabajo hacerse a un lado y ver cómo metes la pata y te das un mega trancazo. Porque todos la metemos, especialmente en esa edad.

José, de 15 años:
Cada vez que estoy con mis amigos, a mi mamá no le falla: "Ya nunca estás en la casa. Ya no te importa tu familia." ¡Que güeva! La verdad es medio cierto porque ya no me late mucho acompañarlos a todos lados. Quiero hacer otras cosas, viejas, pedas y demás, no sé…

Consejo: habla con tus papás, busca estar con ellos al menos unas horas, un día a la semana proponles ir a caminar un rato, a cenar o al cine; todo funcionará mejor si mantienen una buena comunicación y les das un poco más de tiempo. Procura que salga de ti.

2. Nunca están. En algunas casas el problema con los papás es totalmente el contrario: no te pelan. Aunque no lo creas, a muchos jóvenes les gustaría que sus papás les pusieran algún límite y les hicieran más caso.

Javier, de 14 años;
Mis papás nunca están. Se la pasan en el trabajo, de viaje o haciendo mil cosas. Cuando llego de la escuela, casi siempre me encuentro recaditos en la mesa con cosas que tengo que hacer. Nunca van a verme al karate o cuando toco con mis amigos. Eso sí, me compran todo; dicen que para consentirme, pero nunca están. La neta parezco huérfano.

Consejo: ser independiente por completo lleva tiempo. Si tu caso es como el de Javier, pensamos que tú, como cualquier adolescente, necesitas y mereces tener a alguien que te apoye y te ayude a lograrlo. Si no tienes este tipo de apoyo en tu casa, busca un tío, un maestro, un pariente o a lo mejor el papá de un amigo; el chiste es que te inspire confianza.

3. Critican lo que me pongo. Mucha gente, sin importar la edad, busca que su forma de vestir diga algo; que hable de su personalidad, de su manera de pensar, de ser. Se pueden pasar horas en el espejo, pintar el pelo de verde, raparse (en cualquier lugar), vestirse raro, ir descalzos a la boda de su hermano (con todo y pie de atleta), no bañarse o bañarse tres veces al día o usar tenis ridículamente caros.

El caso es que en estos años de cambio empiezas a buscar tu propio estilo, tu personalidad. Es probable que te den ganas de experimentar todo tipo de looks, peinados, ropa extravagante y demás. Esto hace que a tus papás les pase lo mismo que a ti: se les paran los pelos.

Diego, de 15 años:
Mis papás siempre me molestan porque mi pelo está muy largo. Cada vez que entro a la casa, mi mamá me dice: "Necesitas peluquería". Y si vamos a algún lado, siempre se quejan porque no me lavo las manos. Si mis pantalones están muy grandes, me molestan porque voy desfajado ¿Qué les pasa? ¡Todo el tiempo están chingando! Yo nomás les digo: "Sí, ma... está bien, pa...", ¡y me encierro en mi cuarto!

La bronca viene cuando *tu* idea de cómo quieres verte es diferente a la idea de tus jefes. Ellos quieren, de acuerdo con *sus* ideas, que su hijo se vea bien. ¡Es lógico!

Consejo: platica con ellos y diles por qué quieres ponerte un arete o vestirte de tal o cual manera. Diles que te gusta, que está de moda o que es tu forma de sentir que perteneces al grupo y para ti es importante. Sin duda esto último lo van a entender. Trata de llegar a una negociación en la que tú y ellos cedan en algo.

La próxima vez que veas que tus jefes se alucinen con algo, respira, cuenta hasta diez y recuerda que ellos siempre quieren cuidarte y hacer lo mejor para ti. Lo que ocurre es que apenas están conociendo a su nuevo hijo, dales tiempo de que entiendan tus nuevos cambios.

Regreso de casa de Pepe por la tarde. Me extraña que mis papás abran la puerta antes de que yo toque el timbre. Los veo y noto algo raro.

"Necesitamos hablar contigo". ¡En la madre! ¿Habrán cachado los cigarros del cajón? ¿Se enteraron de la peda del otro día? Pero cuando vi que tres vasos de agua esperaban en la mesa de la sala, supe que la cosa iba a ser más seria.

"Nos vamos a divorciar." Me quedo tan choqueado que no puedo llorar. Sólo siento que me falta aire para respirar. Todo se viene abajo, es la primera y la única vez que veo a mi papá llorar.

¿Por qué duele el divorcio?

La psicóloga Julia de la Borbolla nos dice: "Imagínate que vas en un avión y ves cómo el piloto y el copiloto se pelean todo el tiempo. Uno mueve la palanca para adelante y el otro para atrás. No tienes idea de cómo manejar el avión, pero sabes que si no se ponen de acuerdo, te caes con ellos".

Lo mismo te ocurre cuando eres adolescente y despierta tu sexualidad; te percatas de que tus papás también son sexuados y, además, al divorciarse ¡quedan disponibles! Esto te confunde mucho y te conviertes en el vigilante: "¿A dónde vas?, ¿a qué hora llegas?" Y como joven te frustras, porque tu mamá no se va a dejar. Esta situación desgasta mucho.

Un adolescente que ya vivió el divorcio de sus papás nos dice:

Todo lastima. Me duele acordarme de mi papá saliendo de la casa con maletas; sentir que voy a perder mi seguridad, que quizá mi mamá no va a tener dinero para pagar lo que siempre hemos tenido. Puede pasar que a lo mejor nos vayamos a un departamento más chico, a otra escuela; ella tiene ahora que trabajar y está menos con nosotros. Veo que mi mamá está triste; a veces la oigo llorar.

Duele ya no ver a mi papá. Sentir que por mi culpa, por mis calificaciones, ellos se peleaban. Duele pensar que si yo hubiera hecho o no hubiera hecho algo, a lo mejor seguirían juntos. Duele que te pregunten: "¿Con quién te quieres ir?", y que la familia se termine. Duele saber que no puedo hacer nada, el imaginarme o ver a mi mamá con otro señor o a mi papá con otra mujer. El sentir que no voy a tener el apoyo de mi papá, que ya no voy a jugar con él.

Duele que me usen de mensajero, de espía, como si fuera algo que se puede negociar. Duele sentirse abandonado o traicionado porque pensé que mis papás siempre estarían juntos; duele sentirme diferente a mis amigos. Lastima cañón ver a otras familias que se quieren. Duele que mi mamá me diga que ahora soy yo el hombre de la casa. Duele ver cómo, desde ese día, mi vida cambió...

¿Qué puedes hacer?

1. Trata de platicar lo que sientes con algún adulto. No te guardes tus sentimientos. Es normal sentir miedo, coraje y soledad.

2. Escríbele una carta a tus papás diciendo lo que sientes. Están tan ocupados en lo suyo, que quizá no te voltean a ver.

3. Entiende que en el divorcio no hay "buenos" ni "malos". Todos sufren y pierden.

4. No juzgues a tus papás como pareja. Mejor piensa en ellos como mamá y papá por separado.

5. Quizás rechaces ver que tus papás rehacen su vida, y te sientas mal. Aliviánate y trata de entenderlos y respetarlos. Espera, el tiempo cambiará las cosas.

Sé amable y trata a su nueva pareja como ellos tratan a tus amigos.

6. Evita aprovecharte de la situación para manipular, conseguir permisos, dinero o concesiones. Esto a la larga te trae una cruda moral que no te la acabas.

7. No tomes partido ni te involucres en los problemas. Niégate a ser el mensajero, el árbitro, el tapadero o el reportero de lo que pasa en "la otra casa".

8. Busca apoyo y unión con tus hermanos.

9. No trates de sacar tu tristeza con alcohol o drogas. De momento te tranquilizarán un poco, pero te engancharán para toda la vida. Seguro pierdes.

10. Ubica que un divorcio puede darse por mil razones, pero nunca, entiéndelo, nunca por tu culpa. Son problemas muy grandes y son de adultos. Tú no tienes nada que ver.

11. A pesar de todo y aunque no lo creas, este episodio tan doloroso te puede llevar a ser un joven más maduro, más consciente para entender la realidad y el verdadero valor de las cosas.

Finalmente, la mayoría de los chavos nos dijeron que después de todos los problemas, la situación en su casa mejoró. Que al final te acostumbras y, si comparan la situación de ahora con los pleitos, los gritos y los problemas de antes, prefieren la actual. Así que relájate. La decisión está tomada y lo único que puedes hacer es enfocarte en hacer de ti una mejor persona.

El novio de mi mamá, o la novia de mi papá

Si vives un divorcio o el fallecimiento de alguno de tus papás, tarde o temprano tu mamá o papá reharán su vida y es posible que tengan novio(a) o se vuelvan a casar. Es lógico.

Las relaciones con un padrastro o una madrastra pueden ser súper difíciles y tal vez hagan surgir sentimientos de culpa y coraje. Con el tiempo, las cosas se van ajustando y si todos ponen de su parte la situación puede mejorar.

Si vas a vivir en la casa de tu padrastro o madrastra, te sugerimos que aclares, para evitar broncas, qué puedes y qué no puedes hacer.

No es necesario que quieras a la nueva pareja de tu papá. Sólo respétala y trátala como te gustaría que tu papá o tu mamá trataran a tus amigos o a tu novia.

Si te das cuenta de que con el tiempo el padrastro o la madrastra te cae bien e incluso sientes que lo/la quieres, no te sientas mal. El cariño de un papá o de una mamá es insustituible. Sólo le abriste a tu corazón otro departamento y eso es muy bueno. Esto no le roba nada al gran espacio que le tienes a tu papá o a tu mamá.

Violencia en mi casa

Todos los días escuchamos en las noticias historias donde la calle Solidaridad se convierte en Pesadilla en la calle del Infierno II. La tele y la red tienen programas con violencia para entretenernos. Hay programas cómicos en donde los actores se agreden, se insultan y nos reímos de eso. En las caricaturas, los personajes se cortan la cabeza o se sacan los ojos y la sangre sale como de la manguera de un bombero. En los conciertos, también vemos la violencia en el escenario o la escuchamos en las letras de las canciones.

Un día, por curiosidad, cuenta todos los actos de violencia que veas y oigas en los medios. Incluye cuando una persona sea sarcástica, cuando se digan groserías, cuando se falte al respeto, se hagan gestos desagradables y demás. ¿Qué mensaje crees que se nos mete en la cabeza?

Entre más violencia vemos, más lo tomamos como algo normal ¡y nos acostumbramos!

Sergio, de 17 años:
Cuando era chico, mi papá me pegaba tan fuerte que me dejaba la cara marcada. Me daba pena ir a la escuela así. Nunca dije nada a nadie. Mis maestras me preguntaban qué me había pasado y siempre les decía que me había caído, tropezado o lo que fuera. Tenía pena y miedo de decirles que había sido mi papá.
Ahora ya no me dejo, y en cuanto pueda, me salgo de la casa.

En algunos hogares este tipo de violencia con los hijos se da súper seguido o se da entre los mismos papás. A esto se le conoce como "violencia intrafamiliar". Si en tu casa vives algo similar, busca a un adulto de confianza y platícale. No es fácil, pero hay que hacerlo para encontrar alguna solución. Además, te aseguramos que te va a creer.

La violencia intrafamiliar se considera un delito que puede ser castigado con la cárcel. Tú tienes el derecho de vivir en un ambiente tranquilo. Todos lo tenemos.

Si, afortunadamente, no has sentido algo tan grueso como esto, te puede parecer increíble que unos papás torturen así a sus hijos.

La mayoría de las veces, estos papás fueron a su vez maltratados y no tuvieron quién los ayudara; por eso no saben controlar su enojo. Son personas emocionalmente inestables y muchas de ellas tienen broncas con el alcohol o las drogas. Cuando se sienten mal o frustrados golpean, en lugar de decir lo que sienten de una manera tranquila. Nos pueden dar lástima, pero ni de broma podemos justificar lo que hacen.

Los niños golpeados que no reciben ayuda, con el paso del tiempo corren el riesgo de sufrir depresiones y baja autoestima. Por cómo los tratan, cuando llegan a ser adultos se pueden convertir también en papás golpeadores.

Si sufres de este tipo de abuso o conoces a alguien que lo viva, pide ayuda. Aquí te damos datos de algunos centros a los que puedes acudir. ¡No lo pienses dos veces!

 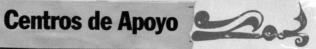

Centros de Apoyo

COMISIÓN NACIONAL DE LOS DERECHOS HUMANOS (CNDH)
01 (55) 5681 8125 y (55) 5490 7400
Lada sin costo: 01800 715 2000

PROCURACIÓN DE LA DEFENSA DEL MENOR Y LA FAMILIA
Xochicalco 947, México D.F.
01 (55) 3003 2200 Ext. 2228

CENTROS DE ASISTENCIA INFANTIL COMUNITARIOS (CAIC)
Congreso 20 México, D.F.
01 (55) 3003 2200 Ext. 5301

APOYO PSICOLÓGICO POR TELÉFONO
SAPTEL 5395 0660

APOYO LEGAL POR TELÉFONO
VICTIMATEL 5575 5461

APOYO A NIÑOS/AS VÍCTIMAS DE ABUSO SEXUAL
NIÑO TEL 5658 1111

ASOCIACIÓN PARA EL DESARROLLO INTEGRAL DE PERSONAS VIOLADAS (ADIVAC)
5682 7969 / 5543 4700

CAPÍTULO 3

QUIÚBOLE CON... MI VIDA

MI AUTOESTIMA

Es oficial: soy un idiota

Cuando tenía 13 años mis jefes ya no me aguantaban. Tuve una rachita terrible. La regaba una vez y la otra también. Todas las cosas que me pedían las hacía al revés, y lo más cañón es que ni siquiera era a propósito.

Al principio, la neta me daba lo mismo, pero ya después de tantos errores pensé: "Ya no te hagas y aplícate", lo que es igual a: "Deja de hacer estupideces y salva tu vida". Si se tratara de una película, yo necesitaba protagonizar *La vida es bella* y más bien parecía que estaba en *El exorcista*.

Total que este rollo se ponía más feo que examen extraordinario en vacaciones.

Si me decían que llegara temprano, llegaba tarde; si me encargaban un recado, se me olvidaba darlo. Un día, bueno, más bien una noche, mis papás fueron a cenar a casa de una señora "x", del trabajo de mi mamá. Me invitaron porque querían conocerme, y lo lograron.

"No queremos ningún problema", me advirtieron mis papás. Llegamos a la casa y estaba la mesa impecable; la cena se veía riquísima, y la señora y su esposo nos trataban súper amistosos.

A la mitad de la cena la señora nos presentó a su bebé y mi mamá dijo que era igualito a su esposo. Entonces a mí se me ocurrió —¿por qué no?— abrir la bocota y decir: "No. No se me hace, más bien no se parecen nada".

Bueno, en el momento en que lo dije todo cambió: la mesa ahora se veía como ataúd, la cena parecía asquerosa y la señora y su esposo se mostraron muy, pero muy poco amistosos. Se hizo un silencio horrible y vi los ojos de mi mamá, así como de: "¡Te voy a matar!"

Resulta que estos señores tenían mil broncas porque el señor creía que el hijo no era suyo. No sé si lo era o no, pero creo que la mamá llevaba meses convenciéndolo.

¡Imagínate el significado de lo que había dicho! Poco me faltó para decir: "¿No se les ofrece una prueba de ADN? Aquí tengo unas que me sobraron".

Cuando nos subimos al coche, ¡casi me matan! Literal. Tanto así que considero que sigo en este mundo por obra de un milagro. El rollo es que me pusieron la regañiza más fuerte de toda mi vida.

Ahí me enteré de la gravedad del asunto. Jamás se me ocurrió que estuviera haciendo algo mal. La había regado tanto con mis papás en esos días, que antes de entrar a la casa de los señores pensé: "Me voy a portar excelente para que vean que sí puedo".

Yordi

¿Te ha pasado? ¿Alguna vez has sentido que todo te sale mal, tanto que no puedes creer que alguien sea capaz de regarla tantas veces? Es más, tienes tan mala suerte que tu frase célebre es: "No hay nada tan malo que no se pueda poner peor".

Tranquilo, puedes hacerte una limpia (proceso para alejar las malas vibras), pasándote un huevo por todo el cuerpo. Nos referimos al producto de gallina, de otra manera tendrías que ser contorsionista o mínimo trabajar en el Cirque du Soleil.

El asunto es que si te has sentido así, es muy importante que no te malviajes; ubica que a todos nos pasa y que es una de las características de ser adolescente.

Hay una época en la que, sin darnos cuenta, metemos la pata mil veces. Relájate, es normal.

La adolescencia nos hace cambiar. Tus papás se están acostumbrando a ti, ¡y tú también te estás acostumbrando a ti! Por lo tanto, piensa que es sólo una cambio para los dos y no te preocupes; te aseguramos que, cuando menos esperes, esas broncas serán historia.

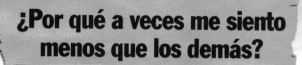

¿Por qué a veces me siento menos que los demás?

Siempre que hago algo, oigo una voz dentro de mí que dice: "La estás regando, eres un loser. Todos se van a burlar de ti". No importa lo que haga ni cuánto me esfuerce: nada de lo que hago está bien. Ya sé que estoy mal pero, ¿cómo le hago para dejar de sentirme así?

Draco

Si te dijéramos que existe un arma que hace que todo mundo te respete, un arma que te conseguirá a la niña que más te gusta —por difícil que sea—, que hará que obtengas más cosas y, por si fuera poco, hasta que te veas más galán, ¿la usarías?

Pues existe y se llama autoestima. Todos la tenemos, nada más que se distribuye como los pisos de un edificio: unos la tienen en el penthouse, otros en la planta baja y, de plano, algunos hasta el sótano.

¿Qué es la autoestima?

La autoestima es lo que piensas y sientes sobre ti mismo, y tiene dos ingredientes básicos imposibles de quitar: es como si a un taco le quitas la salsa y la tortilla… ¡pues ya no es taco! Estos componentes son: *sentir que puedo* y *saber que valgo*.

Así que, *no se vale que creas que no vales*, porque eso es falso.

Lo que sí existe es gente que "cree" que no tiene valor y es ahí donde empieza la bronca. Es como las monedas viejísimas que un día te dio tu abuelito. No sirven para comprar en la tiendita, pero las llevas a un negocio de numismática, con un coleccionista de monedas y ¡ay güey!, te dan una lana.

Cuando tienes la autoestima alta te sientes ¡GUAU!, con todas las herramientas para enfrentar lo que se te presente en la vida. Crees en ti y te respetas, te caes bien. Es la *súper arma* y lo chistoso es que además de que te aceptas, también aceptas a los demás.

Cuando tu autoestima está baja no te caes bien y sientes que estás mal; no sólo mal en las cosas, sino como persona. ¿Ya sabes? Hay un sentimiento como de "nunca ser y hacer lo suficiente" y esto te hace sentir súper mal.

Cuando tienes la autoestima en término medio —tipo carne asada—, o sea regular, como la mayoría de la gente, a veces estás bien, a veces "dos tres", a veces te sientes seguro, otras inseguro, en ocasiones inteligente y otras mega tonto. Y así te la pasas, como en un sube y baja.

Primero, es importante que sepas que si alguien te dice que siempre ha tenido autoestima alta, es una súper, mega, hiper mentira. Todos, todos alguna vez hemos tenido broncas de autoestima.

QBL …te acercas a una bolita de amigos que están platicando súper animados, pero en cuanto llegas tú se callan? Es horrible porque lo primero que piensas es: "Seguro estaban hablando de mí", ¿no? Casi nunca piensas que tu llegada coincidió con el fin de la plática.

QBL …caminas frente a unos tipos con los que no te llevas nada bien y escuchas que se ríen? Eso hace que te hierva la sangre y pienses: "Seguro *se están burlando* de mí", pero la neta es muy posible que hablaran de otra cosa. ¡Nada que ver!

QBL …estás con un grupo de amigos buscando la solución a un problema, entonces piensas: "Y si hacemos la fiesta en el jardín", pero dudas en decirlo? "¿Les digo? No, no, es una estupidez". De repente, el güey que tienes al lado dice: "¿Y si la hacemos en el jardín?" Y a todos les late cañón: "¡Claro, qué inteligente!" Tú te quieres morir: "¡Qué idiota soy, yo ya lo había pensado! ¿Por qué no lo dije?" Seguro la idea era buenísima pero te faltó algo muy importante: creer en ti mismo.

QBL …un día te juras el galán de moda y le pides el teléfono a una niña? Al día siguiente, por supuesto, lo presumes con tus *brothers*. Estás a punto de marcar, pero te esperas una hora más, según tú para castigarla. Cuando te decides pones el altavoz, y con tus cuates enfrente, escuchas la típica grabación: "El número que usted marcó *no existe*". ¡Te quieres morir! No te la acabas con tus amigos. Entonces piensas: "¿Qué hice mal? Soy un tetazo".

¿Te fijas? Antes de pensar que tal vez apuntaste mal el teléfono o que la chava no se dio cuenta del tipazo que tenía enfrente, de entrada te echas la culpa.

La forma como nos sentimos con nosotros mismos afecta cañón todo lo que hacemos en la escuela, el trabajo, los deportes, la jarra y hasta el sexo (ahí sí seguro vas a querer tener "la autoestima" muy, pero muy alta).

¿Cómo me metí en esto y cómo salgo?

Todos deberíamos tener alta la autoestima, ¿no crees? Pero mientras crecemos a veces la regamos por tres razones:

1) Le hacemos caso a las cosas negativas que alguna vez nos dijeron.

Por ejemplo, cuando eres chavito, en ocasiones escuchas cosas como éstas:

En tu casa:
"¡Deja eso! Seguro lo vas a romper."
"Tú no sabes hacerlo, que lo haga tu hermano."
"¡Qué tonto eres!"
"Tú no puedes."

En la escuela, con tus maestros:
"¡Qué mala memoria tienes!"
"Tú no sabes nada."
"Mejor quédate callado, ¿sí?"
"¡Ay! ¡Tenías que ser tú!"

El problema es que, como estás creciendo ¡te crees todas estas cosas!; se graban en tu disco duro y en este punto presionar *delete* cuesta más trabajo. Cuando eres más grande a lo mejor no te acuerdas, pero cuando menos lo necesitas, ¡taraaán! la grabación se pone en *play* cuando te preguntan: "¿Quién quiere ser jefe de grupo?", o "¿Te gustaría encargarte de la organización del viaje de generación?"

Y tu voz interior dice: "No puedes", "Lo vas a romper", "No sabes nada". Así que por lo general contestas: "Gracias, mejor que lo haga otro".

Cuando tus papás o tus maestros te dicen ese tipo de cosas no lo hacen con mala intención. A veces tienen tantas cosas de qué preocuparse, que no son conscientes de que estos comentarios te lastiman y te marcan.

Por otro lado, también hay papás y maestros súper buena onda que te dicen todo lo contrario: "¡Inténtalo!", "¡Claro que puedes!", "¡Tú vales mucho!", "¡Qué inteligente eres!" Y con estas frases alimentan tu autoestima desde chiquito.

2) Le hacemos trampa a nuestra honestidad, integridad y responsabilidad. Ahora sí que nos autogoleamos.

Por ejemplo, Rodrigo, de 16 años, nos cuenta:
Es viernes a la hora de la salida. Me estoy acomodando la mochila para irme y mis amigos se acercan:
—Vamos a romperle la madre a ese cabrón.
—La verdad no quiero, no me laten esas cosas.
—¡Ándale, no seas puñal!
No me queda de otra y tengo que ir. Encontramos a este güey esperando el camión y entre los tres lo agandallamos. Yo lo único que quiero es no quedar mal con mis cuates. Trato de hacerme tonto, pero cuando se cae al suelo ellos me ven y, ni modo, tengo que entrarle.

> *Lo pateamos hasta que nos cansamos. Cuando nos separaron, él se levantó y me vio sólo a mí. La neta me sentí pésimo.*

¿Te ha pasado? A lo mejor no algo tan fuerte pero, ¿cuántas veces haces una cosa que no quieres sólo para quedar bien con los demás? ¿Lo haces para sentirte parte del grupo? ¿Para ser aceptado? La neta, es mucho más importante quedar bien contigo. De los amigos te escondes pero, ¿de ti?

3) *Somos súper duros para juzgarnos: le echas porras a todo mundo menos a ti.*

A veces pasa que una niña llega y te dice: "¡Qué guapo te ves!", pero tú le respondes: "No, ¿cómo crees? Es la camisa". O te dicen: "¡Qué buen trabajo hiciste!", y tú: "No creas, lo hice con una app que me ayudó en casi todo".

Todos los demás ven las cosas buenas en ti, menos tú. Haz con esos comentarios lo que hacen los gangsters con sus enemigos: ¡e-li-mí-na-los! Y sólo abre la boca para decir: "Gracias".

No olvides que el nivel de autoestima lo establece lo que *tú* pienses y sientas sobre ti mismo, no lo que *los demás* piensan y sienten sobre ti.

Por eso, a veces conoces a un tipo que no es precisamente el más guapo y anda con una niña que es un súper avión. Lo que pasa es que este cuate sabe lo que vale y cree en sus cualidades. Y aunque la niña pueda andar con el galán que quiera, le parece más atractivo él.

Un hombre seguro y con autoestima alta es tan llamativo y confiable que, sin importar su carrocería o hasta el tamaño de su monobloc, todos lo respetan y quieren estar con él.

Algo súper denso es que muchos problemas, desde malas calificaciones en la escuela, adicciones, hasta crímenes, suicidios y demás, empiezan por una baja autoestima.

Como dijimos, de niños, los adultos nutrieron o bajonearon nuestra autoestima, pero ahora el nivel que tenga depende sólo de *ti*.

Tú eres el único que puede decir quién eres, cuánto vales y en qué crees. Busca en el interior tu autoestima, ¡ahí está! Muchos la buscamos en cualquier lado, en tener "x" cosas, ser amigo de alguien famoso, ser COOL por ir a cierto lugar, tener miles (o millones) de seguidores en redes, etcétera. Y nada que ver. Buscamos en todos lados menos dentro de nosotros mismos y nunca la encontramos.

Las cosas que sabes y las herramientas con que cuentas son como la gasolina del coche, pero la autoestima es mucho más fuerte; es como turbosina de avión.

Chaparro, gordo, narizón, alto, muy blanco, muy moreno... Ya párenle, ¿no?

Otra de las cosas que pega cañón en la autoestima es el rollo del aspecto físico: si tienes muchos barros, eres muy blanco —tono fantasmal—, muy moreno, muy cabezón —nos referimos a la cabeza, no seas mal pensado—, con las piernas de charrito; en fin, lo que se te ocurra. Siempre tenemos algo que nos molesta y, si a eso le aumentas que a algunos les fascina traerte de bajada y hacerte burla con lo que no te gusta de ti, pues no te la acabas.

Es básico que sepas que todos tenemos cosas que nos chocan o quisiéramos cambiar. Unas sí se pueden cambiar, pero otras no y hay que aceptarlas y aprender a vivir con ellas. Es cierto, hay personas a quienes les tocó un físico perfecto —la neta son pocas y están modelando o en el cine—, pero a esas personas les faltan otras cosas que tú tienes.

Los demás ven
lo que quieres que vean

Una vez que aceptas lo que no puedes cambiar en ti y dices: "Así soy, así me acepto", te dejan de preocupar muchas cosas de tu apariencia y de cómo te vistes. Y no sólo eso, ¡a los demás también! Mejor concéntrate en tus cualidades.

Puedes ser líder, buen amigo, súper organizado o hasta campeón de la CONABRA: Competencia Nacional para Abrir Brasieres de ganchito con una sola mano. Ya en serio, hay muchas cualidades que puedes tener. Sólo piensa: "Tartamudeo al hablar, pero soy muy buena onda", "Estoy medio gordito, bueno, más bien súper gordo, pero soy un amigo con el que siempre pueden contar", "Soy muy chaparro, pero soy un chavo súper líder", "Tengo las piernas sambas y flacas pero soy muy simpático".

Por si ya se te olvidó, va de nuevo: ¡la gente ve lo que quieres que vean!

Piensa en el jefe de tu generación, en el capitán de tu equipo de fut o en alguien que le caiga muy bien a todos en la escuela. Digamos que es gordo, chaparro, muy blanco y tiene una nariz gigante. Supongamos que se llama Mario. Cuando la gente pregunta por él, pasa lo siguiente:

—Oye, ¿conoces a Mario?

—Sí claro. Él organizó la ultima convención de la escuela. Organizó unos súper conciertos, es buenísimo…

—(Una niña) No lo conocía, pero un día me vio llorando y me preguntó si estaba bien; luego me dio un kleenex. Es un tipazo.

—El día que estábamos jugando la final del campeonato, antes de salir al campo, Mario nos enseñó a cada uno una foto de nuestra familia y nos motivó a ganar por ellos. Es súper inteligente.

Nadie te va a decir:

–¡Ah, sí! es un cuate mega gordo, blancote y con una nariz gigante.

El secreto es que este cuate se siente bien y logra que los demás vean lo mejor de él. Todos tenemos cosas muy valiosas; encárgate de que los demás conozcan las tuyas.

Cómo alivianarme con mi autoestima

1. Tú eres libre para escoger las cosas que quieres y llevar la vida que te late. No dejes que algo o alguien te haga sentir menos.
2. No les des permiso de que te bajen la autoestima. La autoestima tiene como una alarma antirrobo. Para que alguien te la baje, necesitas creer lo que te diga. Si te dicen una estupidez para molestarte, no la creas. Si tú no le das permiso, no te pueden lastimar. Aplícale tu alarma y mándalo directito a la...
3. Comprométete: no esperes que otros hagan las cosas por ti. Si surge una bronca que puedes resolver, pregúntate: "¿Qué puedo hacer? ¿En qué me equivoqué? ¿Cómo puedo solucionarlo?"
4. Sé auténtico: las mentiras que más le pegan a nuestra autoestima no son las que *decimos* sino las que *vivimos*. ¿Te ha pasado que repites tanto una mentira que te la terminas creyendo? Como fingir un amor que no sientes, presentarte como más de lo que eres, sentirte menos o decir que estás enojado cuando la neta es que sólo sientes miedo. Al no hacer lo que piensas, tú eres la víctima, el fraude es contra ti mismo; esto es hacerte el *harakiri*.

   Cuando nacemos no traemos integrado el chip de la autoestima.

IMAGÍNATE...

Ojalá así fuera. Es un mega trabajo de construcción interior que necesita, además de lo que dijimos, paciencia, mucho amor propio y tenacidad.

Y no olvides que cultivar la autoestima es lo único que puede callar a esa voz interior que grita e intenta bajonearte. ¿Cuánto tarda este trabajo? Toda la vida.

TIRANDO LA FLOJERA O "VAMOS A ECHARLA"

La neta, después de trabajar duro no hay nada mejor que echarla, tirarla, hacerte güey, flojonear, tirar la web o como le quieras decir. Existen varias formas de llevar a cabo esta deliciosa tarea:

- **QBL** Tontear 2 hrs en línea donde ves todo y al mismo tiempo nada.
- **QBL** Quedarte acostado en tu cama hasta que tu figura se marque en el colchón.
- **QBL** Darte cuenta de que todavía traes la pijama puesta cuando es la hora de ponértela otra vez.
- **QBL** Ver el techo por más de dos horas para ver si te revela algún misterio.

No exageres. Evita ser de los que, a la hora de presentarse, lo hacen al estilo James Bond: "Mi nombre es Bond, Hue-Bond". ¡No manches!

Descansar después de trabajar no sólo es bueno, sino necesario, pero hacerlo antes, después y mientras trabajas, es convertirlo en deporte. Si eres muy bueno, puedes inscribirte en las webolimpiadas y contribuir al medallero de nuestro país.

Si de vez en cuando te urge que llegue el fin para echarla, no tiene bronca; pero si todos los días te sientes pesado y sin ganas de hacer nada, ojo, puedes tener problemas de depresión.

ADVERTI-TIP:

Echarla con amigos es contagioso: pegas la web y te la pegan.

¿Qué onda con mis decisiones?

Cuando somos adolescentes creemos que nuestras decisiones no son nada importantes. **Ch-K-T** lo siguiente

Imagínate que te pones a armar un rompecabezas. Emocionado, sacas las mil piezas y las extiendes sobre la mesa. Sólo que al ver la tapa de la caja no hay ninguna foto, ¡ay, güey, está en blanco! No hay ningún punto de referencia. ¿Cómo lo armas? Si sólo tuvieras un segundo para ver cómo debe quedar, esto haría la diferencia; pero así, ni cómo empezar.

Ahora piensa que tu vida también tiene mil piezas (si tu abuelito pasa los 90 años, más que rompecabezas tiene todo un mural). El rollo es que para armarla necesitas saber cómo quieres que sea tu vida y es ahí donde llega el momento de tomar las decisiones, o sea de acomodar las piezas.

Primero, decide quién va a manejar tu vida: ¿tus amigos?, ¿tus papás?, ¿las redes?, ¿tú?

¿Quieres manejar el coche o sólo lavarlo? Si decides lavarlo, lo único que necesitas en la vida es saber llenar una cubeta de agua y convertirte en un espadachín de franela roja. Pero como suponemos que prefieres manejar, necesitas saber hacia dónde vas. De cualquier manera llévate la franelita, nunca sabes cuándo le darás una limpiadita a tus decisiones.

Seguro estás a punto de decir: "Pero espérenme no se claven, todavía no sé ni qué onda. No sé ni qué quiero ser de grande;

sólo sé que quiero tener *todo* más grande". Hablando en serio, eso no es lo que importa. Muchos adultos tampoco tienen ni idea. Lo importante va más allá de las pequeñas decisiones diarias. No se trata de *qué* quieres, sino de *por qué* lo quieres y *cómo* lo quieres.

En otras palabras, las decisiones son esa fuerza interior que te mueve a hacer las pequeñas y grandes cosas: es la foto final. Y no se trata de una fotito chafa, sino de una foto de póster.

¿Por qué son importantes las decisiones? Por dos razones: primero, porque estás en un momento clave de tu vida, aunque te suene más raro que una torta de tamal (aunque lo dudes, existen). Las decisiones que tomes ahora te pueden afectar para siempre. Y la segunda es que si tú no decides, alguien más tomará las decisiones por ti.

Eres joven, libre y estás en un punto donde un buen de caminos se juntan. Tienes que escoger por cuál quieres ir. Si te fijas, las decisiones que tomamos a esta edad son de las más importantes:

- **QBL** "¿Qué voy a estudiar?" Posiblemente te dediques a eso para siempre.
- **QBL** "¿Quiénes serán mis amigos?" A esta edad, la mayoría de los amigos que haces son para toda la vida.
- **QBL** "¿Qué tipo de persona seré?" Los buenos principios te harán una persona digna de confianza y respeto.
- **QBL** "¿Cómo son mis amigos?" Los hábitos y la forma de ser de tus cuates influye muchísimo en ti.
- **QBL** "¿Seré una persona que haga algo por los demás o me van a valer todos?"
- **QBL** "¿Cómo seré respecto al alcohol, las drogas y el rollo sexual?"

Bueno, a veces en esta época hasta escoges a la mujer con la que te vas a casar, aunque ni tú lo sabes todavía.

La cuerda

Imagínate que tienes una cuerda extendida de ochenta metros de largo. Cada metro representa un año de tu vida. La adolescencia abarca sólo siete metros de esa larga cuerda; lo fuerte es que ese tramo tan corto afecta, para bien o para mal, los sesenta y un años o más que te faltan por vivir.

Todos somos libres de escoger los caminos; lo que no podemos elegir son las consecuencias de nuestras decisiones. Una mala decisión puede hacer que te súper arrepientas después.

Es como estar frente a un tobogán: puedes decidir si te avientas o no, pero si ya vas de bajada es difícil parar.

Sabemos que, posiblemente, ahora lo único que quieres es pasarla bien, pero te prometemos que las decisiones que tomes hoy serán tus éxitos o fracasos de mañana.

Disfruta al máximo esta edad, no dejes de ser adolescente, de pasártela increíble y experimentar, pero ponte al tiro, porque sin una foto final en tu mente te puedes convertir en una cabra que sigue a cualquiera (pusimos cabra porque borrego ya es muy típico).

Cuando lo que haces va de acuerdo con *la decisión*, aparece esa pequeña sensación en el estómago que seguro alguna vez has tenido y que rápido se escapa, pero que te hace sentir bien contigo mismo y con el mundo entero. *Es tu vida y sólo tú decides cómo quieres que sea.*

Asertividad. ¿Asertivi... qué?

Si crees que asertividad significa "hacer algo en Navidad", para nada. Seguro la palabrita te suena de flojera, pero pon atención porque no tienes idea de lo mucho que la gente respeta a una persona asertiva.

Antes de ver qué es esto, un dato: no nacemos asertivos. Por lo general, nadie te enseña a serlo; incluso la mayoría de los adultos no lo son, pero se aprende.

¿Qué onda? Imagínate que llegas a un restaurante a cenar con la niña que te gusta. Cuando el mesero te trae lo que ordenaste, observas que el vaso está sucio, con marcas de pintura de labios de una mujer. ¿Qué haces?

a) No dices nada y usas el vaso aunque esté sucio.
b) Armas un mega escándalo y le dices al mesero hasta de lo que se va a morir.
c) Llamas al mesero y tranquilo le pides que por favor cambie el vaso.

Ni "a" ni "b" son buenas formas de reaccionar. Te acabamos de aplicar un examen sorpresa y ni cuenta te diste, pero no te preocupes: independientemente de tu respuesta... ¡tienes un punto extra!

Hay tres estilos de enfrentar un asunto:

PASIVO
AGRESIVO
ASERTIVO

Si haces "a" o "b" pasan tres cosas: actúas como *loser*, la niña te verá como lucidito y te sentirás mal contigo mismo.

Ser asertivo es enfrentar un problema o alguna complicación sin atacar ni evadir las consecuencias; es enfrentarlo de manera tranquila y segura como el "c".

Otro ejemplo: todos los días un amigo te pide que le des un aventón a su casa. La primera vez se lo diste con mucho gusto, pero tu amigo ya te agarró de su chofer particular y a ti el asunto ya no te late y no sabes cómo decirle. Además, no quieres ofenderlo. Bien, para eso tienes tres opciones:

a) Le sigues dando aventón y te aguantas.
b) Te escondes para salir de volada y que no te vea.
c) Asertivamente le dices: "En buena onda, he sido buen amigo y te he dado muchos aventones, pero me haces llegar por lo menos media hora tarde a mi casa y no me late, así que te voy a pedir que de hoy en adelante por favor tomes un taxi".

Aunque no lo creas, te va a entender y te respetará. Seguro que él ya había pensado: "Este cuate me sigue llevando y no me dice nada. ¡Perfecto!"

Cuando algo te cae mal o no estás de acuerdo, identifica qué es y por qué te molesta; expresa lo que sientes, dilo sin rodeos.

En general, es típico que las personas le damos mil vueltas a las cosas para que lo que deseamos comunicar se oiga más suave pero, ¿qué pasa? Pues ocurre que las cosas nunca quedan claras y luego viene el típico: "Yo pensé que tú pensaste..."

ASERTI-TIP:

Si empiezas a ser asertivo, verás
que al principio cuesta un poco de trabajo,
pero después será más fácil.

Ser asertivo no significa tener siempre la razón, sino expresar o hacer lo que en ese momento piensas que es mejor. Y si te equivocas, también tienes el derecho a hacerlo, siempre y cuando hagas las cosas por convicción y no porque alguien te presiona.

Pero si te encuentras en un callejón a una banda de **SKIN HEADS** que te empiezan a tirar mala onda, olvídate de la asertividad y córrele antes de que te propinen unos asertivos trancazos.

DIEZ PUNTOS PARA SER ASERTIVO:

1. Di lo que sientes. Aunque no les lata a los demás, coméntales: "A mí sí me gustó la película", "No estoy de acuerdo, porque...", "Yo pienso que..."
2. Si hiciste algo bien, coméntalo. Tampoco te vayas a pasar de súper asertivo a súper mamila.
3. Sé el primero en saludar: "¡Hola! Qué buena onda que viniste", en lugar de ser el típico cuate que parece que habla en otro idioma y dice todo apenado: "Ay, hola". Sólo te ves inseguro y de flojera.
4. Acepta los cumplidos: "Gracias, a mí también me gusta esta camisa".
5. Ve a los ojos. Cuando platiques con alguien míralo directo y de frente.
6. Si no estás de acuerdo en algo, exprésalo. Puedes hacerlo suave, fruncir el ceño, levantar la ceja, en fin. No des el avión sólo por quedar bien con alguien.
7. Pide que te aclaren. Si no entiendes una explicación o instrucción, en lugar de irte hecho un menso, di: "No entendí, ¿me lo puedes repetir por favor?"
8. Pregunta "por qué" cuando alguien te pida que hagas algo que no parece lógico o no te late, cuestiónalo: "¿Por qué quieres que haga eso?"
9. Sé persistente. Si tienes una queja válida, sigue expresándola a pesar de que te hagan la vida difícil. No te des por vencido.
10. No justifiques cada opinión. Si en una discusión alguien te pregunta por qué, por qué y por qué, sólo contesta: "Así pienso", "En eso creo", "No me late y punto"... ¡Ay güey!

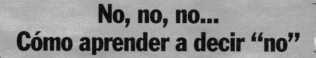

No, no, no...
Cómo aprender a decir "no"

¿Te has preguntado por qué muchas personas no pueden decir "no" a ciertas cosas? Desde las más sencillas como: "¿Me acompañas a 'x' lugar?", hasta decir "no" a una propuesta que no te late o a un acoso sexual. El caso es que no pueden decir ante algunas situaciones, simplemente "no". Esto puede pasar porque:

1. Pensamos que no tenemos derecho a opinar, actuar o pensar como se nos da la gana.
2. No nos gusta pelearnos; tenemos miedo de no ser aceptados y por eso nos decimos miles de excusas mentales como:

"NO QUISE HACER GRANDES LAS COSAS." #WTF

"BUENO, NO HAY BRONCA, SÓLO LO HA HECHO UNA VEZ."

"TOTAL, NUNCA LO VOY A VOLVER A VER EN MI VIDA."

O SIMPLEMENTE:

"¿PARA QUÉ?."

EXCUSAS QUE SÓLO NOS FRUSTRAN.

¡Abusado! Porque cada vez que dices "sí" a algo que no te gusta, tu autoestima y respeto personal disminuyen un poco.

Beneficios de saber decir "no"

1. Cuando aprendes a decir "no quiero", "no puedo", "no me late", "no estoy de acuerdo" o "no entendí", te sientes libre. Tú mismo no crees lo bien que estás.

2. Te vuelves protagonista de tu vida y no dejas que otros te manejen. Tampoco te quedas como güey, sin hacer nada, esperando a que las cosas se den solitas.

3. Dejas de hacer cosas con las que no estás de acuerdo. Te sientes muy bien porque eres congruente con lo que piensas y con lo que haces; los demás se dan cuenta y por eso te empiezan a respetar y admirar.

Pero, por favor, no aprendas a decir: "No soy asertivo", o "No sé decir no" ¿Okey? Es muy fácil. Mira, nada más subes la lengua al paladar: "nnn", muy bien; ahora haces un círculo con los labios "ooo", ¿viste? Es fácil.

INTERNET, REDES, APLICACIONES Y TODO TIPO DE AYUDITA DIGITAL

Este mundo que te ha tocado vivir está in-cre-í-ble. Internet te conecta, te aliviana, te seduce, te informa, te saca lágrimas, risas y hasta carcajadas; puedes comprar, compartir, ver videos y noticias, ligar, romancear, textear con todos y también en privadito, en fin internet es lo mejor de lo mejor. #internetrocks La verdad es que nos tendríamos que aventar libro y medio para hablar de tooooodos los beneficios que el internet ha traído a la viña del señor (o sea al planeta Tierra), y lo mejor que puedes y debes hacer es aprovecharlo al máximo.

Los papás dicen cosas como: "en mis épocas…", "que padre época te tocó vivir", no ubican que no es una época que te tocó en una parte de tu vida sino la era en la que naciste y la ÚNICA que conoces. Tú eres la generación Z, la generación digital y punto (¡aplausos!), por lo tanto no es algo nuevo, es tu forma de vivir. Y como te decíamos es momento que la disfrutes al máximo, pero así como hay un trillón de trillones de cosas buenas sobre el internet, también hay un buen de cosas malas de las que te tienes que cuidar, pero no te preocupes porque cual superhéroes digitales enmascarados, te vamos a dar información para que disfrutes lo más padre y te cuides de lo más peligroso.

Redes sociales y aplicaciones

Hay muchisisisisisisisísimas redes y aplicaciones, muchas mueren y otras nacen pero se reproducen más rápido que conejos en celo después de tomar Redbull. Las redes sociales son padrísimas y no hay mejor forma para comunicarte, conocer y stalkear a alguien que con ellas (dicen que nunca eres tan feo como en tu foto de la credencial de la escuela ni tan guapo como en tu foto de perfil). La idea es disfrutarlas y explotarlas al máximo, sólo debes tener cuidado con algunos tipos de redes y tratar de empezar a una edad donde ya puedas manejarlas.

La mayoría de las redes sociales te piden que tengas 13 años cumplidos para poder crear una cuenta, esto no es sólo por payasos, sino que es la edad donde se considera que ya tienes una idea de lo que subes y de los riesgos que puede haber. Muchas veces al postear fotos o comentarios te puedes meter en problemas.

EVITA:

QBL. Fotos sexuales o íntimas que después se puedan usar en tu contra o apenarte (esto se llama sexting y hablaremos de él un poco más adelante).

QBL. Comentarios negativos, racistas, agresivos, sexuales o de cualquier tipo que ofendan a otras personas y que además de lastimar, se pueden usar como evidencias en tu contra (ya sé, ya sé, sonamos como investigadores del FBI).

QBL. Si tus redes son públicas debes de tener mucho cuidado de no subir fotos ni activar la localización de tus dispositivos, de manera que los que te sigan puedan saber dónde encontrarte, acuérdate que hay muchos asaltos, secuestros y extorsiones (pedirle dinero a tus papás a cambio de algo) y el hecho de sólo verte el uniforme, saber en qué escuela estás y qué es lo que estás haciendo en este momento puede darle información a personas que quieran hacerte daño. Lo ideal es que tus cuentas sean privadas.

QBL. Ten cuidado de no equivocarte de mensajes, a veces estamos chateando con dos niñas al mismo tiempo y cuando menos te imaginas ya la regaste y le mandas el mensaje equivocado… a la novia equivocada. 😬

QBL No compartas fotos ni des likes a imágenes o frases que lastimen o se burlen de otras personas, eso es hacer cyberbullying y es equivalente a ser el bully o agresor que ofendió a la persona.

QBL Ten mucho cuidado con todas las redes que son para ligar y conocer personas, es donde más pederastas (abusadores sexuales de menores) hay (Tinder, Blendr, Omegle, Grindr, Happn). Es común que pongan otra foto de perfil y te hagan creer que tienen tu edad y tus mismos gustos, al final te meten en un problema que podría marcarte de por vida. Además muchas de estas aplicaciones usan localización GPS, por lo que también saben dónde estás.

QBL Cuando las redes te pregunten si quieres que le avisen a todos los amigos de tus amigos que ya estás dentro ponle que no, que tus amigos sepan está bien, pero los amigos de tus amigos es demasiado, y puede ser peligroso.

QBL Cuando ya no uses tus cuentas no las dejes volando en el ciberespacio, hay quien las busca y hace mal uso de ellas. Mejor dalas de baja (aunque las redes tengan medio escondida esta función —porque no quieren que te salgas—, ahí está, búscala).

QBL Nunca contestes mensajes de personas o compañías que no conoces y te invitan al evento del año, a la mega fiesta increíble o te dicen que te ganaste un coche, un viaje, una compu, etcétera, generalmente son trampas para contactarte y meterte en problemas. Si no entraste a una rifa… nadie te va a regalar un coche último modelo sólo porque le sobra.

QBL Ten mucho cuidado con las fotos que subes a tus redes o las fotos donde te taggen tus amigos, te pueden causar broncas con tu galana, que la gente se burle de ti por la situación en la que estés, que te etiqueten como "El rey de la peda" o "El patán". Una foto se puede manipular y la pueden sacar de contexto muy fácilmente. #piensaloquepuedecausarloquesubes

QBL ¡¡Cuídate!! Checa el documental de *Catfish* en línea, te va a ayudar bastante a entender esto.

Aguas con los links y las promociones que comparten otros usuarios, muchas veces son virus o pop ups (fotos) que van a salir un millón de veces en tu pantalla y no quieres que tu mamá o tu novia ande viendo esas cositas (y menos contigo en frente).

Ten cuidado con el autocorrector, a veces puede ser tu peor enemigo, nunca sabes cuándo a tu amiga le texteas "¿quieres ir a comer?" y el autocorrector pone "¿quieres ir a co _ _ _ ?".

Cyberbullying

El cyberbullying (bullying digital) no está fuerte, ¡sino lo que le sigue! Es cuando te aíslan, amenazan, ridiculizan, acosan, atormentan, apenan, molestan o excluyen otro u otros menores de edad en línea. Imagínate que hoy en día hay cuatro veces más víctimas de cyberbullying que de bullying tradicional.

¿Por qué ha crecido tanto el cyberbullying?

1. En el bullying tradicional cuando te molestaban te veían únicamente las personas que estaban presentes, pero ahora te graban, te suben a las redes (lo comparte todo mundo aunque no hayan estado ahí) y en una tarde eres Trending Topic y te vieron no sólo los de tu salón si no todas las escuelas de la zona. #WTF

2. Con una foto tuya pueden generar imágenes editadas, memes y burlas hacia tu cuerpo y tu persona y pueden compartir o robar tus datos (número de teléfono o claves) para que más gente te moleste.

3. En el bullying tradicional hay horarios y lugares seguros (normalmente es el horario de la escuela y el lugar seguro es

cuando llegas a tu casa) pero en el cyberbullying te pueden mandar un millón de mensajes a la hora que sea y ni tu cuarto, ni tu casa, bueno, ni la alacena es segura, porque te llegan mensajes y agresiones a tu celular, tableta, compu y todo lo que tenga conexión en línea.

4. En el bullying tradicional cuando explotas y te quiebras o lloras, generalmente al agresor le entra un poco de compasión y te dejan de molestar, pero en línea nadie te puede ver la cara ni el momento que estás viviendo, así que no paran y esto te puede llevar a niveles muy serios.

El problemas es que el cyberbullying es tan fuerte que muchos niñas y niños entran en una depresión cañonsísima, sufren tanto que se quedan marcados para toda la vida y lamentablemente algunos llegan a tener tanta pero tanta presión y dolor que se quitan la vida, ¡imagínate! Como ves, es importantísimo que si te empiezan a hacer cyberbullying lo pares inmediatamente, antes de que esto se te salga de control.

¿Qué hago si me estás haciendo cyberbullying?

QBL Lo más importante es contárselo a tus papás o a algún adulto de confianza para que te ayude, es súper esencial. No te preocupes, no te van a quitar tu celular o tu compu, te van a ayudar.

QBL Guarda todo tipo de evidencia de lo que te están mandando, es importantísimo porque es la prueba de lo que te están haciendo, haz capturas de pantalla, guarda videos, mails, textos, chats, fotos (de preferencia todo con hora y fecha).

QBL Trata de identificar quién es la persona que te está molestando. Aunque sea anónimo, si mandó los mensajes vía el internet de la escuela muchas veces se pueden checar los *records* (ICR) y averiguar de dónde salieron. Busca a un experto en internet que te ayude a localizar de dónde vienen los mensajes.

QBL Y lo más importante, cuando veas el primer mensaje de alguien que te está molestando, después de guardar la evidencia:

IGNORA / BLOQUEA / REPORTA

Esto es lo que más funciona porque al final el agresor lo que quiere es lastimarte, cuando IGNORAS y BLOQUEAS los mensajes y él se da cuenta que no los estás leyendo entonces su mensaje pierde propósito. Lo importante para ellos es saber que te están lastimando pero si no lo logran, pues entonces no tiene caso. Muchas veces hacen cuentas falsas para molestar, pero si lo IGNORAS y BLOQUEAS no te lastimarán. Después de un rato de ser ignorados se cansarán y dejarán de enviar mensajes.

Cuando los REPORTAS los administradores de la red social investigan su cuenta, checan el tipo de mensajes que está mandando y si encuentran que efectivamente está haciendo cyberbullying o tiene varios reportes acumulados, bloquean la cuenta por cierto tiempo o de plano la dan de baja y pierde a todos sus seguidores.

Tus papás tendrán que hablarlo en tu colegio. . Las escuelas en México (y en muchos otros países) tanto privadas como oficiales —de acuerdo al Congreso Internacional de Innovación Educativa 2015—, tienen la obligación de protegerte contra toda agresión física o moral, deben intervenir y ayudar. Así que tranquilo, tienes todas las de ganar, nadie tiene por qué lastimarte y si tú haces lo necesario ese infierno terminará más rápido de lo que te imaginas.

Lo que sí es básico es que averigües y trabajes por qué te está pasando esto, por qué estás siendo el blanco de estas burlas, muchas veces es por una baja autoestima. Puedes acudir al psicólogo de tu escuela o le puedes pedir a tus papás que busquen a otro psicólogo o terapeuta que te ayude a para que esto no se repita.

¡Ánimo! Todos podemos salir de una situación como ésta.

Sexting

Hoy muchos adolescentes se mandan cometarios y fotos sexuales entre ellos (#boobshoot #dickpic). Algunos lo hacen sólo por divertirse, por reírse, por coquetear o prenderse sexualmente.

Muchos novios, dates, frees, galanes o ligues se mandan fotos de bubis, traseros, penes, masturbaciones, posiciones y todo lo que sea sexual para complacer, erotizar, jugar o excitar al otro.

Esto al principio parece muy íntimo y que es sólo entre dos, pero la bronca es que cuando uno de los dos termina con el otro generalmente hay una persona lastimada, enojada, ardida, sentida y muchas veces buscan vengarse y ¿qué pasa después?

OBL Muchos de ellos suben tus fotos a las redes sociales para que todo mundo vea tus partes íntimas o lo que estabas haciendo en el video. ¡¡¡Imagínate!!!

Imagínate por un momento que toda tu escuela —y muchísimas otras— ven una imagen tuya desnudo y tocándote, una frase sexual que escribiste que ahora está en los teléfonos de todos o que hagan un meme de tu pene y pongan tu cara para que todo mundo sepa a quién le pertenece ese "penecillo". ¿Te puedes imaginar una forma de sentirte más apenado?, obviamente es uno de los momento más vergonzosos que puedes tener en tu vida.

Lo que empezó como algo chistoso puede hacerte pasar el peor año (años) de tu vida, checa este testimonio.

Amo los videojuegos y las redes sociales. Paso mucho tiempo metido en mi compu, mis papás casi no están en la casa. Sólo tengo dos mejores amigos y nunca he tenido suerte con las niñas.

Muchas veces juego videojuegos como Grand Theft Auto, para sentir que tengo que ver con las viejas que salen ahí. Ahí adentro soy alguien que no puedo ser aquí afuera.

El año pasado una niña que no conocía, @Bunny35, me mandó un tweet que decía: "Vi tu foto de perfil y me encantaste, ¿tienes galana?" Nunca había sentido lo que sentí en ese momento. Luego nos pasamos a Facebook y Snapchat, platicábamos todas las noches, súper tarde. A ella también le gustaban las pelis de Rápido y furioso y el manga japonés, teníamos mucho de qué hablar. Era muy coqueta conmigo y decía que nadie la hacía sentir como yo.

Se empezó a poner celosa cuando no le escribía o le decía que iba a salir. Me encantaba eso, nunca nadie me había cuidado así. Empezamos a ser como novios, ella me pedía que le mandara videos cursis y que le hablara como bebé, le mandé varios videos. Ella sólo me mandaba fotos.

Por un momento pensé que podría ser un engaño y no ser quien ella decía, pero la verdad estaba tan chingón lo que estaba viviendo, que me valió. Después de unas semanas ya ni pensaba en eso.

Un día me escribió "Quiero darme contigo", nos prendimos y terminamos masturbándonos los dos, cada quien en su casa. Ella me pidió que le mandara fotos mientras yo me tocaba y se las mandé, ella también me mando fotos de sus bubis pero sin su cara, decía que era peligroso.

@Bunny35 no existía, la inventaron unos idiotas de mi escuela que siempre me molestaban. Las fotos que me mandaron eran posts de internet y de una amiga suya que les ayudó.

Enviaron mis conversaciones, mis videos y mis fotos esa noche a muchísima gente en mi escuela. Yo no supe nada de esto hasta que llegué al otro día a la escuela. Todo mundo me veía y se reía de mí. Habían visto mi foto masturbándome y los videos hablando como bebé. Me decían las frases que había dicho en el video y hasta me mandaron a mi celular memes con mi cara y con frases horribles.

Viví lo peor que he sentido en mi vida. Quería salir corriendo. Nunca había estado tan avergonzado. Me subí al camión de la escuela y me venían cantando una canción que inventaron. Me quería morir.

Cuando llegué a mi casa, no estaban mis papás, fui a su baño y me tomé todas las pastillas que le quedaban a mi mamá (de una medicina muy fuerte que ella toma, se llama Rivotril). Ya no quería saber de nada.

Me metí a mi cuarto y me encerré. Cuando mi mamá llegó, forzaron la puerta y me encontraron en el piso. Me llevaron al hospital, me hicieron un lavado gástrico o algo así y salí al día siguiente. Les tuve que contar a mis papás lo que pasó, mi mamá nunca vio las imágenes, pero mi papá sí. Después de ir con un terapeuta, con la que platicamos todo lo que pasó, me cambiaron de escuela.

Me hicieron eliminar todas mis redes sociales y bajaron las fotos de la red, para llegar sin esa historia a la nueva escuela. Ahí nadie sabía lo que había pasado. Dos semanas después, alguien que había guardado las fotos en su compu las compartió con un alumno de la nueva escuela, él me reconoció y se las mandó a la mayoría de mis nuevos compañeros otra vez. No puedo más. Ayuda.

Patricio, 15 años

Qué fuerte ¿no? En este caso fue una broma de mal gusto, pero imagínate lo que mucha gente le manda a su verdadera novia. ¿Te fijas cómo puede ser muy peligroso?, por eso es importante que ubiques que:

OBL No importa que tan protegido, encriptado y hasta programado con 10 segundos de autodestrucción sea tu mensaje, la persona puede hacer una captura de pantalla y guardarlo por el resto de la vida.

OBL No confíes en nadie que no conozcas y mucho menos le mandes fotos tuyas, nunca sabes realmente quién está del otro lado.

OBL La que hoy es tu novia, date o ser más amado del mundo, mañana puede ser tu peor enemiga.

OBL Una "broma" o un coqueteo el día de mañana (o pasado mañana) puede costarte más caro de lo que te imaginas.

OBL Cada vez que subes algo a internet independientemente de la seguridad con la que lo hagas, ya es parte de la red y siempre estará ahí.

OBL Si la foto la subes tú y eres mayor de edad (18 años) y la otra persona es menor de edad se considera un delito (estarías publicando pornografía infantil o puedes ser acusado de acoso sexual).

OBL Al subir una foto así o ser el protagonista de ella puedes llamar la atención de los depredadores sexuales que están en la red y luego van a estar encima de ti.

OBL Alguien puede tener la foto en su poder y extorsionarte con ella para que hagas lo que quiere, podrían ser otras fotos, dinero, videos más fuertes o inclusive obligarte a NO terminar con el noviazgo de la "señorita" en cuestión.

El asunto es que la pena y la vergüenza no es nada a lado del daño moral y emocional que una cosa como éstas te puede causar. Literal esto puede afectar tu seguridad, autoestima y confianza DE POR VIDA.

Es por eso que te pedimos que tengas mucho cuidado con esto, que no mandes fotos ni mensajes sexuales por más que ames y recontra ames (o simplemente te mueras de ganas de conquistar) a la otra persona, que antes de subir cualquier comentario o foto en línea pienses bien lo que estás subiendo, que pienses cómo podrían manipularla y editarla; en conclusión piensa muy bien antes de darle *click, post, compartir, share, tweet, reaction* a lo que subas porque cuando menos te imagines se te puede salir de las manos y... de tu pantalla.

Cybergrooming

Tienes que estar súper alerta con esto, porque junto con el cyberbullying es uno de los problemas que más se encuentran hoy en día en línea.

Cybergrooming son adultos / pedófilos que por medio de la red, usando mentiras y perfiles falsos buscan y contactan niños y adolescentes con el objetivo de establecer contacto sexual con ellos u otras personas o generar pornografía de menores. Lo primero que hacen es crear empatía contigo, decir que les gustan las mismas cosas que a ti, caerte bien y ubicar en que situación estás para "ayudarte" y una vez que se ganan tu confianza y crees que están de tu lado, abusan de ti.

Y algo importantísimo, estas personas no están buscando solamente a mujeres como mucha gente cree, aproximadamente 30% de las víctimas son hombres, así que tienes que estar súper atento.

Checa esto:

¿Atrapados en la red?

De entrada, te queremos comentar un caso con el que tienes que ponerte súper a las vivas: hay unos sitios que cuando los visitas te dicen cosas como:

¿Eres un niño al que le cuesta trabajo relacionarse con los demás, en especial con las niñas? ¿Te sientes solo en este mundo? ¿No tienes amigos? ¿Te gustaría tenerlos? ¿Te traen de bajada y se burlan de ti? No te preocupes, has llegado al lugar ideal. Si esto te define, eres un boylove. Aquí te comprendemos y te ayudamos a relacionarte.

Se escucha inofensivo, ¿no? Pues es una trampa gruesísima hecha por un grupo mundial de pedófilos —abusadores sexuales de niños y jóvenes—, que aprovechan cuando te sientes solo y confundido para atraparte y abusar de ti.

Si a eso le sumas que un buen de jóvenes tienen la autoestima por los suelos y sienten que nadie los entiende, pues se convierten en blanco perfecto de estos patanes.

Como es lógico, al principio no te dicen que van a abusar de ti. De hecho, nunca te lo dicen. Estos sitios de *boylovers* están diseñados por psicólogos súper preparados —y súper enfermos—, que de una manera convincente y sabiendo tus puntos débiles te dicen cosas como que con ellos vas a tener una identidad, a sentir que perteneces a algo, a tener un grupo de amigos y, aquí viene lo más fuerte, "que tienes el derecho a amar y demostrar tu afecto a un niño más joven que tú". ¡Imagínate! Te van lavando el cerebro poco a poco con dibujitos y palabras chidas, hasta que crees que lo que estás haciendo es bueno para ti.

Ahora, no creas que esto sólo pasa en otros países. ¡Están en todos lados! Platicando con varios expertos en adolescentes, nos comentan que tienen muchísimos casos de éstos.

Cómo operan

Primero te dan instrucciones para demostrar tu amor a otro niño más chico; por supuesto, entre otras cosas, ese amor tiene que ver con "tocarle sus genitales", aunque ellos le dicen "acercarte cariñosamente". Una vez que das el primer paso, te dicen que alguien mayor que tú necesita también (pobrecito) expresar su amor a alguien más joven, y que ese alguien, como ya eres parte del club de los *boylovers* ¡tienes que ser tú!

A partir de ahí usan tus datos personales —que diste al principio sin la menor sospecha—, para hacer una cita con un *boylover* mayor, por lo general un adulto. Y como a ti ya te confundieron sin importar la edad que tengas, generalmente terminas aceptando.

Además, por si fuera poco, esta organización criminal explica a sus miembros y a la sociedad los "beneficios" de su movimiento. Y ponen un millón de rollos para justificar sus actos. Está cañón, ¿no?

En fin, lo único que nos importa es que lo sepas para que no te agarren desprevenido. Acuérdate de que si te sientes solo o menos que los demás, todo está en ti. Checa nuestro capítulo de autoestima y cuídate de estos tipejos.

Sin darte cuenta, puedes terminar en el terreno de la pedofilia. Las salas de chat, las apps para conocer gente, los mensajes instantáneos, los blogs y las páginas para dejar mensajes son el camino más fácil para que los depredadores sexuales encuentren a su víctima. #WTF

Algunas recomendaciones:

- **QBL:** Nunca llenes cuestionarios o ningún tipo de formas de inscripción en donde des tus datos personales: nombre, dirección, teléfono, escuela, ciudad, horarios. Con sólo dar tu teléfono en línea es muy fácil encontrar tu dirección y llegar a tu casa.
- **QBL:** Encontrarte con alguien que conociste en la red es un súper albur, evítalo.

- Recuerda que algunos de los "amigos" del chat, tal vez no sean jóvenes, sino adultos con malas intenciones. En el anonimato cualquiera puede decir que es otra cosa.
- Nunca le digas a nadie en la red dónde estarás o qué harás; mucha gente planea secuestros con esa información.
- Nunca contestes correos electrónicos o mensajes en apps o grupos de gente que no conoces.
- Nunca compartas tu foto por internet o por correo electrónico a alguien que conociste en la red.
- Es mejor usar un nickname (apodo) neutro en la red.
- No subas fotos o comentarios sexuales, tampoco des likes a cosas sexuales o compartas imágenes eróticas en línea, ese tipo de cosas le llaman la atención a los abusadores y de esa forma deciden quien será su próxima víctima.
- Si vas a jugar en línea algún videojuego, no hables en el micrófono con los jugadores que no conoces ni des datos, sólo juega.

La policía cibernética de México y la de la mayoría de los países de habla hispana, nos comentaron que el cybergrooming y el cyberbullying son los principales problemas que se presentan en estos países, así que ya sabes de qué nivel está el asunto.

¿Y ahora…?

Como ves entre cyberbullying, sexting y cybergrooming es muy fácil que alguien te pueda meter en problemas y como te pudiste dar cuenta en el testimonio que leíste, por más que creamos que nos las sabemos todas y que nadie nos engaña, estos tipos están inventando todos los días cosas distintas para sorprendernos y convencernos de hacer cosas que jamás nos imaginamos hacer. Es por eso que hoy en día se utiliza que tus papás tengan tus claves de internet (yo sé que si tus papás no las tienen después de leer esto nos quieres matar), pero la idea no es que tus papás estén chismeando tus cuentas, sino que con la experiencia que tienen te cuiden, te protejan y te prevengan en el caso de que vean que alguien te está queriendo hacer daño.

No importa si tienes 12, 14, 16 o 18 años, hay mucha gente allá afuera —adultos o adolescentes con muy mala vibra— que tiene formas inimaginables para meterte en un problema, es por eso que necesitas a algún adulto que pueda estar checando tus cuentas para ayudarte si te empiezan a engañar y tú no tienes ni la menor idea.

Sabemos que lo primero que te pasa por la cabeza es, "Me muero de la pena que mi papá o mi mamá lean lo que escribo en mis redes". La idea es que los papás también se comprometan a ser maduros en este tema y a no estar leyendo todo lo que pones y mucho menos a estar chismeando, sino a meterse únicamente en caso de que estés en emergencia, ya no se trata de tu intimidad sino de tu seguridad.

Sabemos que es un tema difícil pero en el libro *S.O.S Adolescentes fuera de control en la era digital* de Yordi Rosado, viene todo esto explicado muy ampliamente para que los papás lo entiendan, no se metan en tus cosas personales y sólo busquen cosas peligrosas para ti, inclusive en ese libro hay un **contrato en línea o contrato digital** donde vienen cláusulas para ti y también PARA TUS PAPÁS, con el objetivo de que ellos te cuiden pero que al mismo tiempo respeten tu privacidad.

Ánimo y ponte muy atento con todo esto, recuerda que la mejor manera de evitar un problema de estos es con la información que tengas y las decisiones inteligentes que tomes.

LA ESCUELA

Lo bueno, lo malo y lo feo

Dicen que la escuela es tu segundo hogar y, la neta, es casi casi el primero. Te das cuenta de esto en los siguientes puntos, mejor dicho incisos, para que se oiga como de escuelita:

a) Cuando conoces a tu compañero de enfrente por la nuca más que por su cara.

b) Cuando el trasero ya lo tienes como de aspirina —plano y con la raya en medio—, y en la espalda tienes marcado el tornillito del respaldo de tu banca.

c) Cuando caminas en medio de las bancas llenas de mochilas y no te tropiezas ni una vez. ¡Eso sí es deporte x-tremo!

En realidad, ahí vives. Y así como a veces es un paraíso (cuando conoces a las niñas nuevas) en otras ocasiones sientes que es una cárcel porque:

- No te puedes escapar ni hacer lo que quieres.
- Te obligan a realizar trabajos forzados.
- Cada grupo está en su propia celda.

La escuela es el principal lugar donde "existes" como ser independiente de tu familia, donde enfrentas responsabilidades y obligaciones que sólo tú conoces (por lo menos hasta que entregas las calificaciones).

Tiene mil cosas padres como tus amigos, las niñas, el relajo, los maestros buena onda, los recreos y los trabajos en equipo (especialmente si te gusta una niña de tu equipo). Y otras no tanto, como la presión de los exámenes, los niños que te molestan, las tareas en domingo, los maestros exigentes, los trabajos pesados, las clases aburridas, las más aburridas y las más más aburridas.

La neta, nadie se ha muerto de "presión examenal aguda", y ubica que aunque el tiempo parece que se congela y la escuela no acaba nunca, muchísima gente ha pasado por lo mismo que tú… y después hasta la extrañan.

El objetivo de la escuela es hacerte mejor persona, transmitirte conocimientos, cultura, valores y formarte —no formarte de hacer fila y que te digan por la bocinita chafa: "Tomar distancia, uno, dos, tres"—, formarte académicamente.

Aunque a veces la alucinamos, no sabes lo importante que es. Cuando crecemos, de volada se nota la persona que estudió, no sólo por lo que sabe, porque a lo mejor en la escuela nunca pasó de seis, sino por su forma de ser, de hablar, de comportarse, de analizar las cosas… Por su educación.

Otra cosa padre es que la escuela es como un ensayo de la vida Ch-K-T lo siguiente

- La dirección es como la Presidencia.
- El patio es como el zócalo o la plaza central —puedes hacer tus marchas y plantones.
- La tiendita es como ir al súper.
- Y los laboratorios son como estar "en lo oscurito con tu novia", porque se vale experimentar.

Hablando en serio, la escuela es como un ensayo porque vives mil experiencias, conoces muchos amigos, te relacionas y tu criterio aumenta. Y aunque no te guste, aprendes lo padre que es tener éxitos y lo que duelen las decepciones y los fracasos.

Además, relájate porque pasa más rápido de lo que te imaginas. Así que disfruta lo que más te gusta de esta etapa y lo que no te lata, pues como se dice en el bajo mundo, "aguanta vara", porque neto, al final, vale mucho la pena y hasta la vas a extrañar.

Los maestros

Los hay de todo tipo: desde los que son perrísimos y alucinas, hasta los más buena onda. Sus frases típicas son:

- QBL. Prohibido sacar sus celulares o tabletas para textear, si las sacan...¡se las quito!
- QBL. No me importa quedarme con uno… pero que realmente quiera estudiar.
- QBL. Vienes a la guerra sin fusil (¿así o más vieja?).
- QBL. Nadie sale hasta que aparezca "x" cosa.
- QBL. Jorge, ¿por qué no nos explica lo que estábamos diciendo? (en la parte de "Jorge" puedes poner tu nombre para hacerlo más vivencial).
- QBL. Es la última vez que les pido que guarden silencio.
- QBL. No nos vamos hasta que me digan quién fue.
- QBL. Mientras sigan hablando, la tarea sigue aumentando.
- QBL. El que puso la "paloma" en el baño se va expulsado.
- QBL. ¿Quién subió esto a las redes?

Parece que todos los maestros tienen tatuadas estas frases en el cerebro.

Los superhéroes

Los buenos maestros son como superhéroes. Entre sus poderes está el ser multitask: ágil cirquero para llamarte la atención, político para lograr sutilmente lo que quieren (aunque a veces no son tan sutiles), líder para que le creas; papá o mamá de todo el grupo; psicólogo para entenderte cuando ni tú mismo te entiendes y abogado para defenderse cuando el salón lo ataca. Además, debe ser medio sabio, paciente, inteligente, divertido y controlar a todos… todo esto por un mismo sueldo. ¡Ah!, y no se puede enfermar. Está difícil, ¿no?

Pero bueno, estos superhéroes usan sus poderes para el bien y otros lamentablemente para el mal. Y como tú no tienes escudo protector, pues los del mal te pasan a dar en la torre, así que mejor gánatelos.

Como los superhéroes, los maestros también tienen un nombre especial, sólo que no viene de otra galaxia o del fondo de un volcán, viene del fondo… pero del salón. Porque es atrás donde, de acuerdo con su poder, se les designan los apodos: el Tiburón, el Timbo, el Pilín, la Alcancía, la Cebolla, el Papayo y demás.

Y así como hay maestros que adoras y nunca olvidas, hay otros que son muy estrictos y su palabra favorita es "parcial". Ya sabes, examen parcial, calificación parcial y demás parcial; y a veces a estos no los quieres volver a ver en tu vida (parcialmente).

La verdad es que, sin contar su carácter o su forma de ser, todos tienen el mismo objetivo: tratar de que aprendas por todos los medios posibles. ¿Se te hace mala onda?

Te aseguramos una cosa: aunque no lo creas, no existe un solo maestro que no te enseñe o te deje por lo menos algo que seguro te va a servir en un futuro.

Tips para sobrevivir en la escuela

1. *Cuando te pelees con un maestro nunca discutas con él frente a otros alumnos.* El maestro tiene que mantener su jerarquía, así que, aunque sepa que tienes razón, pase lo que pase no te la va a dar. Si te quedas callado y esperas a que esté solo para hablar con él, tienes más oportunidad de ganar.

2. *No mates a tu abuelita más de una vez.* A la hora de los pretextos, usa sólo una vez el de la abuelita. Acuérdate de que aunque sea otro profesor, todos se juntan en el salón de maestros y se cuentan todo.

3. *Cuando un maestro te tire mala onda, habla con él.* Si sientes que tu maestro ya te trae de encargo, habla con él en privado. Aunque le caigas mal va a tener que bajarle, porque sabe que ya te diste cuenta. Y nunca subas una foto de tu maestro o un post burlándote, alguien podría decirle y ahí sí prepárate para repetir año.

4. *Nunca debas en la tiendita.* Es mala idea tener deudas con el único proveedor de la zona.

5. *Si la regaste en algo fuertísimo, acéptalo desde el principio.* Entre lo que más molesta a los maestros es saber que tú hiciste algo y que lo niegues. Se enojan más. Por otro lado, si lo aceptas de inmediato, el castigo es más leve.

6. *Si eres de los que nunca trae plumas, compra un paquete.* Dáselo a la típica niña que, en lugar de usar mochila, utiliza casi casi una maleta. Dile que te lo guarde por favor y, si acepta, ya la hiciste. Cada vez que necesites una pluma, ella te la dará. Si no la trae, ella es la irresponsable.

7. *Los acordeones.* Cuando no te aprendas algo, haz un acordeón en tu casa, no para copiar; el rollo de resumirlo y escribirlo tan chiquito te ayuda muchísimo.

8. *En tu equipo, siempre incluye a una niña que te guste y a un matado.* De esta manera aseguras profesionalismo ¡y diversión!

ALGUNAS EXPERIENCIAS MÁS DENSAS

Las peleas o "ahora ves mi cara, ahora no la ves"

Para la mayoría de los hombres, pelearse es parte de su naturaleza. La testosterona hace que seas agresivo, competitivo, fuerte y demás. La bronca viene cuando el que te quiere romper todo lo rompible recibió triple ración de testosterona en la repartición.

Cuando te peleas se siente algo muy especial, sobre todo si es a ti al que le rompen la cara, el hocico o aquella señora que festejas el 10 de mayo.

Los pleitos pueden empezar por cualquier cosa, por la más complicada o la más sencilla. Por ejemplo:

—¿Qué?

—¿Qué de qué, güey?

—¿Qué me ves?

—¿Qué me ves de qué o qué?

No se sabe si es el principio de una tranquiza o un concurso de declamación de la palabra "qué".

Te peleas porque te bajan a una niña, por defender a un amigo —ahí te prendes más cañón porque te retan—, porque un cuate se te queda viendo feo —si se te quedan viendo bonito pues tiene otras intenciones—, porque ya te cansaste de ser el blanco del zape… Y a veces simplemente te peleas porque no te queda de otra.

La realidad es que te peleas por tu orgullo y por tu honor. Se oye como película de caballeros medievales, pero es la neta.

Y así como hay algunos que son muy buenos para los trancazos y son súper pasados con todo mundo, hay otros a quienes no les laten las peleas y las evitan.

Existen situaciones donde *no* pelearse es más difícil. Por ejemplo:

- **QBL.** *Cuando hay una niña de por medio.* Hay algunas chavas, no muy listas, a quienes les encanta sentirse la princesa del cuento #princesaswannabe y hacen todo para que te batas en duelo, o sea para que te des en la máuser. Lo que ella no sabe es que el cuate con el que te peleas y tú terminarán siendo amigos. Y a ella, en un año, ninguno de los dos la va a pelar. #princesaolvidada
- **QBL.** *Cuando hay contacto físico.* Si son unos empujoncitos de "nena en el pecho" no hay mucha bronca, pero si te manejan la "cachetadita guajolotera", por más tranquilito que seas sacas al gandalla tepiteño que todos llevamos dentro.
- **QBL.** *Cuando te dicen algo de tu mamá.* Ésta nunca falla: basta que mencionen a tu mamacita linda para que empiecen los trancazos. Eso sí, cuando te enojas con ella le dices hasta de lo que se va a morir; pero que en una pelea no te digan la frase: "¡… tu mamá!" porque te transformas.

Hay peleas que parecen *show*. Casi hay un cuate que revende boletos y otro que reparte palomitas. Toda la gente corre a verlas. Son como espectáculo para entretener al "pueblo", nada más que el entretenimiento eres tú. Lo chistoso es que después todo mundo te tiene que contar "tu pelea", porque es tan rápida y tienes tanta adrenalina que no te acuerdas de nada.

La verdad es que a veces te peleas para ganar respeto. Y así como hay algunos a los que les gusta la adrenalina, a la mayoría le da miedo y preocupación. Si es tu caso, es normal; a nadie le gusta ponerse en evidencia y ser el centro del "chow". La neta te preocupa más lo que al final opinen de ti todos los de la escuela, que los trancazos que te puedan dar.

La típica frase: "Nos vemos a la salida", hace que, aunque no lo creas, los protagonistas de la tranquiza estén muy nerviosos. Cuentan los segundos porque no quieren salir, aunque parezca lo contrario.

A veces en la escuela te tienes que pelear, como pasa cuando una persona o una bolita se burla todo el tiempo de ti, te traen de bajada y hasta ponen en duda tu dignidad. En esos casos no hay de otra: es necesario actuar. Tienes dos opciones: dejar que te traigan así durante tres años, o pelearte una sola vez para que te dejen de molestar.

Sin importar si ganas o pierdes, el que todos vean que tienes el valor de pelearte hace que te respeten. Cuando esto sucede, por lo general dejan de molestarte. Además, acuérdate de que a la mayoría, en el fondo, le da miedo romperse la cara.

Este remedio no falla. Así funcionamos los hombres. Lo importante es que te prepares para ganar. Aunque el cuate sea un monstruo —mientras no sea mucho más grande que tú—, un primer golpe bien dado hace la diferencia.

Ahora que si éste no es el caso, mejor evita las peleas. Casi siempre puedes llegar a un acuerdo sin que lleguen a los trancazos. Agota todos los recursos antes de pelearte:

- **QBL.** Trata de arreglar las cosas.
- **QBL.** Evita encontrarte con quien traes bronca hasta que los ánimos se tranquilicen.
- **QBL.** Si se dicen de cosas, deja hasta ahí la bronca.
- **QBL.** Nunca te pelees con más de una persona.
- **QBL.** Si le hiciste algo a alguien, trata de ofrecerle una disculpa a solas para que no se luzca con sus amigos.
- **QBL.** Jamás le entres a una pelea donde el otro, o los otros, carguen palos, cadenas, chacos, bats o lo que sea. Puede que veas la marca del bat más cerca de lo que jamás imaginaste y que no la cuentes.
- **QBL.** Evita pelearte con cuates que lleven guardaespaldas. Algunos son muy prepotentes y te pueden lastimar muy fuerte.
- **QBL.** No le contestes en las redes a tu contrincante.

ADVERTI-TIP:
Muchas peleas pueden terminar muy mal y tener consecuencias mortales, en especial si hay alcohol o drogas de por medio. Ten mucho cuidado.

En la puerta de los antros, o lo que es lo mismo: "Mike, somos dos parejas"

En la vida hay cosas horrendas, pero que no te dejen entrar a un antro es una verdadera pesadilla. Llegas con tu novia —amiga, *date*, *free*, o tu peor es nada— y con tu bola de amigos. Primero te sientes súper seguro; de hecho, camino al antro prácticamente eres "el rey de la noche", cantas —más bien aúllas— la cancioncita de moda que, por cierto, pones unas setecientas veces antes de llegar. Hablas del antro como si lo conocieras mejor que la casa de tu abuelita y te sientes el galán de moda —efecto alucinógeno del precopeo.

Pero esa sensación está a punto de terminar. Cuando caminas hacia la cadena vas tan seguro que más que caminar flotas, alzas la mano para que el cuate de la puerta te vea, así como de: "Aquí está el príncipe". Y en el remoto caso de que te llegue a ver, te ignora, ¡se voltea como si no existieras! Ahí comienza la "antromorfosis".

De volada volteas a ver a tu chava: "JE, JE, JE... seguro este idiota no me vio". Vuelves a levantar la mano; esta vez te paras de puntitas. Ahora ni siquiera te voltean a ver.

Cuando menos te lo imaginas, estás frente a una bola de gente que más bien parece manada de bueyes. Lo peor es que tú eres el buey de hasta atrás. En ese punto empieza la "conquista de la cadena".

En esta etapa te metes como humedad —por cualquier rinconcito— con todo y niña, a quien todos pisan. Es tal tu afán por llegar a la cadena que la traes como si estuvieras jugando a las coleadas en primaria.

Después de quince empujones, tres sobadas a tu novia (posible exnovia) y un arrimón a ti, quedas estacionado a la mitad del trayecto. En ese punto, das gracias a todos los santos de que te acordaste de ponerte desodorante (después de 5 minutos de calor humano empiezas a emitir unos olores que te recuerdan que ni con mordida pasas la verificación).

El cadenero
(se oye como de ultratumba)

Estás perdido entre siete mil gritos tipo: "¡Mike!, ¡Mike!, ¡Mike!", y Mike no pela. Se dice que uno de los requisitos para contratar a un cadenero es que sea sordo. En fin, el caso es que estás tan cerca del cuate de enfrente que ya te aprendiste cada costura de su camisa. Entonces decides hacer un nuevo intento.

Llegas con los monos de la entrada y no te dirigen ni una sola mirada; ven como al infinito y más allá. Quizá meditan, no lo sabemos. Para que te deje entrar le gritas que eres amigo de toda la gente que has conocido en tu vida. ¡Por fin te pelan! "Somos dos parejas y un hombre solo." El cuate tiene como seis respuestas básicas: "Aguántame", "Está lleno", "Hoy no puedes entrar porque hay evento privado", "Necesitas venir con pareja", o de plano: "Es un lugar sólo para socios". ¡Por favor! Sabes que dos argentinas que llegaron ayer al país acaban de entrar. "¿Qué?", "¿Son socias?", "Se inscribieron en línea?"

Te enojas, mientas todo lo mentable, te desesperas, les gritas y piensas: "Soy el único que no pasó". Tu autoestima se baja cañón. Te da coraje y piensas: "¿Por qué le voy a rogar a este güey con poder?" Te vas, más que por convicción por orgullo. Pero eso sí, cuando tus amigos te preguntan: "¿Cómo te fue?" dices cosas como: "El antro estaba aburrido y me salí", o "Estaba llenísima la cadena y me dio flojera".

El rollo es que, como puedes ser de los que siempre pasan rápido, también puedes convertirte en víctima de esta pesadilla.

Entrevistamos a dos experimentados porteros para que nos dieran algunos tips:

¿A quiénes dejas pasar?

Chepe: Parejas y mujeres solas. Un lugar con niñas guapas siempre será un éxito. En los antros se manejan mucho las reservaciones, el ego y el estatus.

¿Si la persona tiene dinero seguro pasa?

Popeye: Puede ser una persona con mucho dinero, pero si es de un círculo que no tiene nada que ver con los que están adentro, no pasa.

Si son hombres solos, ¿no los dejan entrar?

Chepe: Los hombres tienen que llevar pareja. Si van cinco hombres solos jamás entran, a menos que sean súper clientes.

Como hombre, si llevas una niña guapa, ¿entras?

Popeye: Claro que sí, y si el chavo está guapo y la niña no está bien, dices: "Pues también las niñas quieren ver niños guapos".

¿No les parece poco ético este asunto de catalogar así a la gente?

Popeye: Los jefes de puerta somos odiados o muy queridos. Detrás de nosotros están los dueños, solamente somos unos títeres pero sabemos hacerlo bien. Es nuestra chamba.

Cuando una pareja lleva una hora parada en la cadena, ¿hay posibilidades de que pase?

Chepe: Después de mucho tiempo de verlos parados, te preocupa que sigan afuera. Si una parejita que está "destinada" a no entrar permanece tranquila y no ha armado ninguna bronca, aunque el lugar esté lleno los paso.

¿Aceptan mordidas para pasar?

Chepe: Por lo general nadie da propina y eso no nos preocupa. Ganamos bien y nuestra chamba es tratar bien a todos.

Popeye: La mayoría de los cadeneros no la aceptan, te quemas y terminan corriéndote. Algunos clientes dan una propina al salir, esperando que la próxima vez te acuerdes de ellos.

¿Y te acuerdas?

Popeye: Sí, claro, intentas darles el mejor trato posible siempre y cuando sean gente para el lugar, y el *cover* no esté atascado. Además, si un día te dieron una propina a la salida es porque entraron, y si entraron es porque son gente para el lugar.

Cuándo dices: "No entras", ¿realmente no hay posibilidad?

Chepe: En la mayoría de los casos no, y lo dices para que no pierdan su tiempo y se ahorren la espera. Cuando se portan agresivos no entran ni por equivocación. Si así se ponen afuera, ¡imagínate adentro con dos o tres chupes!

¿Alguna vez les han impedido la entrada a un antro? ¿Saben que se siente?

Chepe: No, la verdad no porque conocemos a todos los cadeneros de los antros; somos como una familia.

¿Y cómo se sentirían?

Popeye: Pues igual que todos, horrible, pero tienes que ir a lugares donde va tu estilo de gente y entender que la persona frente a ti sigue órdenes.

¿QUÉ TRUCOS HAY PARA ENTRAR?

Chepe y Popeye: más que trucos son recomendaciones:

1. No desesperes al de la cadena; dile cuántos son y recuérdale de vez en cuando.
2. Nunca te pongas agresivo.
3. La frase: "Somos tantos... te encargo cuando puedas", ayuda mucho.
4. Si en la cadena no te pelan porque hay mucha gente gritando, pásale una tarjeta que diga quién eres y cuántos son. El cadenero por lo menos buscará de dónde viene.
5. Nunca llegues muy temprano. Los primeros que llegan a la cadena, así como que a barrer, por lo general no entran.
6. Como en todo negocio, si vas seguido al mismo lugar será más fácil hacerte cliente.
7. Nunca llegues borracho #precopeoleve
8. Si son sólo hombres, busquen a unas niñas antes de llegar a la cadena. Pregúntenles si pueden entrar con ellas. Igual y hasta se las ligan.

Como ves, irte de reventón puede ser a veces más difícil de lo que parece. Si no entras al antro que quieres ni te preocupes; nadie es más ni menos por entrar o no a un lugar.

Generalmente, los cadeneros cumplen con su trabajo, aunque no faltan los súper gandallas.

Es importante que ubiques que hay lugares para todos los estilos: rockeros, fresas, electrónicos, hipsters, geeks, pandrosos, salseros y demás. Lo mejor es que vayas al lugar que sea tu onda, pues así te sentirás más a gusto, tendrás menos broncas y te la pasarás mejor.

En el antro

El paraíso

Una vez que san Pedro, alias "el cadenero", te abre las puertas doradas, entras al mundo de las nubes. Ves un túnel largo y al final una luz: así son casi todos los antros. Pero a diferencia de lo que te dicen cuando estás a punto de estirar la pata ("¡No camines a la luz!"), aquí se recomienda todo lo contrario: "Camina hacia la luz, ¡ve hacia ella!", y así caminando de repente encuentras "el paraíso". Ves ángeles que bailan arriba de las bocinas —bueno, son chavas normales, pero con minifalda y en la oscuridad se ven como ángeles.

Tus seres queridos se encuentran reunidos —o sea tus brothers, chiles, amigos—, se escucha música celestial —el **top ten** que bajaste la semana pasada— y la barra se ve milagrosamente atractiva. Volteas hacia arriba y ves a un ser al que le sale luz por detrás, preguntas: "¿Es el Señor?" "No, es el *DJ*", te contesta uno de los meseros, a los que confundes con arcángeles porque todos están de blanco.

El purgatorio

Cuando crees que todo eso ya es tuyo, un emisario del cielo (empleado de seguridad), te manda al purgatorio, alias el *cover*, donde tienes que pagar para acceder al paraíso. Aquí empiezan las broncas. Primero, te impresionas con el precio, luego no te alcanza, no pasa la tarjeta, no encuentras los papelitos de descuento que guardaste en la tarde; bueno, hasta preguntas si no hay promoción de autosardina. En fin, que en el purgatorio te vuelves loco.

Hay noches en las que te encuentras a todo mundo, te ligas una chava, te la pasas excelente con tus amigos, ves a tu ex sola —de hecho te da gusto—, y hasta te invitan unos drinks de la casa. Pero hay otras en que terminas solo sentado en la mesa, callado y aburrido, haciendo tiempo para ver si en algún momento, milagrosamente, te empiezas a divertir como los demás. Ahora que si además de eso tu ex está con uno de tus mejores examigos, el cuate de la mesa de al lado que mide dos metros, te quiere romper la cara porque te le quedaste viendo un segundo y medio a su novia, tu teléfono no tiene internet y tus cuates te dejaron solo con la cuenta. Estás en el infierno.

Hablando en serio, hay muchos detalles que debes checar en un antro para que no te "engañen".

- **QBL.** Revisa tu cuenta. Hay meseros que te meten submarinos o caballitos —chupes que nadie se tomó— y te los cobran al final; una de cada tres cuentas está mal.
- **QBL.** Nunca te pelees con los del antro —meseros, gerente, *bartenders* o los de seguridad. A la hora que el asunto se pone feo, ellos son muchos y hacen equipo, o sea que tienes las de perder.
- **QBL.** Exige el trato y la calidad de servicio que te mereces; hasta cuando compras una Tutsi-pop en el baño te deben tratar bien.
- **QBL.** Cuando pidan una botella o un chupe, asegúrate de que lo puedan pagar y compara el precio de la lista con el que te cobren al final. Si pides una botella con pirotecnia, ¡aléjate de las chispas!
- **QBL.** Si vas a tomar mejor vete en taxi, Uber, carroza o cualquier otro medio en el que tú no manejes. Si sales medio servido (por mínimo que sea) deja tu coche ahí y pide uno de estos servicios. La causa #1 de muerte en adolescentes son accidentes automovilísticos a causa del alcohol. Cada semana en México mueren 100 personas en accidentes viales. #notelajuegues
- **QBL.** Si quieres ligarte a una chava, siéntate cerca de su mesa. Es la mejor estrategia.
- **QBL.** No dejes que tu tarjeta de crédito desaparezca por mucho tiempo. Ya casi en todos lados manejan la maquinita que

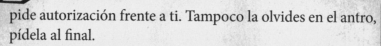

pide autorización frente a ti. Tampoco la olvides en el antro, pídela al final.

QBL Cuando llegues da dos vueltas de reconocimiento. Primero, para ver qué —niñas— hay, y segundo, para que ellas te vean. Sabrás a quién le lates y quizá se peleen por ti.

QBL En tu mesa designen a un amigo para que sea el único que le ordene al mesero botellas; si no, después otros vecinos o cuates "x" piden algo que te ensartan en la cuenta.

QBL Cuando hay barra libre, los antros, para ahorrar, dan alcohol de súper mala calidad. Ten cuidado con el número de chupes que tomas porque te pegan el doble. Es bueno pedir cerveza porque la destapan frente a ti.

QBL Hay muchas botellas adulteradas. Cuando pidas una, revisa que esté bien cerrada, que tenga marbete y las etiquetas originales con los sellos de seguridad.

QBL Si tu amigo canta "Oaxaca" en el baño, no seas gandalla y deja a la persona que limpia el baño una buena propina.

QBL La pasarela de mujeres está en el camino a los baños. Siéntate cerca de ellos, no huele a nada. Todas pasan por ahí y, si el lugar se atasca… pues el baño te queda muy cerca.

QBL Y por favor, nunca de los nuncas le compres un peluchito en el baño a la niña que te gusta. Es lo más "chafa" del mundo.

DEBES SABER EL MITO DEL ÉTER. SE DICE QUE EN LAS BARRAS LIBRES USAN HIELOS CON ÉTER PARA QUE LA GENTE SE PONGA JARRA MÁS RÁPIDO Y TOME MENOS. LA VERDAD ES QUE, AUNQUE EL ÉTER ES UN DEPRESOR QUE PUEDE LOGRAR ESA REACCIÓN, NO SE USA EN LOS HIELOS DE LOS ANTROS PORQUE ES MUY CARO. SERÍA MÁS BARATO DAR ALCOHOL DE BUENA CALIDAD. ASÍ QUE LO QUE HACEN MUCHOS ANTROS ES DARTE ALCOHOL CHAFA, Y LES DA LO MISMO QUÉ CANTIDAD TOMES.

El chupe, los drinks, la pe...
y las tranquizas

Son más de las cuatro de la mañana y mi papá cree que estoy dormido. Pienso: "La fiesta está muy buena y un regaño de mi jefe no es tan grave. Además, ¿qué puede pasar, si en la graduación están todos mis cuates?"

Salimos a buscar el coche y me doy cuenta de que olvidamos las llaves. Jugamos un piedra, papel o tijera para ver a quién le toca regresarse. Gano, así que va Soto. No sabía que el que perdía era yo.

Cansado, con unos chupes encima, me quedo solo y me siento en la banqueta. Se acercan cuatro tipos. Por la forma en que visten, traje y smoking, supongo que salen de fiesta. En mi vida los he visto. Para molestar, me empiezan a decir cosas. Les contesto: "Ya, no sean mala copa, váyanse de aquí", y uno de ellos me empuja, trato de correr hacia la fiesta de graduación pero una patada me tira. Cuando intento pararme siento un madrazo en la cara. El pómulo y la nariz me crujen y vuelvo a caer. Las patadas continúan sin parar, la mayoría en la cara. Quedo inconsciente.

Al día siguiente me llevan al hospital. Veintisiete fracturas en la cara y estoy a punto de perder el ojo; está suelto, sólo lo detiene la hinchazón. Hay una astilla muy cerca del cerebro. Mi vida peligra.

Cinco placas de titanio y me reconstruyen por completo la cara. Antes de entrar al quirófano, quedan grabadas en mi mente las caras de angustia y tristeza de mis papás.

Esto que le pasó a "Schuster" (gracias a él se creó la organización Convivencia Sin Violencia en México), te puede pasar a ti y a cualquiera en fiestas, bares y antros de cualquier región del país, porque son lugares en donde coinciden los tres factores que hacen que exploten las tranquizas: niñas, niños y chupe. Una cosa son las broncas en la escuela, y otra muy diferente es cuando ya hay alcohol de por medio.

Datos duros

El alcohol es el principal detonador de violencia y accidentes entre los chavos. ¿Sabías que cada año 15 000 jóvenes de entre 14 y 29 años mueren en México por estos problemas (según datos de CONAPRA)? ¿Y que el alcohol representa la cuarta causa de muerte en el mundo?

Es chistoso, pero entre más chicos, más broncas. Cuando entras a la universidad, el rollo de las tranquizas baja muchísimo.

También es un hecho que, si le están dando a tu amigo, te prendes. En esos casos, bronquearte es como un signo de amistad.

Focos rojos

1. Si al entrar a un antro sientes un ambiente raro o pesado, mejor salte.
2. Ve siempre acompañado de tus amigos.
3. Si te pasas de chupes, pide que te lleven a tu casa.
4. Si andas triste o enojado, no tomes porque seguro te pones mala copa.
5. Cuidado con las niñas provocadoras de broncas, no las peles.
6. No te metas con nadie ni provoques. Nunca sabes con quién te metes y qué trae debajo de su chamarra o bajo el asiento de su coche.
7. Si alguien choca contigo o te provoca, no le hagas caso. Avisa al personal de seguridad o vete del lugar.
8. Si cerca de ti hay tipos raros con ganas de pelear o mala copa, cámbiate de lugar. Si algún amigo se mete en una bronca y de verdad lo estimas, sepáralo. Si la situación no se aliviana, llévatelo.

9. Una cosa es tomar alcohol y otra es que el alcohol te tome a ti. ¡Cuídate!

/////////////////////////

Siempre es más maduro y valioso un adolescente que se controla y sabe lidiar con las situaciones difíciles, mucho más que el que se prende y acaba golpeado y humillado.

No olvides que la violencia denigra y es la defensa del débil. Toda acción tiene una consecuencia, no te expongas.

De todas maneras pierdes

Todos hemos oído de peleas muy serias donde alguien termina en el hospital, con alguna incapacidad o hasta muerto; peleas en las que son muchos los cuates contra uno solo, o peor aún, cuando alguien saca una pistola. Che-k que cuando las broncas se ponen así de gruesas siempre pierdes, y si se combinan con alcohol pierdes más, independientemente del lado en que estés:

Si eres quien empezó la bronca, seguro te esperan algunas de estas opciones:
- Remordimiento.
- Demanda penal.
- Antecedentes penales.
- Posibilidad de cárcel.
- Miedo.
- Cero paz.
- Venganza.

Si eres el agredido:
- Humillación.
- Cicatrices.
- Lesiones físicas y psicológicas.
- Daños irreversibles.
- Cirugías.
- Pérdida de autoestima.
- Sufrimiento de tu familia.
- Final trágico.
- Posibilidad de muerte.

Si has vivido algo similar o quieres evitarlo, ingresa a:
Convivencia Sin Violencia www.csv.org.mx

RAYITAS Y HOYITOS, O LO QUE ES LO MISMO:
TATUAJES Y PIERCINGS

El rollo del **BODY PIERCING**, también conocido como las famosas "perfos", es cada vez más popular. No conformes con los orificios que tenemos en el cuerpo —algunos más escondidos que otros—, mucha gente busca hacerse un hoyito extra para colgarse algo: aretes, joyería, balines y hasta ganchos para la ropa.

Los *piercings* se ponen en el cuerpo desde hace siglos. Quizás tu abuelita tenía uno y jamás te lo enseñó. Ahora se ponen en cejas, labios, lengua, orejas, cintura baja, ombligo, mejillas, pezones, ¡ouch! y genitales... ¡mega ouch!

También existen expansiones, que consisten en estirar la piel y dejarte un hoyo tipo Cañón del Sumidero. Están los implantes, que son algo mucho más *heavy,* son piezas de plástico biocompatible (teflón) que te introducen en la piel para formar protuberancias y quedar como primo de Frankenstein.

Por otro lado, están los tatuajes. Los hay de todo tipo (ponle acento de vendedor de tianguis):

Llévelos, llévelos güerito, hay de dragones, rosas, vírgenes (esos últimos cuestan más trabajo), *tribales, cruces, letras chinas* (aunque no sepas lo que dicen), *corazones, serpientes y escaleras. Lleve, ¡lleve su tatiu! Bara, bara. Ándele marchante, ahorita tenemos el 2 x 1, se lleva usted el nombre de su novia y después de un rato se convierte en el de su ex novia...*

Lleve el de fantasía, henna o estampita, para el niño de la casa. Anímese sin compromiso, llévese aunque sea esta lagartijita en el tobillo... namás pa' que pruebe.

Antes se tatuaba a los ladrones, asesinos y demás "chuladas" que metían a la cárcel, para identificarlos por siempre. Y como antes no había rayo láser para quitarlos, pues ahora sí que los marcaban como producto del súper, con todo y su código de barras.

Hoy en día —y de noche también—, la gente que los usa lo hace como un rollo muy personal para distinguirse de los demás. Es como una forma de decirle al mundo quiénes son, de dónde vienen, a qué grupo pertenecen o simplemente porque les gustan o están de moda.

Los tatuajes y *piercings* se consideran una forma de arte en el cuerpo. Aquí los tatuadores y perforadores llegan a ser unos verdaderos artistas, hasta con tendencias tipo Picasso y Frida Kahlo, porque te van a "picar" y te va a "calar" y como prueba basta ver uno de los cientos de realities que hay sobre tatuajes.

El asunto es que aunque puede estar de moda, verse cool (ser de lo más normal hoy en día) y mucha gente los usa, para algunas personas todavía tiene como un rollo negativo: piensan que quienes usan este tipo de adornos, que no son precisamente navideños, son personas rebeldes, violentas, depresivas o que de plano se meten de todo.

Lógicamente esto te puede causar broncas con tus papás, con los papás de tus amigos, en la escuela, con tus suegros —a menos que tu suegro toque la batería en un grupo de rock progresivo—; es más, hasta puede ser que no te den un trabajo sólo por eso. Evalúa tu situación y decide.

Si decides ponerte uno y lo haces en un lugar higiénico y profesional, no debes tener ningún problema de salud.

Las perforaciones terminan por cerrarse cuando te quitas la pieza.

También algunos tatoos y piercings chicos, en lugares estra-tégicos, pueden no notarse mucho y evitarte cualquier bronca. Ahora que si tu tatuaje es de 30 centímetros y lo tienes en la cara, va a estar muy cañón que no se note, a menos que seas "El hijo del Santo".

Piensa muy bien si decides ponerte un adorno de este tipo. ¿Es sólo por calentura/moda o porque estás convencido? En caso de que decidas hacerlo, te recomendamos lo siguiente:

- Platícalo con tus papás, de preferencia antes de ponértelo. Diles las razones por las que quieres hacerlo. A ver si los convences. Seguro se van a enojar menos que si un día llegas con el trabajito ya hecho.
- No dejes que nadie te presione, hazlo porque estás conven-cido. No lo decidas cuando estés súper triste o durante una jarra, así de: "Nos acabamos esta botella y nos hacemos todos un tatoo, ¿va?"
- Asegúrate de que la persona que te lo haga sea profesional, o sea que esteriliza el equipo en autoclave (esterilizador con base en el vapor y la presión) y las agujas están cerradas y nuevas. Checa si se lava las manos antes de empezar y si usa guantes esterilizados. Debe tirar la tinta que le queda después de cada paciente, usar tinta vegetal, no como la de las plumas de escribir; te debe dar instrucciones escritas sobre lo que tienes que hacer después y, por último, revisa que tenga un permiso de la Secretaría de Salud colgado y a la vista. Sólo los profesionales se registran, y más profesional será si rechaza trabajar con menores de 18 años sin el permiso de sus jefes.
- Si te vas a poner un arete, usa joyería de acero inoxidable, oro de 14 kilates o titanio. Evita cualquier cosa que tenga níquel.
- No vayas a visitar a tu abuelita: puedes provocarle un paro cardiaco o, en su defecto, "envidia", y al rato imagínatela con dos arracadas en la nariz.

¿Cuáles son los riesgos?

OBL. Como te pican la piel, las dos formas de arte en el cuerpo te pueden causar una infección, aun cuando sigas todos los cuidados. Esto se nota si la piel se inflama, se pone roja o te duele.

OBL. Puedes tener una reacción alérgica y desarrollar una cicatriz queloide, de esas que se ven como gusano.

OBL. Puedes donar sangre hasta pasado un año de habértelo hecho.

OBL. Puedes contraer tétanos, hepatitis B y C, y SIDA. ¡Checa bien la higiene!

OBL. Si te pones un arete en la lengua puede ser que un día te lo tragues (por lo menos échale sal).

OBL. Si te pones un piercing en los genitales el condón se puede romper fácilmente.

OBL. No es cierto que si te tomas unos chupes te duele menos. Es pésima idea; el alcohol y las drogas hacen que sangres más y pueden echar a perder el diseño del tatuaje.

Tabla de dolor

Platicamos con chicos que se han hecho varias perforaciones y tatuajes, y aquí están los resultados. La base es del 1 al 5, de menor a mayor dolor:

PIERCING

Ceja: ◯

Lengua: ◯

Labio: ◯

Ombligo: ◯ ◯

(evita un aretito en esta zona, a menos que quieras verte muy "coqueto").

Nariz: ◯ ◯ ◯

Genitales: ◯ ◯ ◯ ◯

Pezón: ◯ ◯ ◯ ◯ ◯

TATUAJE

Brazo: ◩

Espalda: ◩

Tobillo: ◩ ◩

Muñeca: ◩ ◩ ◩ ◩

Manos: ◩ ◩ ◩ ◩

Codo: ◩ ◩ ◩ ◩

Cuello: ◩ ◩ ◩ ◩ ◩

(si es en el cuello de otra persona, bájalo a 1).

Si estás convencido, vas. Si no te sientes muy seguro el asunto puede esperar. Piensa bien las cosas antes de hacer algo definitivo. Aunque ya lo dijimos, el hoyito con el tiempo se cierra y el dibujo te lo pueden quitar con láser, pero la piel siempre queda como rara, sin olvidar que duele y no es barato.

EL DINERO, LA LANA, EL BILLETE, EL VARO…

…o como quieras decirle. De chico lo encontrabas en diferentes presentaciones:

- **OBL.** El "domingo" que te daban tus papás.
- **OBL.** El dinerito que algún tío te daba cuando iba a tu casa, quien por alguna inexplicable razón era tu tío favorito.
- **OBL.** El estire y afloje de las negociaciones macroeconómicas con el ratón de los dientes.
- **OBL.** Lo que tu madrina o tu abuelita te daba en tu cumpleaños: "Pa' que te compres algo, mijito".

Cuando creces, como ya te diste cuenta, las cosas cambian. Por eso es importante que sepas un poco más del dinero y su valor. Sí, el dinero es importante, pero no lo es todo en la vida. El dinero es un medio que te ayuda a ganar independencia, libertad y autosuficiencia. También, en algunos aspectos, funciona para estar más tranquilo y resolver ciertas situaciones de la vida. Con dinero puedes comprar muchas cosas, menos la más importante: la felicidad.

Hay personas mega millonarias rodeadas de yates, aviones, casas y doscientos trajes para ponerse en un mismo día, pero son súper infelices. Se sienten solas y vacías. Toda su vida la ocuparon en hacer dinero y se les olvidó cultivar cosas como el amor de una pareja, de sus hijos o buscar y frecuentar a los verdaderos amigos. Darían cualquier cosa a cambio de sentirse realmente felices por un rato.

Por otro lado, hay personas que apenas tienen lo suficiente para vivir. Sin embargo, tienen todo lo que el dinero no puede comprar y son muy felices.

Aléjate de la gente que cree que tener dinero te da valor como persona o te hace más o menos importante. Una persona vale por lo que es y no por lo que tiene.

Si tienes la suerte de que en tu casa no hay problemas económicos, debes ser consciente de que eso no te pone por encima de nadie. Para que la gente te llegue a respetar de verdad, tienes que aprender a ganarte el dinero por ti mismo.

Pero si en tu casa hay problemas económicos, es bueno que sepas que nadie, por más rico que sea, es más valioso que tú.

El dinero es fruto del trabajo, de la preparación y del ahorro. Desear algo que no tienes —sin obsesionarte—, puede servirte de motivación para trabajar y conseguirlo.

Ahorrar

Cuando andas muy roto (sin lana), seguro piensas: "¿Por qué me compré tres playeras en lugar de una?", "Por lucidito le pagué el café a la niña —que ni me gusta tanto—, y ya me quedé sin lana", "¿Cómo le haré para ir al antro?"

Cuando esto te pasa, sólo piensas en cómo conseguir dinero. Romper el cochinito de tu hermana no es opción, es más bajo que… que… no, no hay nada más bajo, así que lo primero que tienes que hacer es aprender a ahorrar.

Aunque el rollo de las alcancías es como de chiquitos, es la base perfecta hasta para las cuentas bancarias millonarias. Fíjate, tienes que meter lana, ser constante y en un acto de desesperación pues no es fácil sacar el dinero (bueno, los pasadores ayudan para sacar los billetes). Ya hablando en serio, el hábito del ahorro es excelente, pues cuando decides romper tu alcancía —por decirlo de alguna manera—, realmente sabes el valor del ahorro y lo haces porque necesitas algo en verdad importante. Éste es el objetivo del ahorro: guardar el dinero para usarlo en una emergencia o en una cosa importante.

Para empezar a juntar dinero sin quedarte en ceros, aplica lo siguiente: cada vez que tengas cierta cantidad, toma un porcentaje y guárdalo. Ojo, ese dinero es intocable; si no, nada más te haces güey. Vas a ver que así, sin que te pegue tanto, cuando menos lo imagines tendrás "unos centavitos", como dicen las abuelitas, o algunos "ahorritos", como dicen tus papás, o bien como dices tú: "billete".

Después, la tocada es abrir una cuenta de banco, especialmente si ya te sientes ridículo con tu alcancía de pececito. Recuerda que los bancos no sólo guardan tu dinero, sino que lo hacen crecer. Parece anuncio de la tele, pero es neta.

Hoy en día, hay muchas cuentas para jóvenes con promociones y facilidades, pensadas especialmente para tus gustos y necesidades. También puedes meter tu dinero a plazo fijo en el banco. Esto indica que no lo puedes sacar por algún tiempo: un día, siete, catorce o veintiocho... hasta meses. Entre más tiempo lo dejas, más dinero produce. Si no lo tocas, poco a poco tendrás más. Algo es algo. De igual manera hay apps que te ayudan a ver en qué gastas y en qué puedes ahorrar.

El ahorro es muy importante para tener una economía estable; pero cuidado, no te vayas a convertir en un tipo súper codo, que se ahorra hasta el saludo.

¿CÓMO CONSEGUIR TRABAJO?

A veces, para conseguir trabajo te piden tener "x" edad o experiencia que a lo mejor no tienes. Aun así, puedes encontrar trabajos especiales para adolescentes o crear tu propio negocio.

Los trabajos para adolescentes, ya sean completos o de medio tiempo, son una excelente opción; aprendes a ser responsable, disciplinado, te dan experiencia y, al final, te aportan otra cosa muy importante: un cheque. Aquí te damos algunos tips que te pueden funcionar:

- Las vacaciones son el mejor momento para trabajar, jalar, chambear, camellar o como quieras decirle.

- Si quieres o tienes que trabajar en época de clases, nunca dejes que interfiera con tus estudios; tu educación es el ahorro más grande, para después tener el trabajo que quieras.

- Si tu papá o algún familiar tiene un negocio propio, aprovéchalo y pídele trabajo. Es excelente opción.

- Puedes buscar algún trabajo que puedas hacer en tu compu desde tu casa.

- Si en el periódico, en la calle o en línea encuentras una oferta de trabajo que te promete una súper lana invirtiendo muy poco tiempo y haciendo algo súper "x", no hagas caso; todas son trampas y muchas veces ni te pagan.

- Las tiendas departamentales necesitan más empleados en época navideña.

- En tu trabajo siempre haz un poco más de lo que te pidan. Así te conviertes en la primera opción para ocupar un mejor puesto cuando lo necesiten.

- Nunca le faltes al respeto o te burles de la gente para la que trabajas, por lo menos cuando te puedan cachar. Acuérdate de que ellos tienen todas las de ganar y también las de correrte.

- Cuando no sepas algo, pregunta; no importa cuántas veces lo hagas. Es mucho mejor que regarla a cada momento.

- Nunca aceptes un trabajo en el que tengas que hacer algo que te apene o que no sea congruente con tus principios.

- De tu primer sueldo, dale una parte a tu mamá o papá. Se sentirán mega orgullosos y es una muy buena forma de empezar a agradecerles todo lo que han hecho por *ti*.

Cuando manejas, lo haces tan en automático que sientes como si toda la vida lo hubieras hecho, pero cómo olvidar cuando no sabes y te mueres por aprender.

Hay de dos: o aprendes con el coche de un amigo —si tiene el valor de prestártelo, considéralo realmente tu amigo, aunque te haya bajado a dos niñas—, o sigues planeando cómo volarte el coche de tus papás.

Volarte el coche por primera vez equivale a ser parte del CODH (Crimen Organizado del Hogar). Primero, ubicas las llaves; después, viene el famoso: "No hay moros en la costa", que traducido a lenguaje cotidiano es: "No hay vecinos ni nadie que chismee".

Una vez que abres el garaje y prendes el coche —muchos, cuando es de noche, en lugar de prenderlo lo empujan apagado y media cuadra adelante lo prenden para que no los cachen—, la primera bronca que enfrentas es sacarlo de la cochera sin rayarlo. Es tan difícil como jugar con un balero: parece fácil pero es complicadísimo.

Si el coche es estándar, sacar el clutch es uno de los retos más difíciles de tu vida, comparable con hacer una maestría en el extranjero. Ahí comprendes el verdadero significado de la palabra "suave", porque te la dicen mil veces y, por más leve que lo sacas, cuando crees que ya jaló se apaga.

Una vez superada esa prueba empiezas a "manejar", si es que a eso se le puede llamar así. Por lo general no alcanzas los pedales, ni logras ver bien porque el volante te tapa. Cada vez que das vuelta conviertes las esquinas en rampas porque te subes a todas. Y el sólo pensar en que otro coche te pase muy pegadito te pone súper-mega-híper-tenso.

El asunto es que después de este inicio y unas cuantas clasecitas, las cosas cambian. Tu confianza crece, el miedo se olvida y cada vez sientes que dominas más el coche —cuando dices mi nave, en vez de mi coche, ya estás en el nivel del dizque experto.

Poco a poco empiezas a aumentar la velocidad y a sentir el efecto de la adrenalina. Acelerar se vuelve deporte y el "hoy voy a llegar a tanto", se convierte en un reto personal. La bronca es que cuando menos te imaginas pierdes el control. La velocidad es algo súper serio. Lo más fuerte es que agarramos tanta confianza que creemos que todo está bajo control. Para saber un poco de esto entrevistamos a nuestro amigo Jorge Goeters, piloto profesional de autos de carreras.

Gaby y Yordi: ¿A qué edad empezaste a manejar?

Jorge Goeters: Empecé a los 14, mis hermanos y yo nos robábamos el coche de mi abuela, una camioneta Fairmont 1982. Nos la turnábamos.

G y Y: ¿Cómo empezaste a correr profesionalmente?

JG: Primero corrí motos, fui diez veces campeón nacional y gané medallas de oro y plata en los mundiales de Suecia y Alemania. Después decidí que quería más velocidad y me cambié a los autos.

G y Y: En autos, ¿en qué categorías has corrido?

JG: Muchas: la Champ-Car, Grand-Am, Nascar Nextel y Nascar Bush, en la que fui el primer latinoamericano en conseguir la *pole position*. Esa fue mi primera carrera en esa categoría.

G y Y: ¿Cuál es la máxima velocidad a la que has manejado?

JG: 345 kilómetros por hora.

G y Y: ¿Qué se siente?

JG: Padre, sientes la adrenalina al máximo poder. Hay que enfocar la vista para buscar puntos de referencia en la pista. El cuerpo tiembla y te sientes como si tuvieras escalofríos; tu cuerpo se pega al asiento, como si estuvieras en un juego de feria, pero aquí la sensación dura como tres horas.

G y Y: ¿Cuántos años llevas preparándote para correr?

JG: 29.

G y Y: ¿Qué es lo que más te preocupa cuando corres?

JG: Saber que voy a esa velocidad, que no me respondan los frenos y no pare el coche.

G y Y: ¿Te ha sucedido?

JG: Sí. Una vez, entrenando en Kansas City, perdí el control del auto como a 180 millas y me fui contra la barda en seco. El coche fue pérdida total y yo me lastimé mucho.

G y Y: ¿Cómo manejas en la calle?

JG: Súper despacio, no paso de 80 kilómetros por hora porque creo que hoy en día las calles son las pistas más peligrosas del mundo.

G y Y: ¿Por qué?

JG: Porque nunca sabes cuándo se te va a atravesar otro coche o algo que no mida su velocidad. Se cruzan camiones, personas y hasta animales que te pueden descontrolar. Además, los coches de hoy son muy rápidos y tienen muy poca seguridad.

G y Y: ¿Cuál es la diferencia entre las pistas y las calles?

JG: En las pistas todos los compañeros saben lo que hacen. Todos los que corremos somos profesionales y existe una federación que nos realiza pruebas para manejar a esa velocidad con autorización.

G y Y: ¿Qué tiene un piloto profesional que no tengamos los demás?

JG: Concentración absoluta al manejar, muy buenos reflejos adquiridos con el tiempo, prácticas, control del coche al cien por ciento, una visión matemática para calcular espacios, trayectorias y velocidades, una lectura de treinta metros adelante para controlar no sólo lo que pasa con la primera fila de coches al frente, sino también con la segunda, tercera y hasta la cuarta fila. Todo el tiempo sigues aprendiendo, nunca dominas el coche del todo. Como piloto necesitas saber leer el punto débil de tu rival y tener buena condición física, no fumar, no tomar y no desvelarte.

G y Y: ¿Dónde te sientes más seguro, en las pistas o en la calle?

JG: Definitivamente en las pistas. Las calles no están diseñadas para correr. De hecho, en las vías rápidas casi todos los fines de semana hay accidentes fatales y en las pistas es muy raro que sucedan. Además, no importa lo experto que seas: los demás no lo son y nunca sabes qué saldrá de la siguiente calle.

Manejando otro tipo de datos

Como ves, correr es súper peligroso. ¿Sabías que, en México la muerte por accidente de coche es la *causa numero uno* de muerte entre los hombres *jóvenes de 15 a 24 años*? Si no mueren en el instante del choque, fallecen en el hospital o quedan con lesiones severas de por vida. Julián, de 18 años nos platica:

Es sábado en la tarde y voy con mis amigos a casa de unas niñas que nos laten. Adrián dice: "Shot manejar", yo le contesto: "¿Estás pendejo? Es mi coche".

Agarro el volante. Los demás se pelean por los asientos. Le subo al estéreo y empezamos a echar relajo. Es una tarde "x", jamás me imaginé que esa tarde cambiaría mi vida para siempre.

Acelero en unas partes de la canción para jugar, mis amigos se mueren de la risa y me lo festejan. Buen desmadre.

Cada vez acelero más para sentir la adrenalina. De pronto pasamos por un bache que no veo, el coche rebota fuertísimo y todos nos pegamos en el techo. Ninguno tenemos puesto el cinturón de seguridad, nos lastimamos muy fuerte, pero yo no respondo, estoy inconsciente. Alguien que vio el accidente llama a una ambulancia y me llevan al hospital. Después de tres días de exámenes y pruebas, noto raros a los doctores. Me dicen que me lesioné vértebras importantes. Los doctores hablan con mis papás para darles la noticia: no volveré a caminar. A los 18 años estoy inmovilizado del cuello para abajo. Mi nuevo coche es una silla de ruedas.

CUANDO TE SUBAS A UN COCHE RECUERDA LO SIGUIENTE:

- **QBL.** Usa cinturón de seguridad sin importar en qué lugar del coche te sientes: conductor, copiloto o pasajero de atrás. Ese detalle tan sencillo puede salvarte la vida.

- **QBL.** Nunca manejes borracho o si te metiste alguna droga. El cerebro y el cuerpo se entorpecen y tardas más en reaccionar.

- **QBL.** No digas: "Sí paso", para acelerar de inmediato. En la calle que vas a cruzar puede haber otro cuate que piense lo mismo.

- **QBL.** Respeta los señalamientos viales, en especial los relacionados con los límites de velocidad.

- **QBL.** No te distraigas mientras manejas.

- **QBL.** Si alguien se sube contigo pídele que se ponga el cinturón. Si chocan y le pasa algo, tú eres el responsable.

- **QBL.** Trata de no hablar por celular mientras manejas, a menos que uses un manos libres o lo conectes al bluetooth del coche.

- **QBL.** Nunca textees mientras manejas, los peores accidentes se dan en esos 2 segundos que bajas la mirada a la pantalla.

- **QBL.** Bájale a la velocidad cuando llueva o haya neblina. Manejar se vuelve 60 por ciento más peligroso en estas condiciones.

051310

CAPÍTULO 4

QUÍUBOLE CON... MI SEXUALIDAD

"EXO" QUE LLAMAN SEXO

"Tenemos que hablar"

A veces, cuando tus papás quieren hablar contigo, alucinas algunas cosas como:

- **QBL** Que tu papá te abra la puerta con una pregunta como pistola.
- **QBL** Que tu mamá, para saber si tienes novia, te diga: "¿Quién es la suertuda?
- **QBL** Que insistan, insistan e insistan (esto lo hacen insistentemente).
- **QBL** Que usen palabras de tus amigos, dizque para hablar tu idioma.
- **QBL** Que quieran ser tus mejores amigos a la hora de la platicada, pero se conviertan en tus archienemigos a la hora de la castigada.

Aunque algunos chicos tienen muy buena comunicación con sus jefes —y no precisamente porque tengan un grupo en Whatsapp— la mayoría aborrecen y se sienten súper incómodos a la hora de hablar cosas serias con ellos.

Todo empieza porque te revienta que se metan en tus cosas (autos, faje y rock 'n' roll), pero la verdad es que tú eres parte de sus cosas. Además de preocuparles, eres su responsabilidad.

Es un hecho que poco a poco vas a ser más independiente y necesitarás menos de tus papás, pero la adolescencia es una etapa donde todavía faltan un chorro de cosas por aprender.

Cuando tu papá o tu mamá te dicen: "Tengo que hablar contigo", en automático sabes que quieren platicar de algo serio, especialmente de ¡sexo! Cuando escuches esa pregunta, no contestes: "Está bien, ¿qué quieres que te explique, papá?"

A la hora de hablar les cuesta más trabajo que a ti. Piensan diez veces la manera de decírtelo y no saben ni cómo empezar. Un día se deciden, pero ven que tronaste con tu novia, tu equipo de fut perdió y tu delantero favorito metió un autogol, y entonces aplican la retirada pues temen que al iniciar la conversación los ataques cual Doberman.

Lo único que quieren es darte consejos para cuidarte, pero a veces, la neta, con nuestra actitud no los dejamos. Por eso puede ser que no platiquen del tema contigo o lo toquen muy por encimita.

Si lo piensas, es lógico, ya que es muy probable que sus papás no les hayan hablado abiertamente sobre sexo, pues eran temas que se trataban como información clasificada del FBI. Se pensaba que era algo privado o que debería "dar pena", así que es un asunto que traen en la cabeza.

Por otro lado, algunos papás piensan que si hablan contigo de sexo, quizá te presionen para que ya tengas relaciones (o sea que se antoje).

Y tal vez tú sientas que si les preguntas algo sobre el tema, puedan creer que ya tienes relaciones sexuales; aunque esto parezca absurdo, a veces pasa.

Compréndelos, es lo más natural del mundo. Ayúdalos a que se relajen y sé tú quien proponga el tema con naturalidad. Pregúntales tus dudas, escúchalos y pon atención porque no hay nadie en el mundo que te quiera más que ellos. Sólo piensa en los buenos consejos que te pueden dar.

Sabemos que obvio te da mucha pena, pero a ellos les da todavía más, así que ayúdalos.

Una, dos, tres…

Además de los cambios físicos de los que hemos hablado, te habrás dado cuenta de que, de pronto, te llaman la atención mil cosas a las que antes ni caso les hacías. Por ejemplo, antes no veías las bubis de las mujeres —ni siquiera sabías que venían de dos en dos—; ahora, en cambio, no las puedes dejar de ver y hasta tienes tus preferidas.

Antes jugabas apps con la niña linda de tu salón; ahora te la imaginas en escenas xxx contigo. Y estás más prendido que nunca. El significado de "qué asco" evoluciona. Ahora dices: "Qué rico".

En resumen, antes jugabas al doctor con tus amiguitas y hoy sólo quieres "operar".

Lo que pasa es que empiezas a tener sentimientos o dudas sexuales. A lo mejor ahora piensas más seguido en cosas sobre sexo y te prendes fácilmente. Algunos chavos dicen que sienten como si todo su cuerpo se llenara de energía sexual. Otros aseguran que el sexo para ellos no es lo más importante; les laten más los deportes, la computadora, la música o un trabajo.

Y otros han googleado todo tipo de imágenes y videos sexuales.

Como el interés de cada persona hacia el sexo es diferente, es importante no presionar a nadie y que tampoco te presionen a hacer algo para lo que no te sientes preparado o que no quieres hacer.

Puedes explorar el sexo de diversas formas, desde quedarte viendo a una chava y que ella te vea, hasta besarse, acariciarse, abrazarse, tocarse el cuerpo (léase "darse") o tener una relación sexual completa con alguien que te gusta —si no te gusta, también vale.

Tener una relación sexual con alguien es algo padrísimo si la vives consciente de que lo haces, protegido, con la persona que amas y en el momento adecuado. Mantener una relación tan íntima hace que lo que sienten el uno por el otro se vuelva más profundo.

Decidir tener sexo o no, no es fácil. Pero la verdad es que puede ser la experiencia más chida, amorosa, divertida, placentera y cercana que vivas con alguien. Si te obligan a tenerlo, sólo lastimarán tus sentimientos, no te respetarán: puedes embarazar a la niña o contagiarte de una enfermedad como el SIDA (que te puede causar la muerte); si es así, la relación se puede convertir en una pesadilla.

La erección, o lo que es lo mismo: "Una parte de mí tiene vida propia"

¿Has sentido que una parte de ti se despierta antes que las otras? ¿Que algo en tu cuerpo tiene vida propia y, cuando menos te lo imaginas, se te rebela? No mal pienses, es sólo una erección. La erección puede ser tu mejor amiga o tu peor enemiga.

- Cuando te urge que aparezca, es tu mejor amiga.
- Cuando aparece frente a tu suegro, es tu peor enemiga.

En fin, una erección se identifica cuando el pene se hace grande y duro, como si tuvieras un hueso por dentro.

DEBES SABER QUE EL HOMBRE PUEDE LOGRAR UNA ERECCIÓN EN MENOS DE DIEZ SEGUNDOS Y SUS PRIMERAS ERECCIONES OCURREN EN EL ÚLTIMO TRIMESTRE DEL EMBARAZO, CUANDO TODAVÍA ES UN FETO.

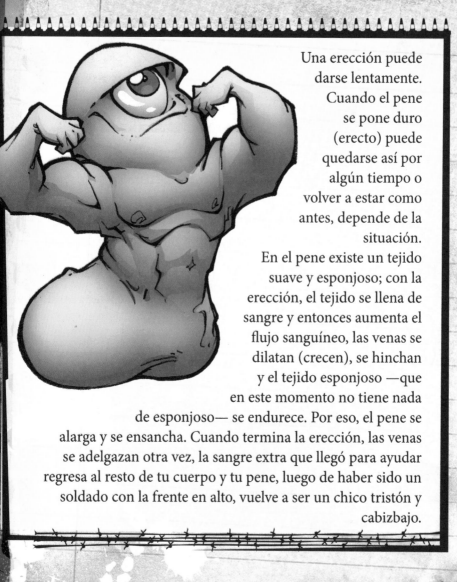

Una erección puede darse lentamente. Cuando el pene se pone duro (erecto) puede quedarse así por algún tiempo o volver a estar como antes, depende de la situación.

En el pene existe un tejido suave y esponjoso; con la erección, el tejido se llena de sangre y entonces aumenta el flujo sanguíneo, las venas se dilatan (crecen), se hinchan y el tejido esponjoso —que en este momento no tiene nada de esponjoso— se endurece. Por eso, el pene se alarga y se ensancha. Cuando termina la erección, las venas se adelgazan otra vez, la sangre extra que llegó para ayudar regresa al resto de tu cuerpo y tu pene, luego de haber sido un soldado con la frente en alto, vuelve a ser un chico tristón y cabizbajo.

¿Cuándo tienes una una erección?

QBL: Muchas veces las erecciones llegan mientras duermes, a veces hasta te esperan a que despiertes para darte la bienvenida. Entonces piensas:"¡Chin! Ya no me acuerdo qué estaba soñando".

- Puedes tener una erección cuando alguien te toca el pene, cuando te sientes sexy, cuando piensas en sexo o en la niña que te gusta, cuando estás nervioso, excitado o cuando ves porno (en internet, videos o revistas). Pero si te prendes hasta con un anuncio de lencería, es porque de plano estás lleno de... pubertad.
- A veces puedes tener una erección "en automático", así nada más, sin motivo o razón. Si tienes una cuando estás con alguien que no es de confianza, conocerás el verdadero significado de la palabra "pena".
- El pene erecto puede colgar hacia abajo, a la izquierda o a la derecha; no te preocupes, no tiene nada que ver con tus preferencias políticas o si eres zurdo.
- Además, un pene erecto puede curvarse hacia arriba, así como trompa de elefantito, hacia la derecha o hacia la izquierda. ¡Todos son normales!

No quiero que se note ¿Qué hago?

Abro los ojos y veo una bola en la cobija; trato de bajarla. Güey, tengo una súper erección. Meto la mano y, nada más de tocarla, sé que tardará un buen en volver a la normalidad.

Mis primas se quedaron a dormir y oigo que vienen a mi cuarto. ¡En la madre! Ya están casi en la puerta y yo con esta tienda de campaña. Antes de que entren me hago como de ladito para que no se den cuenta.

—Ya levántate, Jorge.

—Ay, al rato—, les digo, pero la verdad es que todavía no puedo. Se siente de la fregada.

—Eres un flojo—, me dicen mientras se salen del cuarto.

Jorge

Es horrible tener una erección cuando menos te lo imaginas, así que ahí te van unos tips para enfrentar lo inevitable:

QBL. Usa pantalones anchos y camisas largas.

QBL. Maneja el "resortazo": atora el pene con el resorte de tus calzones hacia arriba; si lo haces hacia abajo, ¡auch!, corres el riesgo de que te lo enyesen.

QBL. Tápate con tu cuaderno o con un libro; si de plano estás muy potente, piensa en llevar siempre tu bloc de dibujo.

QBL. Siéntate y abraza el típico cojín. No te lo pegues mucho, el cojín no tiene la culpa.

QBL. Mete las manos en las bolsas para disimular, sólo que no lo roces mucho porque menos se baja.

QBL. Amárrate una sudadera a la cintura y deja que las mangas tapen a Tritón, Sansón o como le hayas puesto.

QBL. Piensa en algo que repeles, como tu exsuegra o la moronga.

QBL. Piensa que tú te das más cuenta que los demás.

QBL. Quita esa cara de angustia, porque entonces sí todos lo notan.

QBL. Ojo: si no quieres que te descubran, no es un buen momento para bailar pegaditos.

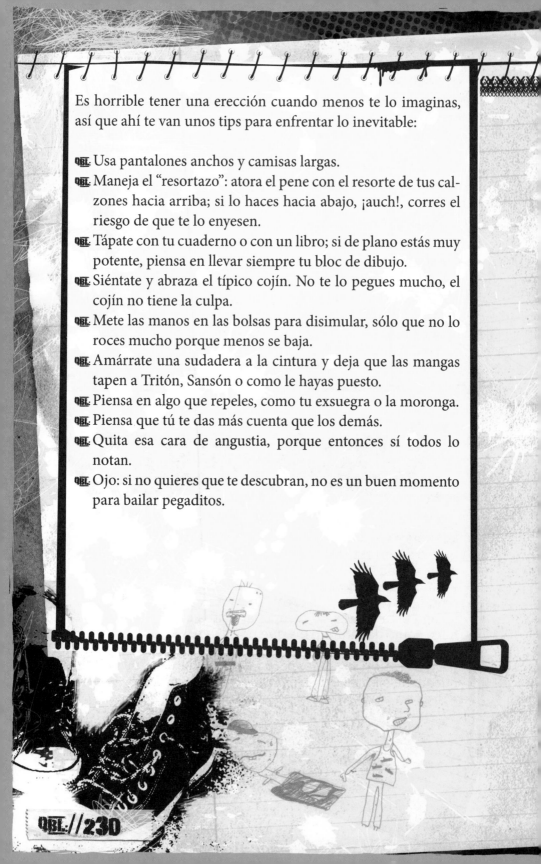

La erección es señal de que tu cuerpo responde a los sentimientos o pensamientos sexuales; o sea que la escena de una película o la fantasía de estar con alguien que te súper encanta pueden provocar que tengas una erección y además una eyaculación.

Cuando eyaculas explotas, revientas o como le quieras decir: sueltas esperma.

Los espermatozoides, como hemos dicho, se crean en los testículos y maduran en los tubitos que salen por la parte de arriba de los testículos.

Cuando un hombre eyacula, los espermatozoides más madurones viajan al cuerpo por otra serie de tubos donde se mezclan con otros fluidos. Es algo parecido a la entrada de una gran avenida, tipo Avenida de la Eyaculación. Esta mezcla se llama semen o esperma, y después sale por la misma puerta por donde haces pipí.

Lo que un hombre eyacula es más o menos una cucharita de semen blanco y cremoso que tiene unos trescientos millones de espermatozoides.

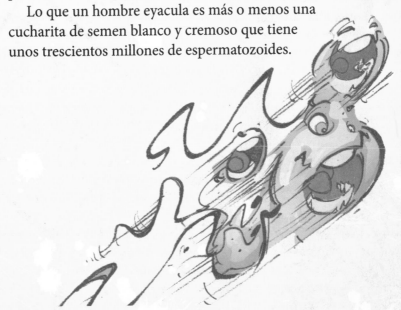

- Durante la pubertad, un niño empieza a producir esperma y continúa haciéndolo casi toda su vida. O sea que el hombre y su esperma van a ser grandes amigos.

- Noventa por ciento de los niños tiene su primera eyaculación entre los 11 y los 15 años.

- Si formaras una fila con quinientos espermatozoides, la línea mediría unos dos centímetros. Lo difícil es que los convenzas de que se formen.

- Un hombre promedio fabrica de 10 a 30 billones de espermatozoides al mes. Unos 72 millones diarios, sin intereses, así que ¡eres millonario!

- El esperma no se acaba, ni lo puedes usar todo. Tu cuerpo es como un Oxxo, Xtra o un 7eleven: trabaja las 24 horas y siempre está produciendo más.

- Los espermatozoides tardan de dos y medio a tres meses en fabricarse, a menos de que tus kiwis se pongan en huelga.

45 KM

DEBES SABER QUE, DURANTE LA EYACULACIÓN, EL SEMEN ALCANZA UNA VELOCIDAD PROMEDIO DE 45 KILÓMETROS POR HORA.

ÓRGANOS REPRODUCTORES INTERNOS

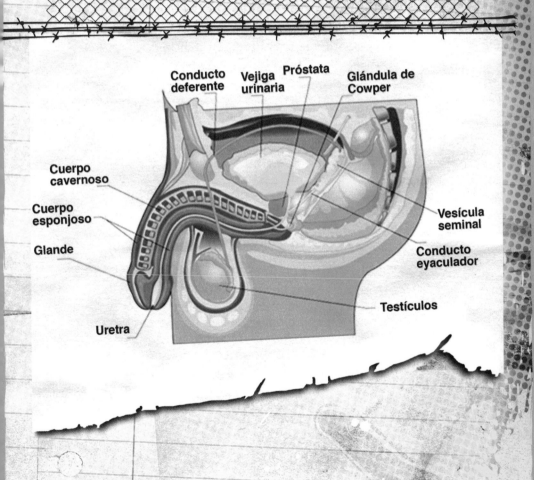

Conducto deferente

Vejiga urinaria

Próstata

Glándula de Cowper

Cuerpo cavernoso

Cuerpo esponjoso

Glande

Vesícula seminal

Conducto eyaculador

Testículos

Uretra

¿Puedo hacer pipí y eyacular al mismo tiempo?

Después de saber que tanto la orina como el semen salen por el mismo tubito (uretra), seguro dices: "¿Qué pex, cómo es esto? ¿Puedo hacer pipí y eyacular al mismo tiempo?" Bueno, pues ni te quiebres la cabeza. La respuesta es no.

Cuando un hombre está a punto de eyacular, se cierra una válvula especial, tipo llave, para prevenir que la orina salga de la vejiga.

Ahora que si puedes hacer las dos cosas al mismo tiempo, seguro te falta una pieza o tienes una fuga. Manda tu caso a Guinness Records para que te apunten en la lista de los casos raros.

NOTA

En nuestras redes, las mujeres nos han pedido que comuniquemos a los hombres lo siguiente:

A todos los hombres:
Por medio de la presente, les suplicamos de la manera más atenta que, cuando vayan a hacer pipí, ¡no salpiquen la tapa del baño!
Se les invita a levantarla antes de hacer y bajarla al terminar, ya que nuestras pompitas se ven impactadas con líquidos que no son de nuestro agrado.
Sin más por el momento, quedamos de ustedes para cualquier duda o aclaración.

Atentamente,
todas las niñas y mujeres salpicadas del mundo

Los espermatozoides: ¡todos para uno y uno para todos!

En sus marcas… listos… ¡fuera!

Cuando eyaculas, millones de espermatozoides salen en busca de su objetivo. Haz de cuenta que están en el Maratón de Nueva York, pero nadando. Todos quieren llegar a la tierra prometida, o más bien, al óvulo prometido.

Los espermatozoides avanzan como en nado sincronizado, todos igualitos. Claro, hay unos más gandallas que otros; se meten la pata —bueno, la cola— y, por supuesto, cada uno busca ser el primero en llegar. Imagínate, tienen que nadar ¡1 700 veces su tamaño!

Los más fuertes avanzan y los debiluchos se van quedando atrás, como competidor crudo en triatlón.

Cuando el primero llega al óvulo, tenemos un ganador: el Súper Espermín y su premio es convertirse en un embrión.

¿Qué son y dónde se fabrican?

Los espermatozoides, como la testosterona, se producen en los testículos. ¡Esta fábrica sí elabora productos de primera necesidad!

Y, como sabes, los espermatozoides son las semillas del hombre, sus células reproductoras.

NOTA

Si te mueres de ganas por ver un espermatozoide, no te quedes contemplando el semen por mil horas; primero, porque vas a parecer tonto y, segundo, porque nunca los vas a ver. Mejor consíguete un buen microscopio y ahí sí verás lo juguetones que son tus micromascotas.

DEBES SABER QUE NINGUNA MUJER SE PUEDE EMBARAZAR POR UN ESPERMATOZOIDE PERDIDO EN UNA ALBERCA. LOS ESPERMATOZOIDES SE MUEREN AL CONTACTO CON EL CLORO. SI SE DEPOSITAN EN UN RECIPIENTE, SU VIDA MÁXIMA ES DE 30 A 45 MINUTOS.

Con este tipo de sueños... no me quiero ni despertar

La chava que te gusta, la foto que viste en internet, los vestidos pegaditos, las güeras con pelo largo, las minifaldas, las bubis redondas y grandes, las piernas largas con tacones, las morenas con ojos claros, los bikinis, los bailecitos sensuales, en fin, todo esto y hasta donde tu imaginación llegue, son los protagonistas de los sueños húmedos.

Es común que algunos niños tengan su primera eyaculación mientras duermen. Así que si cuando te acuestas a dormir tu pijama o tu cama están limpiecitas y en la mañana amanecen medio mojadas, no te saques de onda, es normal. Ahora que si amanecen como de papel ilustración, o sea todas acartonadas, pues lo único que pasó es que ya se secaron.

Los adultos también pueden tener sueños húmedos o *wet dreams*, aunque es más común entre los jóvenes, sobre todo en la pubertad.

Si no tienes sueños húmedos, no te preocupes, también es normal. Cada persona es diferente.

Es posible que los tengas mientras te duermes un ratito en la tarde. De hecho, si te despiertas abrazando apasionadamente un cojín, quizá soñaste que te estabas dando de besos con una súper top model. ¡Pero deja ya de dárselos porque te vas a llenar la boca de pelusa!

También puedes tener una erección espontánea, por ejemplo, al despertar, pero es imposible eyacular así nada más de gratis. Casi siempre la razón por la que un chavo eyacula cuando está despierto es porque se masturba.

A veces sueñas una sexy-aventura digna de película y, cuando despiertas, ya no te acuerdas cómo fue, sientes coraje y tratas de acordarte. No te preocupes, no eres el único hombre al que se le olvidan estos sueños. Incluso muchos niños quisieran grabar sus *wet dreams* en video para su playlist masturbatoria, pero está cañón.

Ahora que si sueñas que nadas y nadas, y te ahogas porque no puedes salir mientras todo mundo se ríe de ti, no es un sueño húmedo, ¡es una pesadilla húmeda!

Las fantasías sexuales

Hay un momento en la vida donde la palabra "fantasía" queda muy lejos de los castillos, los caballos, la luces en el cielo y las princesas; bueno, dos o tres princesas son básicas para las nuevas fantasías (si son gemelas, mejor).

Las fantasías sexuales son una manera de explorar tu sexualidad. Son pensamientos que tú controlas, y no tienes que cumplirlas a menos que quieras.

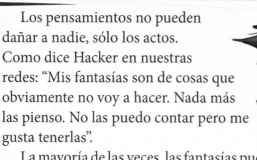

Los pensamientos no pueden dañar a nadie, sólo los actos. Como dice Hacker en nuestras redes: "Mis fantasías son de cosas que obviamente no voy a hacer. Nada más las pienso. No las puedo contar pero me gusta tenerlas".

La mayoría de las veces, las fantasías pueden ser mejores que la realidad. A veces, la gente fantasea sobre algo que le gustaría hacer. Otras, sobre algo que le da pena o que no puede hacer.

Cuando empiezas a experimentar con estos rollos de la sexualidad, es posible que sientas que te enamoras de alguien imposible, tipo la maestra que te encanta; hasta te gustaría que te diera clases particulares para que tú le des una lección. Eso ya es toda una fantasía sexual. Puedes tener una fantasía con la típica rock (pop) star (juras que te llora y canta sólo para ti en el video); o la hermana mayor de tu amigo que cada vez que te pregunta algo, te deshaces. Todas estas fantasías son completamente normales y te dan chance de explorar nuevos sentimientos.

Algunas hombre-fantasías típicas son:

- Seducir a la niña que te gusta y que ella se impresione con tu cuerpo.
- Estar con dos chavas al mismo tiempo.
- Estar con una mujer mayor; nos referimos a hacer el amor, no a la visita dominical a tu abuelita.
- Tener relaciones con niñas de diferentes nacionalidades; no por morbo, sólo para ampliar los horizontes culturales.
- Sexo en línea.
- Cosplay (sexo con una niña disfrazada de tu superheroína favorita).

Existen personas que se preocupan porque sus fantasías son medio raras, o porque creen que quizá algo en ellos está mal.

En esta etapa de tu vida —que es un periodo de transición—, las fantasías pueden ser con alguien de tu mismo sexo: una fantasía homosexual. No te preocupes, de acuerdo con los expertos, el hecho de que esto ocurra no necesariamente significa que seas gay. Puede ser porque estás probando en tu mente sentimientos y posibilidades que difícilmente llevarías al acto. También puede ser que sientas atracción por otros hombres a quienes admiras o con los que te identificas. Simplemente son señales de querer ser como ellos y también de que te gustas a ti mismo.

A menos de que tus fantasías sexuales sean violentas o te preocupen, sería bueno consultar a un profesional. En este caso busca a un psiquiatra o un psicólogo. Por favor, no vayas a intentar buscar a un fantasiólogo.

La masturbación

(Este tema está realizado en visión nocturna, por obvias razones.)

Si alguna vez has visto una crema de tu mamá con otros ojos, si tu mejor confidente es la cobija de tu cama, si te has querido bañar dos veces al día sin haberte ensuciado, si has guardado imágenes en tu celular o revistas como tu bien más preciado o te has encerrado en el baño durante más de treinta minutos y, cuando tus papás te preguntan: "¿Qué haces?", has pensado: "Te juro que no lo quieres saber", entonces ya conoces "la masturbación".

La masturbación es tocar, sobar o estimular tus órganos sexuales. Aproximadamente dos terceras partes de los niños tienen su primera eyaculación mientras se masturban. Seguro has escuchado el término "masturbación" de muchas maneras: "hacerte una chambita", "echarte un mano", "hacerte una chaqueta", "conocer a Manuela", etcétera. Finalmente, todas se refieren a lo mismo.

También seguro te sabes todo tipo de historias sobre la masturbación:

〈🖐〉 Si te pasas, te quedas ciego. De chico, si veías a una persona ciega seguro decías: "Éste sí le dio con todo y sin piedad".

〈🖐〉 Que te salen pelos en la mano. Te preocupaba tener la famosa "mano pachona", y bastar tener que llevar tu mano al peluquero y decirle: "Déjamela casquete corto, por favor".

〈🖐〉 Te salen barros de agua, pero de agua...ntarse las ganas.

Nada de esto es cierto. Si lo fuera, existiría un champú especial para manos peludas con cabello quebrado y todo mundo sería ciego, al grado de que los perros lazarillos se venderían en las agencias de coches. Además, es un hecho que la mayoría de la gente se masturba en algún momento de su vida. La masturbación no siempre te lleva a eyacular.

Las preguntas básicas de la masturbación

¿Muchos jóvenes se masturban?

Sí, muchos chavos y adultos lo hacen. Noventa por ciento se ha masturbado al punto del orgasmo alguna vez en su vida. Algunos comenzaron en la pubertad, otros un poco más grandes. También hay quien nunca se masturba. Es normal si lo haces, y es normal si no lo haces. ¡Ojo! Lo que no es normal es cuando un adolescente se aísla todo el tiempo para masturbarse, ya como una obsesión.

¿Por qué nos masturbamos?

Por dos razones: por la sensación y el placer que se siente y por el desahogo sexual que a veces necesitamos.

¿Qué tan seguido se masturban los jóvenes?

Es muy variable, hay quien lo hace dos veces a la semana. Algunos se masturban una o dos veces al día o una vez a la semana. Otros se masturban menos y también existen los que nunca lo hacen.

¿Qué pasa si te masturbas mucho?

Como dicen los expertos, se considera que te estás masturbando mucho cuando dejas de hacer tus actividades normales, como ir a la escuela, hacer la tarea, ir a alguna clase o estar con tu familia.

Imagínate: "No papá, no puedo ir a casa de mi madrina porque me voy a masturbar al ratito. Pero salúdamela mucho, por favor," o "No reprobé el examen por burro papá. Lo que pasa es que un día antes tenía que masturbarme a las 3, a las 5, a las 7 y a las 9. ¿A qué horas querías que estudiara?"

Fuera de dejar de hacer tus actividades normales no existe el "mucho". Tu cuerpo pone los límites. Si se cansa, no podrás tener otra erección hasta que te recuperes. Si te masturbas demasiado, te dolerá el pene por tanta fricción, pero físicamente no te provoca ningún daño.

¿Si te masturbas mucho se te acaba el esperma?

No se te puede acabar el esperma. Como ya sabes, tu cuerpo produce millones de nuevos espermatozoides cada día, o sea que considérate "millonario" en espermatozoides, pero millonario en serio. Nada más no creas que si los llevas al banco de esperma te van a dar intereses.

¿Es seguro?

Sí. La masturbación es considerada como el sexo más seguro. No hay posibilidad de contagio de ITS (Infecciones de Transmisión Sexual) y, lógicamente, tampoco de embarazos no deseados.

Es seguro, pero lávate las manos, porque si lo haces después de hacerle talacha al motor de un coche, tu pistón se puede infectar.

¿Es normal imaginarte cosas cuando te masturbas?

Claro, son fantasías sexuales y es completamente normal.

¿Masturbarte puede afectarte en los deportes?

Esto es algo que sólo tú tienes que decidir. Hay quienes opinan que masturbarse antes de un juego o una competencia los relaja, sacan la presión y lo hacen mejor. Otros prefieren no hacerlo porque la tensión los ayuda a jugar o competir mejor.

¿Es pecado o es moralmente malo masturbarse?

Sobre este punto, las personas tienen ideas diferentes. Algunos piensan que no tiene nada de malo, otros que no está bien o que su moral o religión se los impide. Se trata de una decisión personal. Es algo que sólo tú debes decidir. Si te molesta la idea o te preocupa que pueda ser pecado y te hace sentir mal, platícalo con un sacerdote, rabino o líder religioso en quien confíes. Pero debes saber que es algo completamente natural.

Nada más que, si decides masturbarte, es mejor hacerlo en privado, si no, aunque no seas artista debutarás en el primer show de tu vida.

DEBES SABER QUE SI EL ESPERMA NO SE LIBERA A TRAVÉS DE LA EYACULACIÓN, EN LA MASTURBACIÓN O EN LOS SUEÑOS HÚMEDOS, SIMPLEMENTE SE REABSORBE EN EL ORGANISMO. TRANQUILO, NO VAS A EXPLOTAR.

El deseo

El deseo es la primera etapa de la sexualidad. Desear a una persona es la chispa que prende en el cerebro, el motor que inicia la conquista (algunos se prenden tanto que casi casi desvielan su motor). Tu cabeza es como una torre de control que envía señales a los demás órganos indicándoles lo que tienen que hacer. Así que, si de repente notas que ya estás firmes, la culpa no la tiene la cabeza inferior, sino la superior.

Sin deseo, la sexualidad se convierte en algo mecánico y aburrido. Desear a una niña es soñar con ella, tenerla presente todo el tiempo, tener fantasías con ella, ganas de tocarla, abrazarla y besarla. Por favor, si ves a la chica en un video, no vayas a empezar a tocar, abrazar y besar a la tele.

A partir de aquí comienzan dos retos para ti. El primero es ganar el juego de la seducción; es decir, tener la suficiente inteligencia para lograr que esa chispa prenda también en el cerebro de la niña, para que sueñe y quiera estar contigo y no tenga en la mente otra cosa más que a ti. El segundo consiste en recordar que cuando sientes deseo es el mejor momento para pensar las cosas y tomar precauciones. Acuérdate de que al estar muy excitado es más difícil frenarte —recuerda que como hombre arrancas hasta en segunda (rapidísimo). Piensa que todas las decisiones tienen consecuencias. Ponte atento.

El contacto físico

El contacto físico es padrísimo y mega importante en una relación, especialmente el abrazo, con el que te comunicas en el plano más profundo y, al mismo tiempo, convierte al "yo" en un "nosotros" (como cuando llegas a una fiesta con tus amigos colados: conviertes al "yo" en "nosotros"). Bueno, cuando tienes contacto físico los miles de sensores de la piel envían señales al cerebro y, en respuesta, cambia la química del cuerpo. Con el contacto puedes expresar mil cosas. Te conectas con la niña de una manera especial y súper diferente.

El beso

Esta etapa es como el inicio más en serio. Besar crea una cercanía súper especial entre dos personas, y no precisamente porque a veces parezca que una succiona a la otra.

Para un hombre, besar en la boca puede tener un significado muy diferente al que tiene para una mujer. Por lo general, un hombre al besar sólo piensa en tres cosas: sexo, sexo y sexo; mientras que para una mujer un beso es algo muy íntimo, especial. Significa que ya hay una cercanía emocional, aceptación, y crea una conexión de tipo espiritual.

¿Qué piensan las niñas acerca de un beso?

¿Qué les gusta y qué les choca? ¿Qué hace a un niño besable? ¿Cómo darlo bien? ¿La lengua es amiga o enemiga?

Hicimos estas preguntas a distintas niñas y aquí te van los resultados. A la pregunta: "¿Qué no te gusta de un beso?", las respuestas, en general, fueron las mismas, sin importar la edad o ciudad de donde llegaron:

- "Cuando el niño huele a cigarro"
- "Que sea muy brusco, tosco."
- "Que tenga mal aliento."
- "Que tenga los labios secos, partidos y llenos de pellejitos."
- "Cuando el beso nada más es trámite para darte."
- "Que tenga los dientes sucios."
- "Que se quiera pasar de listo."
- "Que en el primer beso te saque toda la lengua."
- "Que abra la boca como si te fuera a tragar."
- "Que te quiera besar toda la cara y te deje como barnizada de baba."
- "Que te absorba la lengua como aspiradora."
- "Que no cierre los ojos."
- "Que no empiece poco a poco."

¿Qué hace a un niño besable?

- "Que sea lindo conmigo."
- "Que sea tierno."
- "Que sea muy atento y caballeroso."
- "Que me haga sentir que le gusto."
- "Que él lleve la situación."
- "Me encanta cuando me abraza y me hace sentir súper querida y protegida."
- "Que se vea bien, guapo, limpio y con una súper sonrisa."
- "Que me haga reír y sea positivo, no de web."

¿Qué piensas acerca de la barba, bigote, candado y demás? #hippiehipsterpandro

Un poco más de la mitad de las niñas, 51 por ciento, dijo que le gustaba una cara sin barba porque ésta les pica; 49 por ciento respondió que le gustaba que el hombre tuviera barba o candado.

Cómo dar un beso

No existe un manual así como de:

Paso 1. Abre la boca.

Paso 2. Busca rápido a quién dárselo, porque si no te vas a ver como idiota con la boca abierta.

Paso 3. Deposita tus labios sobre el par de labios elegidos; si en lugar de dos son cuatro, ya estás muy borracho.

Paso 4. Saca la lengua y haz un recorrido odontológico desde los premolares inferiores hasta los incisivos centrales. Si rozas las anginas, ya te pasaste, date la vuelta en U y regresa.

¡No! No hay un instructivo ni un colegio donde cursar la materia "Introducción a la besología con perejil", primer semestre. Los besos son naturales y cada quién tiene su estilo.

No te preocupes si no sabes besar. Tienes que hacerlo para aprender. Además, aunque las niñas dicen que les gusta que las lleven, hay muchas que "te llevan al baile".

Lo único importante para empezar es no ser brusco. Empieza con besitos chiquitos y tiernos, sin abrir mucho la boca, ve poco a poco. A la hora de usar tu músculo con armazón osteofibroso, o sea la lengua, hazlo con cuidado y deja que ambos dicten el ritmo. Permite que el calor del beso los vaya subiendo de nivel y recuerda que la mejor técnica para besar es dejarte llevar por el sentimiento. Una cosa sí te podemos asegurar: ¡te va a gustar!

Tips que ayudan

- Nunca, pero nunca, dejes los ojos abiertos. Pocas cosas les caen tan mal a las niñas como eso. Si te cachan seguro te dirán: "¿Por qué abres los ojos?", "No lo estás sintiendo, ¿verdad?", "¿Ya te aburrí, o qué?", "¿Estás viendo a la vieja de al lado?""¿No prefieres textear mientras nos besamos?" #fail
- No le muerdas fuerte el labio, porque lo que empezó como beso puede terminar en hemorragia. #WTF
- Jamás, jamás, jamás le preguntes a la niña si la puedes besar. Lo odian, sienten que le quitas todo el romanticismo. Prefieren mil veces que les robes los besos —aunque no te quieran besar—, a que lo pidas casi casi con una hoja de "requisición"; así que, mucho valor.

La higiene es muy importante para ellas, por eso...

Ch-K-T lo siguiente

- Lávate los dientes y usa hilo dental; en la boca, no en los chones.
- Cepíllate la lengua (sí, la lengua) para eliminar bacterias.
- Toma mucha agua para lavar el olor que producen las bacterias.
- Usa enjuagues bucales antimicrobianos (aunque su efecto dura sólo cerca de una hora, es mejor una hora de frescura que tres minutos para fumigarla).
- Siempre ten a la mano mentas, spray para el aliento o chicles, pero sólo como último recurso porque sólo disfrazan el mal aliento, no lo quitan.
- Si tienes los labios partidos ponte un poco de vaselina o alguno de los productos especiales para eso.
- Usa loción, nada más que no sea la de tu abuelito.
- Si tú y la niña usan braquets, ¡aguas con engancharse!

Soy muy penoso

Si te da pena aventarte al beso y cuando sales con la niña te la pasas dos horas buscando el mejor momento y al final nunca lo encuentras, aquí te damos algunas ideas:

1. Cuando una niña quiere que le des un beso le vale en qué momento suceda, siempre y cuando no estés frente a su papá o con mucha gente. Lamentablemente no hay una app que te indique en qué momento hacerlo.
2. Trata de dar tu primer beso en un ambiente divertido o jugando. Es más fácil. Ya sabes, en una fiesta, en el antro, cuando se ríen o haz la típica broma de: "Oye, tienes una pestaña en el ojo…", te acercas a su cara y se lo plantas. Aunque este truco es de la era mesozoica, siempre funciona.
3. Problemas con la línea recta. Una línea recta es la distancia más corta entre dos puntos. Si el punto A es tu boca y el B el de la susodicha, ¡salte por la tangente! Si te cuesta trabajo esa trayectoria, abrázala, empieza a besarla en la mejilla-cachetosa y síguele dando besitos mientras bajas hacia la boca. Cuando toques la comisura de sus labios, ¡ya estás en la frontera! No te detengas y crúzate de mojado.
4. También puedes buscar su mirada sin decir nada. Te le quedas viendo, te acercas, la tomas de las manos, bajas discretamente la mirada a su boca y, si ella te sostiene la mirada y sonríe, es tu pase a gol.
5. Confía en tu habilidad natural. No hay formas "correctas" de besar, así que no te puedes equivocar. Déjate llevar por lo que sientes y… íbamos a decir: "Abraza el momento", pero mejor dicho: "Besa el momento".

La excitación

Sólo de escuchar la palabra te prendes. La excitación es como ir calentando motores… y mucho depende de qué tipo de gasolina te pongan.

¿Por qué la excitación? El cerebro recibe un estímulo y manda señales para que la presión sanguínea y el ritmo cardiaco suban, sólo que los hombres son turbo y las mujeres como carcachitas: se prenden y se apagan, y tienen que concentrarse mucho para seguir.

Pero vamos a las máquinas turbo. Sientes que el corazón literalmente se te sale. Los sentidos se alertan y aumenta la sensibilidad en toda la piel: digamos que te pones como maraquero de grupo musical.

El faje
También conocido como darse, llegue, tirarse, tallarín, agarrarse y demás

Después de que dos personas se besan por un rato, la excitación puede subir y llevarte al famosísimo faje.

El faje es como la segunda base del beisbol, el segundo piso de un edificio o el segundo acto de una obra de teatro, lo que significa que aún no llegas al *home run*, ni al penthouse, ni al gran final de la obra; ahora que si en esta etapa te aplauden… estás cañón.

Fajar o darse es tocar, sentir y acariciarse mutua y voluntariamente. Es algo en que los dos están de acuerdo, se sienten cómodos y seguros de lo que hacen. Es un momento de intimidad, de acercamiento físico y emocional súper fuerte, donde la relación evoluciona y alcanza otro nivel.

El faje es como meterle el pie al acelerador. Y según sea la estimulación, te puedes quedar en esta etapa por un buen rato, como dando acelerones.

Si el faje continúa, llegas a entender por qué se dice vulgarmente "estoy caliente". Materialmente sientes que tus genitales se están quemando; la temperatura del cuerpo sube —entre otras cosas— y la excitación sexual también. Los músculos se tensan durísimo, especialmente alrededor de la pelvis y los glúteos, y los testículos se acercan al cuerpo, así como de "agárrense, porque viene la acción".

Muchos hombres creen que el faje consiste únicamente en tocar el "combo 1", conformado por las partes mega obvias y súper privadas.

Sin embargo, cada persona tiene diferentes zonas sensibles que, tocadas correctamente, también pueden ser súper estimulantes.

Algunas de estas zonas obvias, tanto en hombres como en mujeres, son el cuello, los hombros, la espalda, las orejas, los labios, etcétera. (No olvides buscar RS, "rinconcitos secretos".)

Si conoces el RS de tu pareja, es como tener su manual de instrucciones (ya sabes: no incluye baterías, no se deje al alcance de los niños y, si se conecta por más de dos horas, puede sobrecalentarse).

Ahora que si llevas 15 minutos sobándole el codo con la idea de que ahí se ubica su RS, y no pasa nada, sentimos mucho desilusionarte pero más que seductor te vas a ver como un tonto.

Es muy importante que sepas que, por bien que vaya tu relación, puede ser que tu chica no quiera, no le lata o no se sienta preparada para llegar a este grado de intimidad.

Por otro lado, ten en cuenta que muchas mujeres, al empezar el faje, se cuestionan mil cosas, sienten pena o les preocupa lo que pienses de ellas. Es normal. Respétalas, no insistas, dales su espacio y acepta su decisión.

Si las cosas se dan, hay varios hombres que dejan de ser amateurs para convertirse en profesionales. Son los que saben perfectamente desabrochar un *brasier* a una sola mano sin romper el ganchito. Pero si eres de los que de chiquitos se salían de la raya al colorear sus dibujos y no podías ni recortar con sus tijeritas de punta chata, no lo intentes; un resortazo de una copa 36 D puede costarte la vida.

Una de las técnicas que ellas utilizan para irse leve es aplicar la famosa "axilar", que es cuando tienes la mano en la cintura de la chica y poco a poco empiezas a subirla hacia la meta. En el momento en que tu dedo pulgar empieza a tocar su bubi, ella aprieta el brazo contra la axila y aprisiona tu mano juguetona en su sope-cárcel.

La "axilar" es como defensa de karetexo (artes marciales contra el hombre calenturiento). El rollo es que si te la aplica y te das cuenta de que realmente no quiere, no insistas y respeta su posición.

Algunos fajes pueden llegar al despojo de los ropajes. En este caso es muy importante que tengas mucho cuidado, porque el faje es como el caminito para llegar a tener relaciones sexuales. Así que si no es lo que quieres, no estás preparado, protegido o ella no quiere, ¡aguas!, mejor párale. Si sientes que tu velocímetro está cerca de llegar al rojo, vete leve, porque una vez que pasas el límite de velocidad la carreterita es de bajada y te vas sin frenos.

Cada persona tiene diferentes ideas y valores relacionados con la sexualidad; para unos, el faje dentro de una relación amorosa puede ser natural y para otros no tanto. Lo importante es que siempre te sientas tranquilo con lo que haces y respetes hasta dónde la niña quiere llegar.

Cómo tocar a una mujer

Aunque muchos hombres creen saber cómo tocar a una mujer, la mayoría lo hace mal. Es muy importante que tengas esta información que es para toda tu vida.

Primero, es básico que lo hagas con delicadeza y seas muy prudente. Las mujeres odian las brusquedades o las prisas. Actúa con inteligencia y tómate tu tiempo. Aunque por lógica no vas a encontrar un letrero que diga: "Límite de la propiedad", debes intuir hasta dónde se delimita tu permiso para tocar, según el nivel de tu relación.

Una forma de hacerlo con delicadeza es acariciarla con las yemas de los dedos, muy suavemente, tan suave que apenas roces su piel. Esto, a diferencia de lo que puedes creer (como que se siente muy poco), despierta toda su sensibilidad.

Después de cierto tiempo, puede ser agradable tocarla con un poco más de firmeza, incluso presionar ligeramente.

Si tienes la delicadeza de empezar poco a poco, tu niña lo apreciará mucho; pero si llegas como pulpo con ocho tentáculos (divide esta palabra en sílabas y sabrás a qué nos referimos), prepárate para una increíble metamorfosis: tu chica seguro se convertirá en tu ex chica.

Faje dactilar

Este tipo de faje consiste en tocar los órganos sexuales de la mujer, ya sean externos o internos, introduciendo uno o más dedos en la vagina con el propósito de estimularla. Aunque la vagina tiene una flora bacterial que la equilibra y protege, es muy importante que tus dedos estén limpios para evitar una infección posterior y, por supuesto, que no tengan residuo de semen de una masturbación.

Blue balls

Una vez que llegas a un punto límite en el faje, de repente ella o tú deciden meter el "freno de mano" y parar las cosas. Es muy probable que sientas el área pélvica congestionada. Imagínate a todos los "espermines", antes tan ilusionados y ahora súper sacados de onda, como diciendo: "¿Qué?, ¿qué pasó?, ¡avancen! ¡avancen! ¡avancen! Espermines, todos juntos, ¡adulto, joven y viejo!, ¡adulto, joven y viejo!, ¡el güey que nos paró es un pen…! ¡portazo, portazo, portazo!" En fin, el rollo es que tu cuerpo se queda así por un rato hasta que regresa a la normalidad. Esto es lo que se conoce como *blue balls*, traducido al español: bolas azules, repletas, a punto de explotar y enojadas… ¡muy enojadas!

Nos cacharon en pleno faje

La palabra faje y darse son y serán unas de las menos populares y gustadas de los papás de las novias.

Estarás de acuerdo en que no hay nada peor a que te cachen "dándote" con tu novia, en la sala de su casa.

Típico que mientras los dos están literalmente con las manos en la masa, escuchas el coche del papá que llega a la casa, o el ruido de los tacones de la mamá que baja la escalera. ¡Te quieres morir! En lugar de la frase: "Trágame tierra", aplicas la de: "Trágame sala", porque quisieras teletransportarte a cualquier otro lugar de inmediato.

De volada los dos brincan del sillón y empiezan a abrocharse los botones, a cerrarse el cinturón, a medio peinarse y a recoger todo lo que tiraron al suelo, que con la ropa parece campo minado. Obvio que hacer todo esto en 4.5 segundos es humanamente imposible. Además, súmale que cuando entra el papá todavía estás con la respiración entrecortada —tipo perro después de correr—, traes el pantalón como una carpa del Cirque du Soleil y luego, cuando ves al papá le tienes que preguntar: "¿Cómo está, señor?"

¡Pues cómo quieres que esté! Si sabe perfecto lo que le haces a su nena, a su luz, a la princesita de la casa. Y por más princesita que sea, tú no te estás portando precisamente como un duque.

Por eso es importante que entiendas a los papás de la niña. ¿Crees que no saben perfectamente qué hacen cada vez que tienen un minuto solos? ¡Claro que lo saben! Ellos también lo vivieron.

Cuando se dan cuenta de que su hija ya no es una niña y que está despertando a la sexualidad, se sienten al mismo tiempo sorprendidos, tristes y asustados. ¿Cómo te sentirías si cacharas a tu hermana? Ahora, imagina que es tu hija.

Así que, primero, nunca presiones a la niña a hacer algo que no quiere; después, traten de ser discretos, piensen bien hasta dónde llevar el faje y eviten, dentro de lo posible, que los cachen.

Hay muchos papás buena onda que hacen ruido —pisan más fuerte, tosen, etcétera— para que ustedes se den cuenta de que se acercan y dejen de probar la flexibilidad de sus cuerpos. Ojo: muchos otros papás no son tan comprensivos.

Ahora que, si un papá los sorprende, no hables mucho para que no note lo agitado de tu respiración. No le digan que "estaban viendo la tele", porque se va a enojar más. Tampoco es buen momento para pedirle una disculpa, porque aunque él ya lo sabe, con tu actitud se lo confirmas.

Espérate unos dos días y pregúntale a tu novia qué tan enojado ve a su papá / mamá. Si el rollo está muy grueso, da la cara y discúlpate. El momento será súper mega incómodo, pero en el fondo te lo agradecerán y te admirarán por "tus pantaloncitos".

Si el asunto no fue tan grave, trata que no sepan de ti por dos o tres días, lo más seguro es que lo entiendan y se les baje el coraje. Eso sí: tu novia no se va a salvar de una regañiza.

FAJE-ADVERTENCIA:

Nunca fajes en el coche, es muy peligroso por los asaltos y otros riesgos, pues en una situación así te sorprenden en la baba total. Además, es contra la ley y en el peor de los casos, te prestas a que algún policía te extorsione aprovechando lo penoso de la situación, con la típica frase: "Vamos a tener que llamar a los papás de la señorita". #auch!

La mejor forma de que tus suegros o tus papás no te sorprendan en un faje es prevenir la situación. Toma tus precauciones y evita un momento desagradable para todos.

El coito

Algunas veces, como parte de una relación sexual, la niña y tú quieren llegar a tenerla de manera completa. Si es su decisión, tengan mucho cuidado y protéjanse de un embarazo y de las ITS (Infecciones de Transmisión Sexual).

Lo que hace la diferencia entre el coito y los pasos anteriores es que el pene entra en la vagina. Pero ésta no es una pequeña diferencia, sino una gran diferencia. Sí o sí usa condón y aprende a ponértelo bien.

El orgasmo

El orgasmo, también conocido como "venirse", llegar al clímax o acabar, es una de las sensaciones más extremas que experimenta el cuerpo humano. Es cuando la excitación y la tensión muscular llegan a su punto máximo, gracias a las intensas contracciones musculares (que tú no controlas) de los genitales y el ano.

Estas contracciones son una serie de movimientos como apretones repentinos a lo largo del pene y toda el área pélvica. Este momento dura más o menos diez segundos, aunque te parezcan horas. El orgasmo relaja la tensión del cuerpo, que fue aumentando durante la estimulación sexual. Explicar cómo es un orgasmo es como encontrar a una mujer que no le guste ir de compras, o sea imposible. Primero, porque para cada quién las sensaciones del orgasmo son diferentes; y segundo, porque la intensidad puede variar de una eyaculación a otra. Pero para que te des una idea, son momentos de placer que se detonan en los órganos sexuales y al rato los sientes hasta en la uña chiquita del pie. Se sabe que es una de las sensaciones más placenteras que se pueden experimentar.

Haz de cuenta que si te gusta el futbol, es como si tu país jugara la final del mundial… ¡y la ganara!

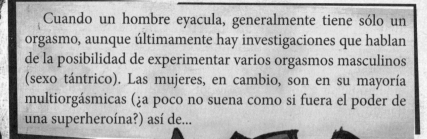

Cuando un hombre eyacula, generalmente tiene sólo un orgasmo, aunque últimamente hay investigaciones que hablan de la posibilidad de experimentar varios orgasmos masculinos (sexo tántrico). Las mujeres, en cambio, son en su mayoría multiorgásmicas (¿a poco no suena como si fuera el poder de una superheroína?) así de...

¡ATRÁS MALEANTES, SOY **MULTIORGÁSMICA!** TENGO PODERES SUFICIENTES PARA DESTRUIR EL PLANETA ESCROTO.

Hablando en serio, multiorgásmica significa que una mujer puede tener varios orgasmos en una sola relación sexual.

En fin, cuando veas que alguien se mueve como loco, respira agitado y hace ruidos medio raros, lo más seguro es que sea un orgasmo; pero si no es así, ¡córrele, porque algo se le atoró y se está asfixiando!

La relajación

Después de un orgasmo, la relajación es gruesísima; el pulso, la respiración y el pene regresan a la normalidad. Más que relajarte te desparramas.

Algunos hombres pueden tener otra eyaculación casi en seguida; para la mayoría debe pasar de unos minutos a media hora, o varias horas, antes de tener otra erección y la siguiente eyaculación y orgasmo. Eso se llama "periodo refractario", (así como el refractario donde tu mamá hace sus pasteles), o lo que es lo mismo "aguántame tantito". En fin, cada quién es diferente.

Tener o no relaciones sexuales

Seguro te ha pasado que, cuando estás a punto de hacer algo, oyes unas vocecitas dentro de ti que te dicen: "Haz esto", o "No lo hagas". Como la típica caricatura del angelito y el diablito. Esas voces pueden ser de tus papás, tus amigos, tus maestros —algunos están tan viejitos que ni se les escucha bien—, o de tus tíos. Cuando se trata de sexo, todos tienen algo que decirte de acuerdo con su forma de pensar.

VOZ DE TUS PAPÁS: "Ten cuidado; si lo haces cuídate, no vayas a salir con tu domingo siete". "¿De qué hablas, papá?", le contestas. "Que no te comas la torta antes del recreo." "No te entiendo." "Que no le vayas a poner Jorge al niño." "¿Cómo?" "Con una fregada, ¡que no vayas a embarazar a una niña!" "Aha, okey. ¿Podrías hablarme en ese idioma por favor, pa…?"

VOZ DE TUS AMIGOS: "Éntrale matador, tú puedes", "Siempre dicen que no, pero sí quieren", "Existen las mujeres que quieren y las que vuelan. ¿Has visto a alguna volar?", "Ese es mi campeón".

"Si tu vida **amorosa** no es deslumbrante y excitante, es porque no eres **atractivo**."

"Conquístala con… Grandseeeeexxx?"

"Se quedará impactada cuando vea tu… tu… tu decisión."

Si no tienes alguien que te admire, no vales nada. Puedes ser un hombre más grande de lo que crees…

(permiso de Gobernación en trámite, el producto no genera crecimiento del **pene** ni mayor deseo sexual, puede ser dañino para hámsters y hurones)".

Voz de algún religioso: "¡Espera, espera, espera! El sexo es sólo para el matrimonio", "Es pecado hacer 'x' o 'y'," "No hagas cosas de las que te puedas arrepentir."

Tu propia voz: "Estoy súper caliente, necesito sexo." "No podemos hacerlo, no traigo condón." "No tengo wifi, ¡chin, me urge ver esa página de enfermeras prendidonas… tengo una emergencia!", "Me siento solo y necesito cariño".

Lo importante es saber que cuando llega el momento eres el único que puede decidir qué hacer y qué no hacer. Por eso, no dejes de leer este capítulo para que te enteres y sepas bien qué es lo que te juegas con las decisiones que tomas.

Para empezar, lo que sabemos del sexo casi siempre lo aprendimos en internet, la tele, películas, revistas —aquí hasta vienen ilustraciones a doble página—, chistes o con los cuates que presumen saberlo todo. Ya sabes, el típico cuate que está enterado de todo, ha hecho todo y lo tiene gigante —según él— sólo que nadie se lo ha visto, ni siquiera una niña. Bueno, el caso es que estas fuentes no son las mejores por mil razones. A veces te hacen sentir que todo mundo tiene sexo todo el tiempo y que no hay broncas. No falta el "amigo" que te dice: "Lo hicimos todo el día completo. Veintisiete veces en total, una por hora". Y tú: "¡Órale! Pero, ¿qué el día no tiene sólo 24 horas?" También te dicen que es de lo más normal, que todo es maravilloso, que no hay pedo, y la neta no es cierto. Tener o no tener relaciones, como ya vimos, es una decisión personal; es algo que no tiene nada que ver con tu madurez física, sino con tu madurez emocional, tus principios y convicciones.

Si decides no tener relaciones, no te arriesgas a nada y puedes disfrutar de tu sexualidad cuando lo decidas.

En caso de que elijas tener una vida sexual activa, es muy importante que sepas que los riesgos son altos y pueden cambiar tu vida por completo. Debes tomar todas las precauciones y estar dispuesto a aceptar las consecuencias en caso de que algo no salga bien. Sin embargo, también es real que con las debidas precauciones y responsabilidad puedes tener una vida sexual activa, muy disfrutable, plena y sin ninguna complicación.

Abstinencia

Muchos adolescentes han tomado la decisión de no tener sexo aun con la niña que aman. Esto puede ser porque no se sienten preparados, porque están convencidos de que es lo mejor, porque es la única manera cien por ciento segura de no contagiarse de alguna enfermedad o porque les da miedo embarazar a la niña.

Mi novia y yo decidimos que nos vamos a esperar. Es más emocionante. La neta te une y te pica más.

Chak, 19 años

Se necesita mucho valor y autocontrol para tomar una decisión como ésta y resistir mil presiones. Mucha gente cree que quien maneja la abstinencia es teto, idiota o poco hombre. La verdad es que los chavos que manejan la abstinencia son igual de "calientes", por decirlo de alguna manera, que los otros. De hecho, les cuesta mucho más trabajo, porque igual se prenden y se mueren por una niña, pero deciden aguantarse. Así que más que tirarles mala onda, es de aplaudirles, porque deciden ser coherentes con lo que piensan y con lo que hacen.

Ch-K-T lo siguiente

Esto también llegó a nuestras redes:
Donde yo vivía, a los catorce o quince años, a fuerza ya tenías que acostarte con alguien. Te presionaban cañón, te decían cosas como: "¿Qué te pasa güey, eres puñal o que?" Todos se hacían los muy expertos y se la pasaban presumiendo que ya se habían estrenado. Era como concurso.

Orca, 17 años

A muchos adolescentes sus amigos los presionan durísimo para tener sexo antes de que ellos quieran, porque sienten que así debe ser. No es cierto. Cada quién decide cuándo, cómo y con quién. Lo mínimo que puedes hacer es escuchar tu cuerpo, tus emociones y tus valores. Una de las cosas padres de la sexualidad es que es tuya y estará ahí el resto de tu vida para disfrutarla cuando quieras.

Tener sexo o hacer el amor

La neta es súper fácil olvidar que hay una gran diferencia entre tener sexo y hacer el amor, porque a veces la gente usa las expresiones como sinónimos y nada que ver. Por ejemplo, algunos hombres conocen a una chica medio "zorra" en el antro y después de unos chupes y fajes terminan en un motel de paso fashion y dicen: "Hicimos el amor". Para nada, tener sexo es exo, nada más. Es sólo tener una relación física o mental que involucra penetración o estimulación de los genitales y otras partes del cuerpo para obtener placer solo o con otra persona, sin que nadie te obligue a hacerlo.

Hacer el amor es otra cosa. Tiene que ver con amor y respeto mutuo, ternura, diversión y el deseo de compartir todo el placer físico y dárselo a alguien a quien quieres y te importa.

La gente puede tener cualquier tipo de actividad sexual, incluyendo la penetración, sin hacer el amor; y también puede haber mil formas maravillosas de hacer el amor sin que necesariamente exista penetración. Por ejemplo, imagínate caminar tomado de la mano con la niña por la que siempre moriste y nunca te peló. De repente, ella muere por ti y están super enamorados, se besan, abrazan y hay un juego de caricias increíble. Ese simple hecho de caminar agarrados de la mano es como hacer el amor. Sólo que, por favor, no te vayas a poner un condón de guante.

Cuándo y hasta dónde

A veces, la decisión de hasta dónde llegar en lo sexual la tomas en una décima de segundo: en una fiesta con dos o tres drinks encima que, según tú, te van a dar valor; cuando en el coche tienes ya los vidrios empañados por la pasión; en la típica de "vamos a ver el amanecer en la playa" en el precopeo, el after o en la casa cuando no están tus o sus papás. Tú y la niña están con la respiración agitada, a tope, pero piensas: "¿Estará bien? Si no me aviento ahora, ¿habrá otro chance? ¿Y si sale embarazada? Neta, ¿la quiero? ¿Y si nos cachan? ¿Y si no?" Claro, a veces te valen todas estas preguntas y te sigues; en otras le paras porque sientes que es lo mejor.

Estar seguro es algo mega importante. Ten en cuenta que, a la hora de la hora, los sentimientos sexuales son tan intensos que te confunden, te nublan la mente y es difícil saber si realmente quieres. Independientemente de si dices sí o no, lo más importante es estar seguro de tu decisión.

¿De qué tengo que estar seguro?

Primero, de conocer qué son las ITS (Infecciones de Transmisión Sexual) que han aumentado cañón y de las que vamos a platicar más adelante. Hace 50 años se conocían sólo cinco, ¡y hoy en día se conocen más de 50, sobre todo entre los adolescentes! Muchas de ellas no tienen síntomas pero te pueden causar hasta la muerte.

Otra cosa importante es que cada vez que tienes una relación sexual con alguien, te expones a todos los gérmenes o enfermedades que haya adquirido de chavos anteriores, ¡ups! Y vaya que hay algunas niñas muy, pero muy sociables. Entre más acostones tengas, más aumentan tus probabilidades de contraer una ITS si no te cuidas.

Si una niña es tu novia y la conoces muy bien, tu posibilidad de contagio es como del tamaño de un cochecito compacto.

Pero si lo único que sabes de la chava es que todos tus amigos la conocen "de cerquita" y que le encantan los escotes amplios, entonces tu posibilidad de contagio es como de un tráiler con doble remolque.

Otra cosa importantísima que debes saber es que para embarazar a una niña basta con hacerlo una sola vez.

¿Por qué te decimos esto? No queremos asustarte ni evitar que tengas sexo. El sexo es maravilloso, es parte del ser humano y nuestras experiencias sexuales son de lo más placenteras de la vida. Sólo queremos que te cuides, porque una decisión tomada en la plenitud de la calentura puede cambiar tu vida por completo. Lo más importante es que estés preparado emocional y físicamente, o sea, sí o sí te cuides. Usa condón y aprende sobre métodos anticonceptivos, haz todo lo necesario para cuidarla a ella y a ti.

La primera vez

En caso de que hayas decidido tener una vida sexual activa (y responsable), es importante que sepas qué onda la primera vez.

Si creías que entregarle a tu papá las calificaciones con cuatro reprobadas era de nervios, espérate a esto: el primer problema con el que te enfrentas es que te sabes toda la teoría, pero no la práctica. Aunque en la escuela te hayan explicado "el acto sexual" estamos seguros que no te dejaron tarea. El faje con tu novia no cuenta como tarea, más bien es "trabajo en equipo".

La primera vez generalmente no es la mejor, es una experiencia medio rara y no porque sea buena o mala, simplemente porque es nueva. Es como cuando quieres aprender a nadar y por fuera te han dado todas las instrucciones posibles, pero nunca te has aventado a una alberca (no te preocupes, tampoco te vas a ahogar).

Si alguien te dice que no se puso nervioso, es mentira. A todos nos preocupa lo desconocido. Ahora que si después de su primera vez se convirtió en *porno star*, igual y no sintió muchos nervios.

¿Tú ya o todavía no?

LA PRESIÓN. Es muy posible que algunos cuasi-amigos o conocidos te presionen y te digan: "¿Tú, ya o no?"; "Ya güey, hazte hombre como nosotros", "Para mí que eres virgen". Y sí, eres súper virgen aunque hayas sido san José en la pastorela.

Esa presión no ayuda en nada y sólo te pone más nervioso. No les hagas caso. El rollo de hacerte hombre no tiene nada que ver con tener o no tener relaciones sexuales. Es mucho más hombre un cuate que no lo hace porque no está convencido, que uno que lo hace por presión.

También puede ser que el niño que te presume que todas las noches se acuesta con una niña, diga la verdad, pero porque el historial de su tablet tiene todos los sitios porno imaginables.

LA PENA. Por otro lado, otro rollo que te puede pasar es que te dé pena que vean tu cuerpo, y a ella tal vez le pase igual, aunque antes ya se hayan visto algunas partes. No es lo mismo ver una llanta que el coche completo, y mucho menos si lo vas a manejar; así que tranquilo, es normal ponerse nervioso.

LAS MOLESTIAS. Cuando también para la niña es la primera vez, puede dolerle un poco y hasta sangrar. Esto le pasa más o menos a cuatro de cada diez mujeres y es porque se rompe el himen (una membrana que la mayoría de las mujeres tiene en la vagina). No te preocupes, también es normal.

Puede ser que al día siguiente la niña sienta molestia o dolor en la vagina; los doctores lo llaman "síndrome de la luna de miel", aunque todavía no des ni el adelanto para el salón de fiestas de la boda. Si el dolor se calma en las siguientes 24 horas es normal; si no, es necesario que vaya a que la revise un ginecólogo. Conforme la mujer tiene más relaciones sexuales, siente menos dolor y su cuerpo se acostumbra.

También es frecuente que, por miedo, nervios o presión del momento, ella no tenga muy lubricada la vagina. Esto hace que la introducción del pene sea más difícil. Sí aun teniendo un condón lubricado la penetración es difícil o molesta, es básico utilizar un lubricante.

Esto es súper común, así que ahórrate el mal rato y mejor ve prevenido. Acuérdate que si tu condón es de látex, el lubricante debe ser con base en agua. A veces el pene no entra solito en la vagina como todos creemos, en esos casos puedes sostener tu pene con la mano y dirigirlo y darle soporte hacia la vagina de ella para que poco a poco se introduzca.

Las sorpresas. Por el mismo asunto de los nervios, es posible que no puedas tener una erección. Es normal, no te preocupes. Si la mujer es inteligente, no le dará mayor importancia. Relájate y más rápido de lo que te imaginas estarás ¡firmes! otra vez.

Las expectativas. Con todo lo que tus amigos te presumen, más lo que ves en los medios, te puedes crear expectativas muy altas. Por ejemplo: las mujeres creen que el lugar se va a llenar de luz, que su príncipe —llámese tú— entrará en un corcel blanco —igual y no llegas ni a pony de parque— y harán el amor hasta que se fundan en el cielo las dos almas, aunque tú sólo veas el techo.

Por otro lado, sientes que amas a tu chava, que será el mejor momento de la vida y experimentarás la mayor satisfacción que tu cuerpo ha sentido jamás. La verdad es que, si los dos se aman, todo esto puede suceder.

Sólo recuerda que es la primera vez y que el amor de verdad se construye poco a poco. Tómalo con calma y protégete. Cuando te proteges los nervios bajan porque los riesgos disminuyen mucho y disfrutas más a tu chica y la sexualidad de ambos.

Hay quienes te quieren convencer de que tu primera vez sea con una "sexo servidora": pésima idea. A ellas lo único que les interesa es el dinero y no tus emociones. Puede ser algo mecánico y traumatizante. Mejor vete por la libre y olvídate de la de cuota. Y si de plano estás en esa situación recuerda que ellas están trabajando y no dejes que se vean afectadas tu autoestima ni tu seguridad. No escuches sus comentarios, no son algo real ni para bien ni para mal.

DEBES CONOCER EL MITO DE LOS AFRODISÍACOS. UN AFRODISÍACO ES ALGO QUE AUMENTA EL DESEO SEXUAL. LA MAYORÍA SON MITOS. NI LOS MARISCOS, NI LAS ZANAHORIAS, NI LAS FRESAS CON CHOCOLATE, ETCÉTERA, ETCÉTERA, ETCÉTERA, SON AFRODISÍACOS. TODO ESTÁ EN LA MENTE. EXISTEN ALGUNAS SUSTANCIAS COMO EL GINSENG, QUE SON VASODILATADORES Y AYUDAN A LA ERECCIÓN, PERO EL MEJOR AFRODISÍACO ES EL AMOR.

Eyaculación precoz, o de 0 a 100 en 8.5 segundos

Uno de los problemas que más les preocupa a los hombres en el momento de una relación sexual es llegar al orgasmo "antes de tiempo". La eyaculación precoz es la falta de control voluntario de la eyaculación. Esto pasa mucho, sobre todo cuando eres muy joven, cuando te sientes nervioso o es la primera vez que estás con alguien.

Es típico oír a los de tu salón presumir que "duraron años", "rompieron récord" o que casi casi les dieron una medalla por "resistencia de eyaculación a campo traviesa" y demás. Estas historias, además de ser falsas en su mayoría, lo único que hacen es crear en tu mente una idea muy lejana de la realidad y, entonces, a la hora de la hora te sientes terrible. La principal causa de la EP es la angustia.

Lo que nadie te cuenta es que a muchos de tus amigos les pasa y súper seguido. Así que relaja-tranqui-despreocúpate. No pasa nada y tiene solución.

Con el tiempo y la experiencia, poco a poco vas a encontrar la manera de controlar el orgasmo. Los expertos recomiendan pensar en otra cosa que no tenga nada que ver, tipo la tarea de mate, la tabla de posiciones del futbol español y sus alineaciones o, de plano, contar borreguitos. Esto sí funciona, a menos que los borreguitos tengan bubis y cara de top model.

Además, si es necesario, un terapeuta sexual puede tratar la EP con ejercicios o medicinas que funcionan.

Y por favor nunca compares tu tiempo para eyacular con el que has visto en el porno. Recuerda que en los videos porno hay muchos trucos, ediciones y cortes de escena, aunque el video diga "sexo real" o "sexo amateur".

Dolor durante la eyaculación

Si cuando tienes algún tipo de relación sexual, el pene o los testículos te duelen, puedes tener una infección o alguna enfermedad que necesita tratamiento. Ve al doc de volada para que te revisen.

Quiúbole...
mi amiguito no se para

Por fin llega el tan esperado momento: tú y ella están listos... pero él no. Entonces descubres que hacer el amor no es cosa de dos, sino de tres. Piensas: "Levántate, por favor..." Te imaginas cosas que te prenden y nada: "Ándale, levántate ahorita, ¡te prometo que te dejo dormir todo el día!", y nada. "No me quedes mal, yo siempre te he tratado bien. A ver, a la una, a las dos, a las dos y cuarto..."

Si hay otra cosa que a un hombre también le preocupa cañón, es precisamente esto: que justo en ese momento su pene no se levante pero ni a saludar.

A muchos les da miedo este rollo como si fuera una pesadilla: tipo volteas a ver tu pene y el cuate dormidísimo, lo ves acurrucado y casi a punto de roncar.

El problema es que los hombres piensan que si les sucede esto su hombría y reputación se perderán por completo. ¡Para nada! Tener o no una erección nada tiene que ver con lo masculino que seas.

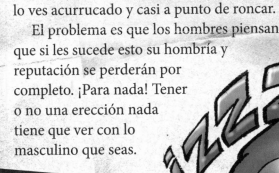

Te podemos decir que casi a todos, en algún momento de su vida, les ha pasado que el amiguito simplemente no responde. No pueden tener una erección y no pasa nada. Es súper común y absolutamente normal.

A veces, el no tener una erección es la manera en que tu cuerpo te dice que en realidad no quiere sexo en ese momento o con esa persona. ¿Las razones? Pueden ser un buen.

QBL. El riesgo de contagiarte de una de las casi 55 enfermedades de transmisión sexual. En este caso, tu pene tiene 55 razones para no querer.

QBL. La preocupación de embarazar a la niña.

QBL. Estar muy nervioso o tenso.

QBL. No traer condón. Aquí tu pene dice: "Sin globo no hay fiesta".

QBL. Que sientas pena porque no tienes la privacidad suficiente.

QBL. Miedo a no "hacerlo bien".

QBL. Estar nervioso por ser la primera vez con esa persona.

QBL. Sentir culpa por lo que haces; tal vez no estés convencido.

QBL. Sentirte visto o juzgado.

QBL. Ésta es durísima: miedo a que, si ya tuviste una ITS, vuelvas a contagiarte. Es típico. Recuerda que tu torre de control —el cerebro— es la que autoriza el despegue. Si la torre no está tranquila, el avión no levanta el vuelo aunque sea un jumbo de dos pisos. No olvides que entre más te preocupas es peor.

Ya te dijimos, si un día no puedes tener una erección, no te preocupes. Entre más te relajes, mejor. Tener una relación sexual no es como pedir una pizza; es algo super serio. Aunque a veces, con tantos paquetes y promociones hasta pedir una pizza es complicado.

Hay algunas razones fisiológicas que a veces impiden una erección: tomar mucho alcohol, meterte algún tipo de droga o tener ciertas enfermedades.

Si nunca has tenido una erección, aun estando solo, sería bueno que consultaras a un urólogo que los vea a los dos, o sea a ti y a tu pene.

DEBES SABER EL MITO DE LA YOMBINA. EFECTIVAMENTE, SE USA PARA EXCITAR AL GANADO PERO SÓLO LES SIRVE A LOS MACHOS PORQUE ES UN VASODILATADOR; ES DECIR, DILATA LOS VASOS SANGUÍNEOS Y POR LO TANTO AYUDA A LA ERECCIÓN. DE HECHO, SU ACCIÓN ES MÁS DÉBIL QUE LA DEL VIAGRA. LA HISTORIA DE LA MUJER EXCITADA QUE MURIÓ JUNTO A UNA PALANCA DE VELOCIDADES PORQUE LE PUSIERON YOMBINA EN SU VASO, ES COMPLETAMENTE FALSA. ES UN MITO QUE SE CONOCE EN VARIOS PAÍSES Y CADA UNO TIENE SU VERSIÓN. LA YOMBINA EN UNA MUJER SÓLO PUEDE CAUSAR TEMBLOR, ESCALOFRÍOS Y MUCHO, PERO MUCHO SUEÑO.

¿ESTÁ EMBARAZADA?

¿Cuándo y qué días se puede embarazar mi novia?

Cuando tienes relaciones, lo primero que debes ubicar es que cualquier día, ¡cualquiera!, tu novia, la niña o la chica de la esquina, se puede embarazar, así que siempre debes estar súper protegido. Hasta el día de los Santos Reyes, por no cuidarte te puede salir muñequito.

Hay días en que las mujeres están más fértiles, o sea se pueden embarazar más facil.

En la vida te pueden costar trabajo las ecuaciones de segundo grado, el sistema métrico decimal o hasta la trigonometría con peras y manzanas, pero si no te aprendes estos numeritos sabrás lo que es estar verdaderamente en una situación "embarazosa".

Para que te enteres

El ciclo menstrual de las mujeres es, generalmente, de 28 días —apréndete el número—; cada 28 días tienen su menstruación, léase: les baja.

La mayoría de las mujeres son regulares. Ojo, no significa que están "regulares", sino que no tienen mayores retrasos en su menstruación, y aproximadamente tres de cada diez chavas son irregulares. A ellas, puede bajarles antes de su fecha o después; así que, aunque seas sobrino de Albert Einstein, es casi imposible hacer las cuentas para saber cuáles son sus días más fértiles.

Si tu chava es o no regular, de cualquier manera tienes que cuidarte cañón, porque puede ser que de un mes a otro, por

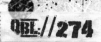

alguna razón, ¡tarán!, su ciclo cambie. Y tú, ¿cómo lo vas a saber si a veces ni ellas mismas lo saben?

Los días más fértiles de una mujer son el 13, 14 y 15 de su periodo —no te los aprendas ¡tatúatelos en la cabeza!—; los dos días anteriores o posteriores a los días 13, 14 y 15 también son muy fértiles.

El conteo empieza a partir del primer día que a la niña le baja. Eso significa que, para hacer bien las cuentas, debes saber el día exacto en el que ella empezó a reglar. También hay que tener cuidado, porque a veces tienen un pequeño sangrado antes de empezar su regla y todavía no es el principio de la menstruación o, como dicen en el gobierno, *"la fecha oficial"*.

A partir del día en que le bajó, empiezas a contar. Supongamos que le bajó el 6 de junio:

Junio	6	7	8	9	10	11	12	13	14	15	16	17	18	19	20	21	22	23	24
Día:	1	2	3	4	5	6	7	8	9	10	11	12	13	14	15	16	17	18	19

Muchas veces hay hombres que se preguntan: "¿Cómo le atiné si sólo lo hicimos una vez?" "¿Cómo que está embarazada a la primera?"

Inicialmente, sabemos que aunque sea sólo una vez, siempre tienes el riesgo de embarazarla. Y segundo, en los días fértiles, por razones hormonales, las mujeres tienen más elevado el deseo sexual, lo que en otras palabras significa que andan más prendidonas. Y como tú —independientemente del día que sea— no cantas mal las rancheras, pues tienen relaciones en un día súper peligroso. O sea cuando ella más quiere es cuando más fértil está.

Nunca se confíen sin protección. Además de lo irregular del ciclo de la niña, los espermatozoides pueden vivir hasta siete días dentro del cuerpo de una mujer, así que no vaya a ser que el espermín entró en el día uno ¡y te salga con su domingo siete! Por eso mejor no dejes que entren, utiliza condón.

Para que tomes tus precauciones ahí te van unos datos de lo que está pasando actualmente en México: de acuerdo al INEGI y la Secretaría de Salud uno de cada dos adolescentes de 12 a 19 años que inician su vida sexual se embaraza por falta de protección. 40% de los embarazos no son planeados ni deseados. Así que si vas a entrar a estas ligas cuídate en serio.

¡Uuups! A mi novia no le baja. ¿Qué hago?

Hay frases que significan algo distinto a lo que parece, por ejemplo:

Cuando un maestro te dice: "¿Por qué no nos ilustra con su cultura?", significa "Vamos a escuchar a este imbécil, para que todos vean que no está poniendo atención". Cuando en una conversación telefónica escuchas: "Pues así es...", significa "Ya me aburriste, quiero colgar". Pero, ¡ojo!, cuando tu novia te dice: "No me baja", significa "Tal vez estoy embarazada".

Si no toman precauciones, un día, cuando menos te lo imagines, tu novia o tu sexto sentido —también conocido como "es que no traía condones"— pueden decir esta frasecita que cambia tu vida y la de la niña por completo.

Esta situación puede ocurrir por algunas de las siguientes razones:

a) A los dos les ganó la calentura y no se cuidaron.
b) Te pusiste mal el condón y se rompió.
c) No utilizaste condón y quisiste sacar el pene antes de eyacular, pero te agarró a la mitad del viaje.
d) Todas las anteriores.

Mientras están en la duda pero todavía hay la esperanza de que a la niña le baje, tu vida cambia radicalmente. Por ejemplo:

- Si faltan diez días para saber si sí o si no, se convierten en los más largos de tu vida.
- Cuando ves un mameluco o una sonaja, te quieres morir. Retiras inmediatamente la vista de esas cositas.
- Ahora te enteras de cosas como los días fértiles de tu novia, si ella es regular o no; antes, ni sabías que esto existía.
- Cada vez que tu novia te habla por teléfono, le ruegas a toda la corte celestial que te diga que ya le bajó.
- Acompañar a alguien al departamento de bebés es una tortura de la inquisición.

En caso de que a tu novia le haya llegado la fecha y no le baje, tus primeras preguntas son: "¿cuántos días es normal un retraso?, ¿puede ser que no le baje porque está nerviosa (o porque estoy nervioso)?, ¿cuánto debemos esperar antes de hacer una prueba de embarazo?, ¿tenemos que ir al ginecólogo?, ¿qué hago? ¡Qué hacemos!"

Cuando una niña es regular, puede tener dos o tres días de retraso, no más. Éste se puede dar por varias razones: la niña está muy estresada o nerviosa, como en época de exámenes; está asustada; acaba de recibir una impresión fuerte, tipo un choque o una mala noticia; hace dietas drásticas, mucho ejercicio o toma pastillas para bajar de peso. #fail

La irregularidad en el ciclo sucede por otras mil razones que ella debe consultar con un médico.

Si sospechan que hay un embarazo, lo mejor es hacerse la prueba, de las que compras en la farmacia, como Predictor, Clearblue (indica el número de semanas del embarazo), First Response (detecta el embarazo 4 días antes del ciclo de la niña), Chopo Preve, etcétera. Esto debe hacerse más o menos cuando cumpla una semana del retraso (excepto por los que son para antes del ciclo como First Response). Son bastante acertadas.

Sin embargo, para estar cien por ciento seguros es necesario hacerse una prueba llamada Fracción Beta, que es sanguínea y puede hacerse en cualquier laboratorio comercial o en un hospital.

Eviten las pastillas, gotas y remedios para que a la niña le baje. Son súper peligrosos y pueden hacer que su ciclo menstrual se altere. También, en caso de que esté embarazada, puede provocar que el bebé se afiance más.

No usen sustancias abortivas que puedan causar que la mujer tenga hemorragias y, en casos extremos, se desangre hasta la muerte.

Lo mejor es ir de volada a un ginecólogo que confirme la noticia y les hable de los cuidados que deben tener.

Como ves, este rollo es super serio así que, si no puedes practicar el sexo responsable, es mejor que te abstengas.

Positivo

Si tu novia está embarazada no hay salida fácil. Tendrás que tomar decisiones muy importantes y duras.

Vas a tener sentimientos encontrados como miedo, soledad, orgullo, ganas de huir, pena, confusión, alegría, culpa, ansiedad o coraje hacia la niña, hacia ti mismo o a la situación. Todo lo que sientas es normal.

La decisión sobre qué hacer de ahora en adelante la tienen que tomar entre ambos. Nada más. Y seguro será muy difícil porque, sin importar cuál sea, va a implicar una serie de broncas. Sus opciones son pocas: tenerlo, darlo en adopción o abortar. Existe apoyo y clínicas de salud emocional gratuitas (INJUVE).

Además de las mil preguntas que la niña se hará, en ti también surgirán mil dudas tipo: "¿Puedo educar y mantener a un bebé? ¿Me atrevería a darlo en adopción? ¿Le pido a ella que aborte? ¿Dónde viviríamos? ¿Y la escuela? ¿Y los planes que tenía? ¿En qué voy a trabajar?"

Es probable que al recibir la noticia sientas que el mundo se te viene encima. No hagas caso a la creencia de que cierto tipo de personas no sienten miedo, tristeza o preocupación: no es cierto; con este tipo de noticias te llenas de pánico. ¡Es lógico!

Seguro te preocupa qué van a decir tus papás, los de ella, la sociedad o los amigos. De todo esto, lo mejor es conocer qué piensan y sienten ella y tú.

¿Y ahora qué?

Sólo te queda apoyar. La mayoría de la atención estará en la niña. Ella es quien está embarazada, la que tiene que hacerse las pruebas y la que finalmente va a dar a luz.

En todo este proceso, puedes creer que no tienes nada qué hacer. No es cierto; sin importar la edad que tengas, tu situación económica, si quieres a la niña o no tanto, la verdad tienes la responsabilidad de ayudarla en todo.

Eres la otra mitad que causó el embarazo. Si la niña siente tu apoyo y tu cariño, y decide que estés con ella, puedes participar de principio a fin y hacer menos difícil la situación.

Sergio, de 16 años, nos mandó este mail:

Yo quería mucho a Carla y estaba súper sacado de onda cuando me dijo que estaba embarazada. Pasamos por mil cosas, pero siempre la apoyé. La neta nos costó mucho trabajo, pero decidimos dar a la bebé en adopción. Creo que fue lo mejor.

Es muy probable que a partir de la noticia tu novia cambie su forma de ser. Tal vez se deprima, llore, quizá esté más enojona que antes; y a ti sólo te toca ser extra mega súper paciente.

Pero si la niña a la que embarazaste ni siquiera era tu novia y la acabas de conocer, es posible que te sientas más que agobiado. Es más, te das cuenta de que para nada querías tener una relación de compromiso con ella. Ni modo, de todas maneras eres responsable y ahora serás el papá del bebé que viene. Lo correcto es dar la cara y apoyar. Antes de tomar cualquier decisión, platica mucho con la niña y con un adulto a quien le tengas confianza, de preferencia con alguno de tus papás.

¿Cuáles son mis opciones y responsabilidades?

Si sientes que el mundo se te vino abajo, ¡imagínate a la niña! Te aseguramos que si ella siente tu apoyo y tu cariño, todo lo difícil del caso le será más sencillo.

Algunos hombres optan por desconocer al bebé y negar que es suyo, aunque estén súper seguros de que sí lo es. Es natural querer huir del asunto por todas las responsabilidades que ahora tienen.

Si te pasa y estuviste ahí para el sexo, lo mínimo que te corresponde es ser "hombre" y aceptar el paquete completo. Eso es lo correcto; es en estos momentos donde te demuestras si eres hombre o no. A veces la niña no está muy segura de quién puede ser el papá. Si por circunstancias medio raras tienes dudas sobre tu paternidad, lo mejor es hacer una prueba genética en la que se comparan factores comunes de la mamá, el papá y el bebé.

Cuando un joven se apanica con la noticia, puede intentar convencer a la niña de pensar en el aborto. Pero nunca debes forzar a una mujer a hacer algo y menos a abortar. Lo mejor es platicar y juntos encontrar la mejor solución para los dos.

Otras veces el adolescente dice: "Yo te apoyo", entonces tienen al bebé, la niña vive en la casa de sus papás y el papá poco a poco se desentiende del problema y termina por desaparecer del mapa. Obvio, el bebé no recibe el cariño de su papá y después, cuando crece, el papá cambia de manera de pensar y quiere reponer el cariño a su hijo, aunque a veces ya no se puede. Esto puede ser una situación muy dolorosa y difícil para todos.

Claro que también hay adolescentes que asumen toda la responsabilidad, aman, se interesan y cuidan al bebé y a la mamá, pero no tienen cómo mantenerlos. Aunque la niña viva con sus papás, es importante que tu hijo crezca sintiendo tu cariño y apoyo siempre.

LAS OPCIONES:

1. Tenerlo. Si deciden tener al bebé, hay tres opciones: casarte, vivir cada uno en su casa o darlo en adopción.

QBL CASARTE. Si amas a la niña y tienes edad para afrontar la responsabilidad de mantener una casa y una familia, esta es la mejor opción. Es un cambio drástico en tu vida; primeramente, casarte muy joven, sin planear las cosas, puede sonar muy romántico pero antes tienes que preguntarte: "¿En dónde vamos a vivir? ¿Cómo nos vamos a mantener? ¿Qué voy a hacer con la escuela?"

Es importante que sepas que cuando una pareja se tiene que casar y son muy jóvenes, hay pocas probabilidades de que el matrimonio tenga éxito aunque es posible.

QBL CADA QUIEN EN SU CASA. Si por "x" razones deciden tomar esta opción, es importante que la niña y tu bebé sientan tu cercanía, amor y apoyo siempre. Visítalos, escúchala y ayúdalos en todo lo que puedas mientras crecen y pueden tomar otro tipo de decisión (el apoyo económico también será muy importante).

QBL DARLO EN ADOPCIÓN. Escoger esta opción es súper difícil y doloroso, porque significa que legalmente dejan de ser los papás de ese bebé. Sin embargo, hay ocasiones en que por la situación, es lo mejor. Siempre hay familias que esperan con toda la ilusión y el amor del mundo adoptar a un hijo. Si piensas que tú y tu novia no le pueden dar el cariño, la educación y la atención necesaria, piensa que siempre habrá otra pareja que sí lo hará.

2. El aborto. Antes de tomar una decisión tan radical y trascendente como ésta, date tiempo para pensarlo tranquilamente y platicar las cosas con la mamá del bebé.

Decidirse por un aborto puede tener muchas consecuencias físicas, psicológicas y emocionales, no sólo en la niña que lo tiene físicamente, sino también en ti como papá. Porque al fin y al cabo, como quieras ver las cosas, el aborto significa matar al bebé.

Hay quienes defienden el aborto diciendo que cada quién es libre de decidir sobre su cuerpo; en este caso es el de la mamá de tu bebé. Pero no olvides que el cuerpo que se forma en su interior no es el de ella, ni el tuyo, es un ser que de momento vive dentro de ella y espera la oportunidad de nacer. Por otro lado el aborto en la Ciudad de México es legal (por voluntad de la mujer). Si la mujer es menor de edad es necesario que asista acompañada de un adulto (no necesariamente un familiar) y con una identificación vigente. Cada estado en México —así como varios países— tienen diferentes causas por las que se permite el aborto (violación, peligro de muerte, malformaciones, etcétera). Existen portales y asociaciones que brindan información sobre el aborto legal, clínicas ginecológicas acreditadas para la interrupción legal del embarazo y apoyo emocional a la mujer.

Luego de ver las opciones anteriores, lo mejor sería no tener que decidir nada y vivir tranquilo. Así que antes de meter materialmente la pata, piensa las cosas dos veces y protégete, o aplica la abstinencia.

PELIGROS EN LA SEXUALIDAD

Sexo a fuerza

Iván, de 13 años, nos cuenta:
Cuando tenía 4 años me llevaban mucho a casa de Roberto, un vecino que era mi amigo. El tenía un hermano mayor, como de 14 años, que tenía unos muñecos del Hombre Araña padrísimos. Nunca nos los prestaba, pero sabía que nos encantaban. Un día que Roberto estaba

abajo en la sala, su hermano me dijo que me prestaba todo el día los muñecos, pero que fuera con él al baño. Lo hice, se abrió los pantalones y me pidió que le chupara "el pajarito". Yo no sabía para qué y lo hice. Me dijo que era un secreto, porque si lo decía no me volvía a prestar nada.

Al otro día le pregunté a mi mamá por qué se besaban los "pajaritos", se asustó y me cuestionó la razón de preguntar eso, y pues le conté. Mi mamá fue muy enojada a hablar con la mamá de Roberto y se pelearon muy fuerte. Nunca me volvieron a llevar a esa casa. Mi mamá me explicó después lo que había pasado.

Que no te pase

Mucha gente piensa que los abusos de tipo sexual les suceden sólo a las mujeres. Desafortunadamente, también les pasa a los hombres, sobre todo cuando son niños o adolescentes.

Actualmente, en América Latina y Estados Unidos el número de hombres que han sido abusados sexualmente es casi igual al de las mujeres.

Hay muchas formas de abuso. La más típica es la seducción. En ella el adulto, con toda la mala intención, te hace o te dice cosas que sabe que te gustarán. Y como tenemos hormonas, piel y terminaciones nerviosas que provocan sensaciones cuando alguien te acaricia, no importa si te lo hacen con la mano de una calaca, mientras tengas los ojos cerrados sientes rico. Además, agrégale que a cualquiera le gusta que le den regalos padres, le digan cosas bonitas y si a eso le sumas cero o muy poca experiencia para ser presa fácil de alguien que sabe perfectamente cómo seducirte, pues está durísimo. Por eso, cuando estás chavo es muy fácil caer.

¿Qué es el abuso sexual?

Es obligarte a realizar alguna actividad sexual que va contra tu voluntad; además, es una de las cosas más humillantes que existen. Te hace sentir culpable y vulnerable. Generalmente se convierte en el secreto más grande de tu vida, pero si aún eres víctima debes decirlo para terminar con el abuso.

Le puede suceder a cualquiera, en el momento en que menos se lo imagina; por eso hay que estar con los ojos bien abiertos. El abuso puede darse de diferentes maneras: desde una caricia en los genitales hasta una penetración.

- **Abuso verbal.** Cuando te hacen sentir incómodo con comentarios tipo: "Qué bonitas piernas tienes, me gustaría tocártelas", o cuando hacen constantemente chistes y alusiones a tus genitales.
- **Abuso con toqueteo o sexo oral.** Como cuenta Iván en su testimonio, es pedirte que toques o acaricies los genitales de otra persona, o permitir que alguien toque los tuyos.

¿Cómo le hacen?

Los abusadores siempre tienen un gancho para conseguir tu atención y llevarte a un lugar donde estén solos. A cambio te ofrecen regalos, dinero, tablets, celulares o lo que a ti te interese.

Algo importante es que no te confíes y creas que sólo le pasa a los niños chiquitos; también a los adolescentes les sucede.

Ten en cuenta que el abuso sexual rara vez es a la fuerza. Por eso es común que cuando el abusador logra su objetivo, amenaza a su víctima con:

- "Le voy a decir a tus amigos o a tu familia lo que estás haciendo."
- "¿Cómo piensas que te van a creer más a ti que a mí? Si tu mamá es mi hermana."
- Te toman fotos y video y te amenazan con enseñarlas o subirlas a internet.
- Te dicen que lo negarán todo.

Esto te hace sentir súper culpable y, de sólo pensar lo que sucedería si la persona cumple su chantaje, accedes aunque ya no quieras seguir con el "jueguito".

Quiénes son los abusadores

Generalmente son personas conocidas, allegadas a tu familia y que cuentan con la confianza de tus papás.

Ochenta por ciento de los abusadores son gente que está cerca de tu núcleo familiar; pueden ser tíos, padrastros, amigos de tus papás, primos, amigos, hermanos mayores, etcétera.

Cómo evitarlo

- **QBL.** Cuando notes que alguien te hace sentir incómodo en ese sentido, aléjate y cuéntalo de inmediato a un adulto.
- **QBL.** Nunca, nunca, nunca vayas a lugares apartados con gente en la que no confías, porque si te ofrecen llevarte a un lugar así, es porque esa persona está segura de que los demás no pueden ver lo que te va a hacer.
- **QBL.** No accedas a ponerle a nadie una medicina o pomada en los genitales.
- **QBL.** No dejes que nadie toque tus partes íntimas. No importa el pretexto.
- **QBL.** Si una persona te quiere regalar algo, no tiene por qué pedirte nada a cambio.

¿Qué debes hacer en caso de abuso sexual?

Hablar. Toda la solución está en hablar. No lo dudes ni un segundo. Esta pesadilla se acaba cuando decides contarlo.

Es muy importante a quién se lo cuentas. Debes escoger a un adulto que te quiera y al que le tengas plena confianza. Lo ideal es que se lo cuentes a tus papás, pues van a ayudarte inmediatamente. Pero si les cuesta trabajo creerlo —en caso de que sea un conocido de ellos—, lo van a dudar y empezarán a investigar. Pero no dejes de decirlo cuantas veces puedas.

También, si te sientes más cómodo, puedes contárselo a un tío, amigo de tus papás, a un maestro, etcétera.

Que no te dé miedo o pena contarlo, ¡al contrario, vas a sentir un gran alivio! Los abusadores dependen de tu silencio, es su arma más fuerte. ¡Quítaselas y cuéntalo! No cumplirá sus amenazas de ponerte en ridículo, porque lo que menos quiere es que los demás se enteren; primero, para seguirlo haciendo, y segundo, porque es un delito. Así que si es tu caso, no te esperes ni un segundo más ¡y cuéntalo ya! Confía en nosotros: si lo cuentas, todo terminará.

Aquí te proporcionamos los datos de algunas instituciones donde puedes encontrar ayuda.

Centros de atención a víctimas de delitos sexuales

AGENCIAS ESPECIALIZADAS EN DELITOS SEXUALES
Agencia 5: (01 55) 53 45 56 56
Agencia 48: (01 55) 53 45 58 30
Fiscalía de Delitos Sexuales 53 46 82 05 / 53 46 82 06
PGJDF www.pgjdf.gob.mx

CENTRO DE TERAPIA DE APOYO A VÍCTIMAS DE DELITOS SEXUALES
(01 55) 52 00 96 32 al 36

COMISIÓN NACIONAL DE DERECHOS HUMANOS
(01 55) 56 81 81 25 / 54 90 74 00 correo@cndh.org.mx

ASOCIACIÓN PARA EL DESARROLLO INTEGRAL DE PERSONAS VIOLADAS
(01 55) 56 82 79 69 / 55 43 47 00 adivac@adivac.org

Las ITS (Infecciones de Transmisión Sexual) Son como las tías insoportables: te caen cuando menos lo imaginas

Es muy difícil que un amigo llegue un día y te diga: "Güey, tengo una mega gonorrea; cuando hago pipí siento como si me salieran pedacitos de vidrio, ¿qué chistoso no? ¿Me das de tu sándwich?"

Las Enfermedades o Infecciones de Transmisión Sexual (ETS o ITS) son algo muy personal y vergonzoso, por lo que en caso de tener alguna nadie lo cuenta. Es probable que ningún amigo te diga que tiene una, pero eso no significa que no existan. De acuerdo con varios estudios, aproximadamente uno de cada cuatro adolescentes con vida sexual activa ¡tiene una ITS!

El rollo es que cuando menos imaginas y esperas, aparecen. Y no porque sea arte de magia, sino porque existe un factor que las hace súper poderosas: la vida sexual de cada persona.

¿Sabías que cuando tienes sexo sin protección, microbiológicamente estás teniendo sexo con todas las personas con las que tu pareja haya estado? ¡Está cañón!, ¿no?

El problema es que aunque veas a la niña como alguien súper confiable —que por supuesto puede serlo—, no tienes modo de estar seguro. ¿Cómo saber qué pex con los niños con los que ha estado? ¡simplemente no puedes!

Tú sabes que hay muchos chavos que con tal de tener relaciones con una niña se hacen pasar por angelitos de la guarda, cuando en verdad son como diablos súper mega golfos.

Ahora que si la chava con la que estás podría hacer casting para un table dance y seguro la escogen, pues… podría ser que ganes un viaje todo pagado, directo y sin escalas a una ETS.

Cualquier persona sexualmente activa puede adquirir una ETS sin importar su edad, experiencia, lo guapa, buena onda, amiga, desconocida, inteligente o nice que sea.

Algunas ETS se curan con antibióticos, otras no, como el herpes. El herpes es un virus que se puede contagiar de la boca a los genitales y de los genitales a los genitales. Pero la bronca no para ahí, el asunto es que, una vez que contraes este lindo amiguito, nunca se quita y tienes que aprender a vivir con él. Lo correcto sería decirle a cada persona con la que tengas relaciones que tienes herpes, advertirle que se puede infectar y que, si llegan a casarse, a la hora de tener un hijo el parto se puede complicar y si el bebé nace vía vaginal puede infectarse también.

Otras ITS de tipo viral todavía no encuentran cura y causan la muerte, como el SIDA. Miles de adolescentes como tú mueren diariamente por este mal. Cuando muta a enfermedad se convierte en ETS (Enfermedad de Transmisión Sexual).

Neto, en el momento de la calentura, el sexo, nunca te puedes imaginar que algo tan padre y placentero pueda provocar que te enfermes o mueras.

Algunas de las ITS provocan síntomas, otras no, son totalmente silenciosas.

Por ejemplo, una persona con una ETS puede tener dolores, irritaciones, erupciones extrañas o manchas en el cuerpo. Puede sentir ardor al hacer pipí, un fuerte dolor en el estómago o mucha tos.

Al mismo tiempo, una persona infectada con SIDA puede pasar diez años sin experimentar ningún síntoma. ¿Te imaginas a cuántas personas puede contagiar en ese tiempo?

Como ves, las ITS tienen muchos riesgos, pero el peor de todos es *no saber de ellas* porque, ¿cómo te cuidas de algo que no conoces? Así que mejor infórmate para saber de qué cuidarte y cómo.

En cuanto a medidas de protección, sólo el condón usado correctamente puede reducir el riesgo de contraer una ITS.

El alcohol es un factor importante para el contagio. Está comprobado que cuando tomas es más fácil que te valga cuidarte. Si tienes una ITS lo ideal es que atiendas con un urólogo.

La fórmula 50-5-50

- **QBL:** Como ya lo platicamos, hace 50 años se conocían sólo cinco enfermedades, hoy hay más de 50. Está heavy.
- **QBL:** Veinticinco de ellas son súper comunes entre los jóvenes.
- **QBL:** Treinta por ciento de las que existen son incurables.
- **QBL:** Ochenta por ciento de las ITS son asintomáticas: no presentan síntomas, así que puedes estar enfermo y contagiar a otras personas sin saberlo. ¿Cómo curar algo que no sabes que padeces?

¿Cómo se contagian?

La ITS no sólo se transmiten por medio del esperma y fluidos vaginales; también por el contacto con los genitales, piel a piel, a través de la saliva o la sangre.

Por ejemplo, el virus del papiloma humano, que está muy fuerte hoy en día, puede causar cáncer en el útero de la mujer si no se trata. Se contagia con el simple contacto de los genitales, aún cuando traigas condón y no haya penetración.

Ojo con esos fajes desnudos donde no hay penetración pero se abrazan y embarran todo.

Hazte una prueba

Es muy importante que si mantienes relaciones sexuales con alguien que a su vez las ha tenido —¡imagínate la cadena que se puede hacer!—, te hagas una prueba de ITS.

Hazte un análisis de sangre o un cultivo en un laboratorio aunque no tengas ningún síntoma. Se recomienda que si tienes una relación monogámica —sólo con una persona— te hagas una prueba cada seis meses.

Mitos y realidades de las ETS

Falso

- Sólo te contagias cuando practicas el acto sexual completo.
- Si te lavas mucho después del acto sexual no contraes ninguna de esas enfermedades.
- Si te contagias, lo descubres de volada porque te salen granitos en el pene o te empieza a dar una comezón insoportable en todo el cuerpo.
- La única enfermedad seria es el SIDA, las otras se quitan con pomadas que venden en las farmacias.
- Cuando deja de picarte ya no hace falta continuar el tratamiento.

Verdadero

- Son súper contagiosas.
- La única forma cien por ciento segura de evitar el contagio es la abstinencia.
- Los síntomas no son inmediatos y hay que conocerlos. Infórmate.

- **QBL.** El único medio para combatirlas es un tratamiento prescrito por el médico.
- **QBL.** Algunas enfermedades desaparecen por un tiempo pero quedan latentes, y reaparecen en una nueva fase.
- **QBL.** Si no se atienden, algunas pueden causar la muerte.

Cuáles son las Infecciones de Transmisión Sexual (ITS)

GONORREA

¿Qué es?
Una infección bacterial.

¿Cómo te da?
Por contacto vaginal, anal o sexo oral.

Síntomas
Son más molestos para el hombre que para la mujer, pues a veces ella no presenta síntomas. Los hombres sufren dolor intenso al orinar o cuando el pene secreta. Las mujeres pueden tener secreciones e hinchazón en los labios vaginales.

Prevención
Evita las relaciones sexuales hasta que la persona esté curada. El condón y los espermicidas reducen el riesgo, pero no totalmente.

Tratamiento
Antibióticos.

Implicaciones a largo plazo
La gonorrea no tratada puede provocar enfermedades inflamatorias pélvicas y esterilidad.

LADILLAS

¿Qué son?
Piojos que se instalan en el vello púbico y se alimentan de sangre. También pueden vivir en el cabello y las axilas.

¿Cómo te dan?
A través del contacto cercano con una persona que tenga ladillas: compartiendo ropa interior, sábanas, toallas y ropa de cama. Las mascotas pueden transportar estos bichos.

Síntomas
Mucha comezón. Posiblemente manchitas de sangre en la ropa interior por las mordidas. Si miras de cerca las podrás ver.

Prevención
Evita contacto íntimo con personas que tengan ladillas.

Tratamiento
Medicamento prescrito por el médico. Lavar toda la ropa utilizada recientemente y los sitios o prendas donde puedan esconderse las ladillas. Estos bichos pueden ser difíciles de quitar y tal vez necesites repetir el tratamiento varias veces.

Implicaciones a largo plazo
Ninguna.

HERPES

¿Qué es?
Hay dos clases de virus de herpes. El herpes oral (extremadamente común pero no es considerado como una ITS) que puede aparecer como llagas o fuegos alrededor de la boca. Y el herpes genital, definitivamente una ITS.

Este último se caracteriza por dolor, comezón y llagas en la zona genital; lo que resulta confuso es que el herpes oral puede aparecer en los genitales y causar síntomas similares a los del

herpes genital. El virus del herpes genital se aloja en la base de los nervios de la columna vertebral y vive ahí permanentemente. Los síntomas pueden aparecer al contraerse el virus o después, y regresar de manera esporádica. Algunos detonantes de estas reapariciones son la fatiga y el estrés.

¿Cómo te da?

Vía contacto oral, genital o anal con una persona con llagas activas de herpes; es decir, cuando la llaga está abierta y se dice que está derramando. Puedes contraerlo por contacto de piel a piel o mediante fluidos vaginales o esperma, que lo trasladan de la llaga a otra locación.

Síntomas

La primera vez aparecen una o más llagas en la zona genital que se pueden romper, sangrar o supurar y dar comezón. Tardan en secarse entre siete y catorce días. Algunas veces los brotes son seguidos por síntomas parecidos a los de la gripe (dolor de cabeza y cuerpo cortado, fiebre y cansancio), así como dificultad al orinar. Los síntomas pueden surgir después de varios meses del contagio. Los siguientes brotes usualmente son más leves y pueden confundirse con infecciones o alergias. Los brotes también aparecen sin presencia de síntomas.

Prevención

Utiliza siempre condón así como espermicidas. Hay riesgo de contagio aun cuando las llagas no sean visibles. Los condones para mujer en estos casos son todavía mejores que los de hombre, porque cubren mayor área genital.

Tratamiento

Las pomadas pueden reducir la molestia del herpes, reducen la comezón y aceleran el proceso de cicatrización. Son recomendables los baños de asiento.

Las cremas anestésicas pueden disminuir la molestia; además, algunos medicamentos antivirales pueden reducir los brotes. Comer bien y dormir bien ayuda al tratamiento.

Implicaciones a largo plazo

Una vez que contraes herpes tendrás que vivir con él toda la vida y necesitarás tener muchos cuidados. Lávate las manos frecuentemente cuando tengas brotes, evita tocarte los ojos y la cara después de tener contacto con una llaga. El herpes en los ojos es peligroso y puede provocar ceguera.

VIRUS DEL PAPILOMA HUMANO

¿Qué es?

Es un virus de transmisión sexual muy común, relacionado con el virus que causa verrugas en cualquier parte del cuerpo.

¿Cómo te da?

Se adquiere a través del contacto de la piel, contacto vaginal, anal o sexo oral con alguien que tenga el virus.

Síntomas

Usualmente no causa dolor, algunas veces aparecen verrugas que dan comezón en alguna zona genital interna o externa. Tienen una apariencia diferente dependiendo de si son más duras, blancas o cafés en los genitales externos, más suaves y rosadas en la parte interior del canal vaginal o en el cérvix. Pueden aparecer individualmente o en grupo.

Prevención

Algunos métodos como los condones y los diafragmas ayudan a reducir el riesgo. Se puede transmitir de piel a piel aun con protección. Muchas personas tienen verrugas y no lo saben, otros tienen el virus y lo ignoran.

Tratamiento

Una vez que el médico diagnostica, las verrugas pueden congelarse, quemarse, tratarse con láser o cortarse. El sistema inmunológico del cuerpo parece que limpia el virus del cuerpo permanentemente o por un largo tiempo. Existen medicamentos para eliminarlo.

Implicaciones a largo plazo

Algunas verrugas que no se han tratado pueden seguir creciendo, romperse y sangrar si son irritadas. Algunos efectos del virus que causa las verrugas se relacionan con el cáncer cervical y con condiciones precancerosas del cérvix, aunque el porcentaje de estos casos es bajo.

El papanicolau es una forma confiable para detectar el cáncer cervical, que es fácil de tratar y curar en fases iniciales. Cada mujer necesita practicárselo una vez al año. Quienes han sido diagnosticadas con el VPH deberán hacérselo cada seis meses.

CLAMIDIA

¿Qué es?

Una infección bacterial en los genitales.

¿Cómo te da?

Se adquiere a través del contacto con la piel, el contacto vaginal o anal y el sexo oral.

Síntomas

Sensación de quemazón cuando se orina y en los genitales. En las mujeres, cambio de color y textura en el flujo. Posibles cólicos.

Prevención

Asegúrate de que tú y tu novia no estén contaminados. Usen condones (para hombre o mujer) con espermicida al tener sexo oral, vaginal o anal.

Tratamiento

Con antibióticos, si es diagnosticada en las fases iniciales.

Sin diagnosticar y sin tratar puede causar daños en vías urinarias y órganos reproductores, inflamaciones pélvicas (EIP) en la mujer, y esterilidad.

HEPATITIS B

¿Qué es?
Un virus que daña al hígado.
¿Cómo te da?
Se transmite por medio de los fluidos corporales incluyendo la saliva. La puedes contraer al besar a una persona infectada, o al tener contacto sexual oral, anal o vaginal. También al compartir agujas usadas, navajas, cepillos de dientes, tijeras para uñas o al utilizar instrumentos no esterilizados para hacer piercings o tatuajes.
Síntomas
Sarpullido, fatiga, náuseas, vómito, dolor corporal, dolor abdominal, pérdida de apetito, tono amarillento en la piel. También hay quienes no presentan síntomas.
Prevención
Existe una vacuna que se suministra en tres inyecciones. La hepatitis B es altamente contagiosa, así que deberás evitar el contacto íntimo con quienes la padezcan. Los condones femenino y masculino, utilizados con espermicidas, reducen el riesgo de contagio durante el sexo, pero seguirás expuesto aún si se besan.
Tratamiento
La vacuna es efectiva, no importa que se aplique después del contacto.

Implicaciones a largo plazo

Si te cuidas bien, con descanso, una buena dieta, nada de alcohol y el tratamiento médico adecuado, esta enfermedad puede controlarse. Sin embargo, es crónica. Sin tratamiento y sin control puede dañar el hígado y causar la muerte.

SÍFILIS

¿Qué es?

Es una bacteria de transmisión sexual que entra en la corriente sanguínea y provoca úlceras, llagas y sarpullido.

¿Cómo te da?

Por sexo oral, anal o vaginal. Algunas veces por besos ya que las llagas pueden aparecer en el interior de la boca.

Síntomas

Se manifiesta en diferentes etapas: primero aparece una llaga donde se dio el contacto, la llaga comienza a supurar y, posteriormente, se seca (la etapa de supuración es la más contagiosa). Sin tratar, la bacteria provoca sarpullido, fiebre y dolores de cabeza. La llaga seca no implica curación pues la enfermedad es latente y quien la padece se convierte en portador.

Prevención

Los métodos como el condón masculino y femenino, utilizados con espermicida, reducen el riesgo. Claro, debes pensarlo muy bien antes de tener relaciones sexuales con quien tiene esta enfermedad.

Tratamiento

Antibióticos.

Implicaciones a largo plazo

La sífilis sin tratar puede deteriorar órganos vitales, provocar daño cerebral y hasta la muerte.

MOLUSCO CONTAGIOSO

¿Qué es?

Es una infección viral (virus) que causa ronchas con un punto amarillo en el centro.

¿Cómo te da?

Se contagia por contacto sexual. Estos nódulos aparecen en línea, donde la persona se rasca. El rascado u otro mecanismo local irritativo hace que el virus se extienda en línea o en grupos (cultivos).

Síntomas

Lesiones en la piel con las siguientes características:

- En forma de roncha pequeña con un hoyuelo en el centro.
- Inicialmente firmes, de color carne, tipo perlas.
- Posteriormente se vuelven más blandas, grises y pueden supurar.
- Núcleo central de material húmedo viscoso. Normalmente en genitales, abdomen y cara interna de los muslos en los adultos.

Prevención

Evitar el contacto directo con las lesiones. Tener cuidado en las relaciones sexuales utilizando el preservativo, que puede ayudar en la prevención de esta infección viral.

Tratamiento

En las personas con un sistema inmune normal, las lesiones desaparecen espontáneamente en un periodo de meses o años. Las lesiones individuales pueden extirparse quirúrgicamente, mediante raspado, congelación o aguja eléctrica. Los medicamentos utilizados para las verrugas pueden ayudar, pero lo mejor es acudir con un doctor.

Implicaciones a largo plazo

El molusco contagioso es una infección crónica y las lesiones pueden permanecer durante unos meses o años. Estas lesiones al final desaparecen sin dejar cicatrices. Las lesiones primarias pueden ser confundidas con herpes pero, a diferencia de lo que ocurre con el herpes, estas lesiones no son dolorosas.

CANDIDIASIS

¿Qué es?
Es un hongo. La candidiasis es una infección generalmente vaginal. Pero tú, como hombre, también la puedes padecer y transmitir. Son lesiones rojizas con el contorno más rojo.

¿Cómo te da?
Los síntomas aparecen cuando crece el número de hongos y se sale del balance en relación con otros microorganismos que normalmente hay en la vagina. También pueden aparecer en asociación con otras enfermedades como la diabetes, el embarazo, la toma de la píldora o problemas que afectan al sistema inmune (SIDA o virus VIH).

Síntomas
- QBL. En los hombres, el pene se puede poner rojo o blanco y se ve como pelado.
- QBL. En las mujeres, descarga vaginal (flujo) anormal, espesa, blanca (como leche cortada).
- QBL. Picor vaginal y labial.
- QBL. Enrojecimiento en la piel de la vulva.
- QBL. Dolor al orinar.
- QBL. Dolor en la relación sexual.

Prevención
Debe evitarse la persistente o excesiva humedad en la ropa interior.

Tratamiento
La mujer puede usar cremas vaginales como Miconazol o Cotrimazol. Pero es preferente que siga siempre las recomendaciones un médico.

Implicaciones a largo plazo
Los síntomas desaparecen completamente con tratamiento adecuado.

Sexo oral y sexo anal

El sexo oral es la unión de la boca con los genitales. Es importante tener cuidado porque muchas enfermedades, como el herpes y el SIDA, se pueden transmitir de esta manera. Como los virus no son visibles y nunca sabes si tu pareja está contagiada, lo mejor es protegerte. El sexo oral se puede, y debe, practicar con condón; por eso hay condones, de sabores. Si decides hacerlo no dejes de usarlo. Aunque no es cien por ciento seguro, aminora en mucho el riesgo.

El sexo anal es la penetración del pene o los dedos en el ano de una mujer; en caso de que sea en un hombre, es una práctica homosexual. Ahí se encuentran muchas terminaciones nerviosas, por lo que para muchos es una zona placentera. Sin embargo, el acto sexual puede ser doloroso y riesgoso pues es posible que las paredes del recto se desgarren y sangren, lo que lo convierte en el sitio ideal para transmitir o adquirir una enfermedad sexual.

Esta situación empeora cuando el pene, posteriormente, se introduce en la vagina: al haber estado en contacto con el ano se encuentra contaminado por materia fecal. Evítalo, es una de las principales formas de contraer o transmitir una ETS.

SIDA que sí da

¿Por qué todo mundo se asusta tanto con el SIDA?

- Porque en los últimos 25 años ha infectado a más de 65 millones de personas.
- Porque actualmente hay 40 millones de personas que viven con SIDA, y existen muchas más que todavía no saben que lo tienen.
- Porque cada año se infectan aproximadamente cuatro millones de personas.

QBL: Porque hasta ahora no tiene cura.

QBL: Porque 25 millones de personas han muerto por su causa.

Basta con una sola de estas razones para entender por qué. Todo el mundo y los medios de comunicación hablan del SIDA, pero, ¿qué es exactamente? El SIDA es el Síndrome de Inmunodeficiencia Adquirida. Es pues, una enfermedad que se transmite por un virus en la sangre, en los flujos vaginales o en el semen, llamado VIH, y ataca al sistema inmunológico. La persona es más propensa a enfermarse porque se queda sin defensas ni protección. Como explicamos, hasta ahora la ciencia no ha descubierto una cura contra el virus, aunque existen tratamientos súper caros (terapia anti-retroviral) que más o menos lo pueden controlar.

El virus hace un trabajo silencioso, va destruyendo células (linfocitos CD4) que organizan la respuesta de defensa de una persona contra otras infecciones, por lo que una persona a la que se le llama portador puede tardarse años en descubrir que está enferma.

Tener el virus no es lo mismo que tener SIDA, aunque un portador puede desarrollar la enfermedad en un tiempo promedio de diez años.

Cómo se puede transmitir

Al tener relaciones sexuales con una persona infectada a través de la penetración oral, anal o vaginal. También al utilizar objetos como jeringas usadas, agujas de tatuaje, instrumental quirúrgico no esterilizado, navajas de rasurar o de madre a hijo durante el embarazo o la lactancia.

Cómo no se puede transmitir

El SIDA no se transmite por estar cerca de alguien infectado, por un beso, un piquete de mosco u otro insecto, por compartir el baño, comida, ropa, cubiertos, estornudos, tos, lágrimas o sudor.

Tener la enfermedad ya es bastante serio como para que, además, existan personas que hagan sentir mal a un enfermo de SIDA, y ni siquiera acercársele. Eso es sólo ignorancia y muy poca calidad humana.

Síntomas

Al principio de la enfermedad es muy difícil detectarla, después se inflaman los ganglios linfáticos, se pierde mucho peso, se suda por las noches, se presenta fiebre intermitente, diarrea, dolor de cabeza, infecciones frecuentes y mucho cansancio.

Cómo prevenirlo

El SIDA puede prevenirse —igual que la mayoría de las otras ITS— usando el condón masculino o femenino, acompañado de espermicida, porque no sólo mata a los espermatozoides, sino a los virus que se hallen en el semen.

Cinco minutos de calentura

Ninguna conquista, chica, modelo, artista o la mujer más guapa del mundo, vale lo suficiente para arriesgar tu vida. Si no tienes condón, te estás jugando la vida en un volado. Cada vez que estés con alguien que quiera tener sexo oral o relaciones contigo y no tengan cómo protegerse, dile que no, aunque ella te ruegue y te mueras de las ganas. El SIDA es una cuestión de vida o muerte, y muchísimas personas que se infectaron de esa manera darían todo por volver a tener la oportunidad de decir no. Así que no la desperdicies.

La prueba

Todas las personas que han tenido una relación sexual sin cuidarse tiemblan cada vez que escuchan algo sobre la prueba del SIDA; se preocupan simplemente al escuchar la palabra. La verdad es que, aunque es difícil enfrentar una prueba de estas, es muy tonto no hacerlo, porque si tienes la enfermedad puedes empezar con un tratamiento y controlarla; si no lo haces así, puede ser muy tarde.

Si crees que podrías estar infectado, espérate a que pasen tres meses de la relación y hazte un análisis de sangre en un laboratorio comercial o en un hospital. No olvides que lo ideal es ir con un médico. Algo muy importante en caso de que los resultados sean positivos es que dejes de tener relaciones sexuales para evitar que la enfermedad se propague.

Centros de apoyo para personas con SIDA:

TELSIDA
52 07 40 77 / 01 800 712 08 86 / 01 800 712 08 89
telsida@salud.gob.mx

FUNDACIÓN SER HUMANO
55 78 74 23 / 55 88 76 29
humannet@serhumano.org.mx
serhumano@serhumano.org.mx

AMIGOS CONTRA EL SIDA
56 59 75 31 / 044 55 91 95 55 13
amigoscontraelsida@yahoo.com

PROTECCIÓN SEXUAL: "SI LUCHAS, HAZLO CON MÁSCARA"

¿Cómo evitar el contagio?

Actividades sin riesgo

- QBL. Abstinencia.
- QBL. Abrazos.
- QBL. Masajes normales.
- QBL. Beso seco.
- QBL. Masturbación.

Actividades de muy bajo riesgo

- QBL. Besos húmedos. Te puedes contagiar de catarro, gripe o hepatitis B. Para evitarlo debes aplicarte la vacuna para hepatitis B y no besar a quien esté enfermo.
- QBL. Masajes con estimulación. En caso de haber contacto con los genitales es necesario que las manos estén limpias y desinfectadas (este es el famoso masaje con final feliz).
- QBL. Masturbación mutua. No te contagias si no hay cortadas en las manos o lesiones en los genitales. Pero si las tienes y estableces contacto íntimo con alguien con SIDA, puedes contagiarte porque el esperma infectado entra al torrente sanguíneo. Para evitarlo, usa guantes de látex, condón masculino o asegúrate de que la chava con la que estés use condón femenino o espermicida.

QBL Sexo oral. Te puedes contagiar de herpes, SIDA, hepatitis B, gonorrea, sífilis y condilomas. Para evitarlo: usa condón.

Actividades muy riesgosas

QBL Penetración vaginal.

QBL Sexo anal.

Te puedes contagiar de herpes, SIDA, hepatitis B, gonorrea, sífilis, clamidia, molusco contagioso, cándida, condilomas y, por supuesto, también puede presentarse ¡el embarazo! Para evitarlo usa condón masculino o femenino y espermicida.

El mejor amigo del hombre no es el perro, ¡es el condón!

Al condón también se le conoce como globito, gorro, hule o preservativo; nosotros preferimos decirle "el salvavidas" porque, después de la abstinencia, es el único medio de protección contra las ETS, incluyendo el SIDA, con el más alto porcentaje de protección si lo colocas bien. Además, tiene 88 por ciento de efectividad ante los embarazos no deseados. De hecho, el porcentaje puede elevarse si lo combinas con anticonceptivos vaginales como óvulos o espuma; o sea, está cañón, ya que te protege un buen y es un 2x1 porque te cuida de las dos cosas.

Por eso decimos que el mejor amigo del hombre no es el perro sino el condón. ¡Nada más no vayas a sacarlo a pasear con cadena!

El condón es una funda de látex o plástico que cubre el pene cuando está erecto, para que al eyacular el semen quede atrapado en él y no pase al cuello uterino de la mujer.

Hay condones hechos con tejidos animales, como piel de cordero, pero no son nada recomendables porque no te protegen de las ITS.

La primera vez que compres uno te puede dar pena; ya después te sientes tan seguro que casi los pides como si estuvieras en el mercado, así como: "Me da un cuarto de jitomate, medio kilo de zanahoria, kilo y medio de condones y un cuarto… un cuarto… ¡ah!, un cuarto donde no haya gente para ponerme el condón".

Hoy en día son tantos los hombres que usan condón, que hay muchísimos modelos y estilos:

- De colores, para que combinen con tus chones.
- Fluorescentes. Si te quieres esconder, la chava tendrá una pista para saber por dónde andas.
- Musicales. Tocan desde una rola romántica hasta las fanfarrias, para festejar el final.
- De sabores. Existen más sabores y combinaciones que en un puesto de jugos y licuados.
- De figuritas. Para disfrazar a tu amiguito de balón de futbol, personaje de caricatura o algún monumento importante. Si tu amiguito no está bien despierto, el monumento se verá como edificio en ruinas de la Segunda Guerra Mundial.

En fin, son tantos los estilos de condones que hay en el mercado, que así como existen panaderías o tlapalerías, también hay condonerías donde venden todo tipo de versiones de este producto.

Pero, ¡aguas!, la mayoría de estos condones son para jugar. No sirven para protegerte. Los únicos que funcionan son los normales; los de colores y los de sabores se usan para la práctica del sexo oral, los demás son de chiste o de colección. Así como algunos coleccionan ranitas o elefantitos, otros coleccionan condoncitos.

Los normales se venden en las farmacias, tiendas de convenencia (Oxxo, 7eleven, Círculo K), en los supermercados y en algunos antros, donde tienen en los baños maquinitas y allí puedes comprarlos.

Hay dos o tres razones por las que a algunos chavos no les gusta usar condón; pero la verdad, frente a la posibilidad de infectarte, enfermarte o embarazar a una chava, estas razones se quedan súper chicas. No les gusta usarlos porque, según ellos:

1. Se rompen: sí, algunas veces, pero son contadas y la mayoría de las ocasiones pasa por no colocarlo bien o por comprar uno de mala calidad. Por eso es importante comprar condones de buena calidad.

2. Me quedan chicos: ¡cáálmateeee! Los condones son ultra-mega-flexibles; puedes meter las dos manos en uno solo y expandirlo hasta ponértelo de máscara. Si te lo pones así en una fiesta de disfraces todos sabrán de qué vas disfrazado. El rollo es que son grandísimos, pero aun así te tenemos una buena noticia "don gigantón": hay condones grandes y extra grandes. Así que no te preocupes, existe mercancía para gente de tu nivel.

3. Reducen la sensación: es cierto que reducen un poco la sensibilidad, pero es mínimo. Además, todas las marcas tienen modelos para mayor sensibilidad. Muchos chicos utilizan esta pequeña disminución de sensibilidad para durar más. No suena mal el negocio.

4. Soy alérgico al látex: esto es real, hay gente que es alérgica; pero no te preocupes, los condones de plástico, a diferencia de los de piel de cordero, sí te protegen contra las ITS y los encuentras en muchos lados. Están hechos de poliuretano. Seguro cuando te mencionaron en la escuela la palabra "poliuretano", pensaste la típica pregunta: "Y esto, ¿de qué me va a servir?" Pues fíjate nada más qué útil nos resultó.

5. Interrumpen: "A la mitad del rollo tengo que parar la acción para ponérmelo". ¡Correcto! Aunque definitivamente no es lo más cómodo, es mejor veinte segundos de tiempo fuera, que nueve meses de espera por tu nuevo hijo.

La verdad es que ninguna de estas razones se acercan ni a los talones a los riesgos que puedes correr si las cosas salen mal.

Es básico saber algunas cosas sobre los condones, así que aquí van los...

PRESERVA-TIPS

1. Lo primero que debes checar es la fecha de caducidad del paquete; si ya caducó no sirve. Si el paquete no trae fecha de caducidad, tampoco lo compres. Aquí aplica lo que se dice con la comida: "Ya se echó a perder". No vaya a ser que se te eche a perder... pero otra cosa.

2. Trata a los condones con cuidado; recuerda que son tus "socios". No los apachurres ni los aplastes. Es muy importante guardarlos en lugares frescos, donde no les dé el sol porque dejan de servir. No los guardes en la cartera, donde se aplastan cada vez que tu trasero está cansado, o

en la guantera del coche donde el sol les pega como a una pirámide egipcia.

3. De preferencia, compra condones lubricados. Si no lo están, utiliza un poco de lubricante elaborado con base en agua, jalea K-Y, Soft Lube de Sico o Astroglide. Ten cuidado: a un condón de látex no le puedes poner vaselina, aceite para bebé o crema porque se rompe.

4. Jamás uses los dientes para abrirlo. Tampoco tijeras de ningún tipo, no importa si son las de puntita chata con las que hacías tus trabajos en primero de primaria o las de la pollería de la esquina. Ésta es una de las principales razones por la que los condones se rompen. Así que toma el empaque, empuja el condón hacia el centro y ábrelo por una esquinita con los dedos.

5. El condón tiene un derecho y un revés. El derecho es cuando se desenrrolla hacia tu cuerpo. Es muy fácil de ver. Desenrróllalo un poquito antes de ponértelo para que no te pase como dicen los polis: "¿Qué pasó, mi amigo? Va en sentido contrario".

Si te equivocas de lado y el condón ya tocó tu pene, tíralo y usa otro, pues en la parte exterior puede haber líquido seminal antes de empezar, y cuando suceda la penetración, tendrás espermas en la punta listos para darles un "aventón" hasta adentro. Ten cuidado para que después no vayas a decir: "Es imposible que la haya embarazado, ¿cómo fue?" ¡Tarán! He aquí una de las posibles respuestas.

6. Ponte el condón antes de la penetración para evitar una infección de transmisión sexual o, por supuesto, un embarazo.

7. Algo importantísimo es usar un condón nuevo por cada relación. También necesitas cambiarlo en caso de que practiques sexo vaginal y después anal. Mucho cuidado: esto es muy riesgoso y una de las principales razones de contagio.

8. Nunca uses dos condones al mismo tiempo. Al frotarse entre ellos se rompen.

Una vez que conoces los preserva-*tips*, es básico que aprendas a ponerte bien un condón, así que Ch-K nuestra sección "Hágalo usted mismo".

a) Ponte el condón sobre el pene erecto. Si no está erecto no sirve y va a parecer niño chiquito en *sleeping bag* de adulto. Una vez que lo coloques en el glande —aunque lo tengas chico—, antes de desenrollarlo aprieta con los dedos el receptáculo, que es como la jorobita, para sacar el aire. A veces ocurre que, con la fricción, el aire llega a romper el condón. Como en el concurso donde cuando se acaba la música te sientas en los globos, nada más que aquí es al revés: si se rompe pierdes.

b) Desenrrolla el condón a lo largo del pene hasta que la base —el anillo— quede lo más cerca posible de tu cuerpo.

c) Una vez que eyacules, inmediatamente toma el condón de la base y, antes de que el pene pierda su firmeza, sácalo de la vagina pero sin soltarlo para que no se salga el semen.

Muchos hombres se quedan echando pasión, besos y abrazos. Definitivamente este no es el momento. Tu amiguito se puede dormir más rápido de lo que imaginas y si no lo sacas a tiempo, saldrá, pero sin condón. Ten mucho

cuidado.

Los últimos detalles

Condones de marca. Aunque ningún condón puede asegurarte que no va a fallar, los de marca y los del Sector Salud son mucho más confiables.

Los condones que compres deben decir en el paquete o en las instrucciones: "Probado electrónicamente".

Hay muchas cosas en las que puedes escatimar, pero com-

prar condones buenos definitivamente no es una de ellas. Imagínate: "Yo sé cuánto cuestan seño, pero mire, me llevo el que está roto, nada más que déjemelo en la mitad", el güey todavía sale y dice: "Hice un súper negocio".

- Lleva varios condones por si uno se llega a romper o por si tienes otra relación. Ahora que si llevas diez condones, una de dos: o eres un cuate súper precavido o te sientes súper héroe.
- Cuando la niña es la que lleva el condón, Ch-K que cumpla con todas las especificaciones que te hemos dado (el condón, no la niña).
- La primera vez que lo usas te pones nervioso a la hora de ponértelo, así que cuando estés solo practica. Por lógica, tu pene tiene que estar erecto, así que te vas a tener que darle una ayudadita. Nada más cuida que nadie te vea, porque una cosa es tener sexo seguro, pero masturbarse con condón... ya es una exageración.

La verdad es que, como te decíamos al principio, el condón es un seguro de vida. Pase lo que pase, úsalo. Muchas veces te ligas a la niña que nunca creíste que te podrías ligar o la que llevas años haciéndole la luchita, y un día las cosas se dan. Si no tienes condón, no te avientes. No vale la pena arriesgar tanto por 15 minutos de calentura. Acuérdate que "caras vemos, calentura no sabemos". Nunca sabes con quién se acuesta esa chava, y ese cuate con quién más se acuesta y etcétera, etcétera, etcétera, etcétera.

Aunque en esos momentos creas que jamás vas a volver a tener a esa niña o estar en esa situación, estás equivocado. Te decimos algo súper neto: la verdad es que si se repite, la diferencia está en que ese día sí tendrás condón.

DEBES SABER QUE ES UN MITO ESO DE QUE TENER RELACIONES CON CONDÓN ES IGUAL A FAJAR CON GUANTES DE BOX; LOS CONDONES QUE EXISTEN EN EL MERCADO CONSERVAN 95 POR CIENTO DE LA SENSIBILIDAD DEL PENE.

Condonerías

SECTOR SALUD

Los condones pueden conseguirse de manera gratuita en el Sector Salud (IMSS, ISSSTE, ISSEMYM e ISEM).

SUPERCONDON

Tel. 55 54 22 38

supercondonmex@gmail.com

EL ENCANTO DEL CONDÓN

Avenida Isabel la Católica No. 13-5 Piso

Desp. 510 Col. Centro

55 42 40 96

55 18 79 06

www.elencantodelcondon.com

MEXFAM
Juárez No. 208 Col. Tlalpan. Delegación Tlalpan
C.P. 14000 México, D.F. 5487 00 30
www.mexfam.org.mx

MÉTODOS ANTICONCEPTIVOS

Aunque sabemos que, por más extremo que seas, no te colocarás un DIU —dispositivo intrauterino—, ni te funciona tomar pastillas anticonceptivas (aunque te las eches todas de hidalgo), es súper importante que conozcas los métodos anticonceptivos para que, si decides tener relaciones, sepas cuáles son tus opciones para cuidarte y proteger tu futuro y el de la niña también.

Hoy en día, en México, aproximadamente medio millón de niñas se embarazan anualmente. ¡Tranquilo! No te estamos responsabilizando por las 500 000; simplemente lo comentamos para que tu chava no se incluya en la cifra.

Hablamos de que son 1 369 chavas por día, no en el mundo, sólo en la República Mexicana; o sea que no es por echarte la sal, pero según esta estadística de la Universidad Nacional Autónoma de México, no está tan difícil que termines siendo parte del estudio.

Como sabes, el condón es el principal método anticonceptivo para el hombre, pero si lo combinas con otro que use la mujer, tus posibilidades de llenar el cunero de un hospital con bebés que traigan una pulserita en la muñeca con tu apellido, se reduce.

Mejor échale un ojo; bueno, este rollo es tan importante que mejor échale los dos.

La pastilla

Ésta no quita el mal aliento, pero es lo de menos; evita el embarazo. Las pastillas anticonceptivas tienen dosis súper chicas de hormonas que hacen que la mujer no ovule. Es muy importante que un ginecólogo recomiende cuál tomar y cuándo empezar, porque depende de muchas cosas. No es como llegar a una feria y entrarle al primer carrito de esquites o elotes que se cruce. La chava tiene que ser disciplinada en el tratamiento porque se toman todos los días, y eso es importantísimo, así que ruégale a Santa Neurona que no se le olvide.

La pastilla es uno de los métodos más seguros. Cuando las mujeres toman pastillas pueden tener efectos secundarios, que si se ponen muy cañones pueden convertirse en efectos preparatorianos. Algunos son:

- Aumento de peso.
- Crecimiento del vello.
- Dolor en las bubis.
- Dolor de cabeza.

El DIU: dispositivo intrauterino

Es el que te dijimos que estaba cañón que te lo pusieras. Consiste en una pieza de plástico o cobre en forma de "T". El doctor lo inserta en el útero y lo revisa cada seis meses para comprobar que esté bien puesto. Es un anticonceptivo porque hace que el útero sea inhabitable para un óvulo fecundado. Este método es de larga duración, porque puede estar ahí hasta cinco años sin necesidad de cambiarlo. Si una chava te dice que tiene DIU, pues está cañón que lo compruebes, así que mejor usa un método adicional.

El diafragma

El diafragma es un capuchón de goma de látex suave que se coloca en cuello uterino. Mide entre 5 y 10 centímetros de diámetro y es "quita-pon". Hace que el semen no pase por el cuello uterino. Dura dos años y su efectividad es del 90 por ciento. La mujer lo inserta en la vagina antes de la relación sexual y lo cubre con jalea espermicida, dejándoselo puesto siete horas después de la relación para que el espermicida haga su trabajo.

Óvulos, espermicidas y jaleas

Si la palabra espermicida te sonó a insecticida de espermas, acabas de pasar el examen con diez. Éstas son sustancias químicas que se insertan hasta el fondo de la vagina antes de la relación sexual y que matan o inmovilizan a los espermatozoides sin dañar los órganos sexuales (son como criptonita para Esperman). Posiblemente seas tú el que los tenga que introducir en la vagina de la mujer: se hace con los dedos o un aplicador, quince minutos antes de la penetración o coito. Pero no te preocupes, todo viene en el instructivo. Algo que es básico saber es que después de una hora pierden su efectividad.

Son muy buenos, pero es mejor si los combinas con otro método, como el condón.

Coitus interruptus

Este es muy de hombres, pero también es muy de embarazos porque es cero seguro. Se trata de sacar el pene de la vagina antes de eyacular. Es peligrosísimo porque antes de eyacular, cuando tu pene se lubrica, puede arrojar líquido seminal, léase: espermatozoides. Cuando tienes el pene adentro, hay preyaculaciones que lógicamente contienen semen, y cuando estás haciendo tus cálculos para salirte, muchas veces no le atinas y dejas un poco de semen dentro de la vagina. Además no te protege contra las ITS. ¿Estás de acuerdo en que sobra decirte que "aguas con éste"?

Preservativo femenino

No, no es un condón gay. Es como una película de látex con forma de tubo, con un anillo en cada extremo que se introduce en la vagina —ya viene lubricado—; sirve para evitar que el semen pase al cuello uterino y para cubrir las paredes del contacto directo. No es recomendable que tú también te pongas condón al mismo tiempo, porque se pegan.

El método natural

Es el método que te explicamos antes, en la parte sobre los días de fertilidad de la mujer, cuándo y en qué días se puede embarazar. Pero su efectividad es muy baja y la mujer necesita ser súper regular para tener cierta seguridad.

El parche

No hablamos de lo que vas a hacer sino de lo que la chica se va a poner. Es un parche que se pegan las mujeres en la piel y funciona como las pastillas anticonceptivas, nada más que las hormonas se liberan a través de la piel y llegan hasta la sangre. Tiene menos efectos secundarios y se usa con base en el calendario del ciclo menstrual. Las hormonas están en el pegamento, así que no se te ocurra estar jugando con él.

La píldora de emergencia

Esta pastilla la anuncian mucho, pero no la puedes comprar en la farmacia nada más así. Tienes que ir con un ginecólogo para que vea a la chava y le diga cuál necesita comprar.

Se usa cuando, a pesar de haberte cuidado, las cosas no salieron como planeaste porque se rompió el condón o no sacaste a tiempo el pene.

Esta pastilla tiene "x" cantidad de hormonas que alteran el endometrio —las paredes del útero— para que el óvulo no se instale. Así, el embarazo no se da y baja la menstruación. Súper importante: para que la píldora funcione, tiene que tomarla dentro de las 72 horas siguientes al coito. Puede ser que la mujer experimente varios efectos secundarios como ganas de vomitar y mareos. No se puede usar varias veces. Es una solución extrema que sólo un ginecólogo puede recomendar.

Implante – Chip anticonceptivo (también conocido como implante hormonal subdérmico)

Esta es una gran opción anticonceptiva porque su efectividad es mayor al 99.5% (sin embargo no te protege de las ITS, ojo).

Es una varilla flexible muy chiquita, como un mini-palito que tiene una hormona derivada de la progesterona y evita la ovulación e impide el paso de los espermatozoides al interior del útero.

Pueden usarlo todas las mujeres en edad reproductiva que no estén muy bajas de peso (no se te ocurra ponértelo tú, eso ya sería piercing o implante) y se pone adentro de la piel en la parte interior del brazo izquierdo (sí, como chip de misión imposible). Dura tres años y se lo ponen a las mujeres rápidamente en una clínica, así de pisa y corre (10 minutos aproximadamente).

Los efectos secundarios pueden ser sangrado o manchado entre menstruaciones, dolores de cabeza y bubis, mareo, nausea y ausencia de la menstruación, estos síntomas no afectan la salud de la niña y desaparecen eventualmente.

En México y muchos países la Secretaría de Salud los implanta gratuitamente. #asiomasfacil

Anillo intravaginal (NuvaRing)

Es un anillo de plástico blando como del tamaño del aro de un condón que se introduce en la vagina (creo que queda claro que es para uso exclusivo de las mujeres). Tiene duración de 3 semanas y libera ciertos componentes cada 24 horas para inhibir la ovulación. Tiene un nivel de efectividad del 99%.

Centros de apoyo para la protección sexual

GRUPO INTERDISCIPLINARIO EN SEXUALIDAD HUMANA
11 14 05 40 / 65 95 15 31 / 044 55 38 79 02 61
www.geishad.org.mx

PLANIFICATEL
Tel. 01 800 624 64 64
www.planificanet.gob.mx

DE JOVEN A JOVEN
Tel. (01 55) 56 58 11 11

TABLA DE EFECTIVIDAD DE MÉTODOS ANTICONCEPTIVOS

Tipo de anticonceptivo	Efectividad contra las ITS	Efectividad contra embarazos
1. Condón.	Alta. A excepción de la abstinencia, el condón es el mejor método para no contraer ETS.	88% (condón masculino). La efectividad aumenta si además se usa algún espermicida.
2. Diafragma con espermicida.	Baja. El espermicida te puede proteger contra el virus del papiloma humano y la gonorrea.	82% Muy baja.
3. Método natural, ritmo.	Ninguna	76%
4. Óvulos, espuma o jaleas.	Baja. Puede proteger contra clamidia y gonorrea.	79%
5. Píldora anticonceptiva.	Ninguna.	99%
6. Coitus interruptus.	Ninguna.	38%
7. Preservativo femenino.	Ninguna.	90%
8. DIU (dispositivo intrauterino).	Ninguna.	Entre 98 y 99%
9. Ligamiento de trompas.	Ninguna.	99%
10. Esponja.	Ninguna.	Entre 64 y 94%
11. Píldora anticonceptiva de emergencia.	Ninguna.	Entre 80 y 95% dependiendo del tiempo transcurrido entre la relación y la toma.
12. Parche anticonceptivo.	Ninguna.	99%
13. Chip anticonceptivo.	Ninguna.	99.5%
14. Anillo intravaginal.	Ninguna.	99%

ORIENTACIÓN SEXUAL: HETEROSEXUALES, HOMOSEXUALES, TRANSEXUALES Y BISEXUALES (LGBT)

Ya son tantos tipos y estilos que seguro te haces bolas. Muy posiblemente conoces a hombres y mujeres que se sienten atraídos por personas de su mismo sexo. Como sabes, ellos se conocen como homosexuales, gays o, en el caso de las mujeres, lesbianas. Su atracción al mismo sexo es física y emocional.

Los heterosexuales son a los que les atrae el sexo opuesto (es la mayoria de la población).

A quienes les atraen los dos sexos por igual, o sea a los que les da lo mismo, son llamados bisexuales. Y hay otros: los transexuales, que son personas que sienten que nacieron con el sexo equivocado porque lo que viven en su interior no corresponde con su cuerpo. Es algo así como ver alguna parte de su cuerpo y decir: "Esto no es mío". Muchos transexuales, desde chicos, se portan como si fueran del otro sexo. Esto sucede en uno de cada 12 000 hombres y en una de cada 30 000 mujeres.

Se dice que un hombre es travesti cuando le gusta vestirse de mujer, pero te tenemos una noticia que te va a dejar impresionado: no necesariamente son homosexuales.

LGBT son las siglas que designan colectivamente a lesbianas, gays, bisexuales y personas transgénero.

¿Naces o te haces?

Esta pregunta es como la del huevo y la gallina. Algunos expertos dicen que la homosexualidad es producto de la naturaleza. Muchas investigaciones se han enfocado en encontrar las posibles causas; hay quienes dicen que existe una diferencia física en el hipotálamo, un área especial del cerebro que maneja la sexualidad, entre otras cosas. Otros afirman que este rollo se da por el origen genético, hormonal o que tiene que ver con algo durante la gestación o el nacimiento. Lo que sí se sabe es que no es algo que tú eliges, no es una enfermedad y esperamos que no se te ocurra ni pensarlo.

Otros expertos dicen que se debe a un tipo de educación, a un medio ambiente determinado o algo en tu vida que te hace tomar la decisión de ser gay. Hay quienes dicen que es una mezcla de las dos cosas. El caso es que ninguna de las investigaciones es definitiva y, hasta ahora, no se ponen de acuerdo.

DEBES SABER QUE ES UNA GRAN MENTIRA QUE UNA PERSONA QUE SE MASTURBA MUCHO SE HACE HOMOSEXUAL. ES FALSO, NO TIENE NADA QUE VER.

¿Seré gay o no?

Hola, tengo 16 años y tengo mil dudas sobre mi sexualidad. Estoy súper confundido en cuanto a ser o no ser homosexual, porque a pesar de que me atraen los niños, no lo quiero aceptar por lo que vayan a decir los demás. Estoy muy confundido, cuando veo a un hombre no sé si me atrae o sólo me gusta cómo se viste, o si tengo miedo de que sea real que me gusten los hombres. La verdad, no sé. ¿Cuánto tiempo tarda una persona en tomar una decisión?

Además, creo y siento que decepcionaría a mi familia. También en este momento, en la escuela, me la estoy pasando mal en cuanto a cómo se llevan los demás conmigo pues aunque no les he dicho nada, siento que me rechazan y se burlan mucho de mí, me hacen sentir fatal. Les escribo porque no tengo con quién platicar sobre esto.

Anónimo

Cuando recibimos este correo electrónico, consultamos a varios expertos. Algunos opinan que hay jóvenes que, en un periodo de transición como la adolescencia, pueden pasar por algún tipo de experiencia homosexual. A veces puede ser algo breve, pasajero, sin importancia o bien, en un futuro, convertirse en una forma de vida.

Hablando de este periodo, es común que durante tu desarrollo y despertar sexual, tengas experiencias sexuales estimulantes con alguien del mismo género… ¡hasta fantasías con una persona de tu mismo sexo! Eso no tiene nada que ver con que seas o no homosexual. No sientas culpa; piensa, es lógico. Tus hormonas están como locas trabajando por primera vez y hacen que estrenes sensaciones. Así que, si de casualidad tu amigo pasaba por ahí y sientes "chistosito", no necesariamente eres gay.

También es normal que tengas miles de dudas tipo: "¿Seré gay porque me gusta estar siempre con mi amigo?", "¿Por qué me dan celos de que mi mejor amigo sea más amigo de otro, de que tenga novia o quiera ser novio de mi hermana?" "¿Por qué me da miedo que ya no me haga caso?"

Muchas veces, todo lo anterior pasa por la necesidad de sentirte seguro, comprendido y apoyado. Quizás también porque admiras la forma de ser de tu amigo (la mayoria de los adolescentes tienen "pares", que son amigos que quieren y admiran). Una vez más, nada que ver con ser homosexual. También puede ser que no sientas ningún tipo de atracción por nadie ni por nada, o todavía no tengas claro quién te gusta. No te preocupes, este tipo de confusiones son de lo más normal en la adolescencia.

¿Hasta aquí vamos bien? (frase típica de profe de secundaria). Entonces seguimos: otros especialistas opinan que hay niños y niñas que desde la infancia se sienten y se saben diferentes, pero como la sociedad no lo entiende o no lo acepta, se quedan callados muchísimo tiempo o para siempre.

Sobre este tema hay mucha desinformación. No hay recetas de cuánto tiempo se debe tardar una persona con este tipo de dudas en reconocer su orientación sexual. Lo más importante es que, si crees que es tu caso, te informes con personas, libros o sitios de internet confiables sobre el tema. Y, por supuesto, acuérdate de que la decisión es sólo tuya.

El día que estés seguro podrás enfrentar tus miedos. Sólo tú vas a saber cuándo estás listo para dar los siguientes pasos.

Es básico que sepas que cuando te crees o te sabes gay, te causa mucha angustia, sufrimiento y depresión; incluso puedes tener pensamientos de suicidio por no entenderte a ti mismo y por el profundo miedo al rechazo. Puedes pensar que la homofobia (odio a los homosexuales) y todas las bromas que hacen los demás hombres sobre los gays son muy crueles, y aunque tú no te sientas como los personajes de los chistes que se cuentan, te angustia enfrentarte a "ese soy yo". Aunque no es algo fácil, debes tranquilizarte y pensar que, si estás seguro, es algo que no decidiste, que no por ello vas a ser más o menos feliz que los demás, y que llegará el momento de enfrentarlo y de ser feliz como cualquier otra persona.

Por lo pronto, si tienes dudas lo mejor es hablarlo con algún especialista que te pueda informar y orientar (puede ser cualquier psicólogo o sexólogo). Además, te recomendamos leer mucho sobre este rollo para que te informes más y te des cuenta de que no eres el único al que le sucede.

Según el informe del *Surgeon General's, Call to Action to Promote Sexual Health and Responsable Sexual Behavior*: "Ningún niño puede considerarse homosexual. En la mayoría de las personas se consolida la identidad homosexual durante la adolescencia y en la vida adulta".

"Salir del clóset"

Se dice "salir del clóset" para referirse al momento en que una persona está totalmente convencida de que es gay y decide no ocultarlo. Si es tu caso, debes estar preparado para enfrentar situaciones y problemas que la mayoría de la veces no son nada fáciles, entre los que se encuentran la aceptación...

🔵 *De ti mismo.* Esto es lo básico de lo básico, el primer paso. Aceptarte de esa manera, entender que no estás haciendo nada malo y que, así como mucha gente tiene ciertas características, ésta te tocó a ti. Si todavía te deprimes con el tema, mejor no lo platiques todavía. Debes tener la fuerza suficiente para enfrentar los prejuicios y reacciones de algunas personas. Infórmate mega bien sobre todo esto, ve con un sexólogo, con un terapeuta o checa libros confiables.

🔵 *De la sociedad.* Cuando se trata de diferencias sexuales, muchas personas se portan de manera distinta respecto de lo que consideran que está bien o no. Hay quienes no están de acuerdo y quienes no le ven ninguna bronca. En el caso de quienes no están de acuerdo con los sentimientos y formas de actuar de los homosexuales, es muy importante que sepas que pueden criticarte, ponerte apodos, marginarte o hasta discriminarte. A eso se le llama homofobia.

QBL: *De los amigos.* La noticia puede sorprender a algunos y a otros no tanto. Sin embargo, tienes que ubicar que unos te pueden aceptar y otros rechazar, es normal. También es normal que tus amigos se saquen un poco de onda, porque no saben nada de esto, por eso debes explicarles que no los vas a seducir, atacar o tratar de convencer para que se vuelvan gays; que no tiene nada que ver con eso y que no es una decisión personal, mucho menos una enfermedad y, por lo tanto, no se puede curar con un doctor. Todo esto es el miedo típico de los amigos.

QBL: *De tu familia.* Ésta es quizá la más cañona de todas: enfrentar a la familia. Las reacciones de incomodidad, enojo y decepción de tus papás pueden ser súper fuertes, sobre todo porque choca de frente con las expectativas que ellos tenían. Es una sorpresa y un mega trancazo. Viven una gran pérdida. Para ellos es como un fracaso. Sobre todo, se preguntan cosas como: "¿En qué fallamos?", y pueden, equivocadamente, sentir mucha culpa. ¡Entiéndelos! Al igual que tus amigos, no tienen información, y la mayoría todavía no saben ni por qué pasa esto. Escoge un momento apropiado para decirlo, no cuando estés borracho o enojado por otras broncas. Puedes encontrar a papás que inmediatamente te den todo su apoyo, otros que te rechacen durísimo o hasta te corran de la casa. Debes tener listo un plan B con amigos o familiares que te echen la mano. También pueden reaccionar repitiendo frases típicas que te lastimen. Tienes que ser muy paciente y demostrarles que los quieres y los necesitas más que nunca.

En este último caso, es importante que sepas que la mayoría de los papás, con el paso del tiempo lo llegan a entender o, al menos, a tolerar y que algunos desde el principio pueden apoyarte más que nunca. Hay de todo.

Se necesita mucho valor y convencimiento absoluto de que eres gay para superar todos los obstáculos y encontrar tranquilidad y paz personal. Esto no puede detener tu vida; la existencia y el valor de una persona va mucho más allá de una preferencia sexual. No hay gente "normal" y "anormal", todos somos iguales y debemos respetar la sexualidad de los otros. Hoy en día, las diferentes orientaciones sexuales son protegidas por las leyes contra la discriminación. En México se ha modificado el Código Civil para permitir matrimonios gays (uniones entre dos personas del mismo género). Este tipo de matrimonio también es permitido en países como Estados Unidos, Brasil, Argentina, Uruguay, Colombia y Chile.

Centros de apoyo para gays

Si tienes alguna duda sobre tu forma de ser, o algo no te late respecto a cómo te sientes, no dudes en buscar consejo en los siguientes lugares:

FAMILIAS POR LA DIVERSIDAD SEXUAL A.C.
52 86 20 30
Irmamiriam_angel@hotmail.com

TELSIDA
52 07 40 77 / 01 800 712 08 86 / 01 800 712 08 89
telsida@salud.gob.mx

NUESTRAS HIJAS Y NUESTROS HIJOS
www.pflag.org

CONSEJO NACIONAL PARA PREVENIR LA DISCRIMINACIÓN
www.conapred.org.mx

COMISIÓN NACIONAL DE LOS DERECHOS HUMANOS
www.cndh.org.mx

COMISIÓN DE DERECHOS HUMANOS DEL
DISTRITO FEDERAL
www.cdhdf.org.mx

DEMYSEX.RED DEMOCRACIA Y SEXUALIDAD
www.demysex.org.mx

EL ARMARIO ABIERTO
www.elarmarioabierto.com

FUNDACIÓN TRIÁNGULO POR LA IGUALDAD SOCIAL
DE GAYS Y LESBIANAS
www.lander.es/consultor-marketing.html

LOS SEXÓDROMOS

Seguro has oído hablar sobre cuentos con final feliz pero, ¿masajes con final feliz? Desde que se conoce el SIDA, los bonos de la prostitución bajaron mucho, como si cotizaran en la bolsa:

DOW JONES 0.41, NASDAQ 0.15, PROSTITUCIÓN 0.69

De hecho, el problema de la prostitución es que manejaba tu cierre… a la baja.

Ante este asuntito, apareció una nueva línea de lugares proveedores de sexo *light* —si hay hasta hamburguesas *light*, por qué no sexo, que incluye los table dance, las hot-lines o líneas telefónicas calientes, sitios con sexo y cámaras en vivo y los masajes con crema o aceitito. El rollo es que, aunque todos manejan de alguna manera un sexo de bajo riesgo, te pueden meter en broncas de alto riesgo, así que debes tener cuidado.

Los *tables*

En la pista número dos, Xiomara; pista número uno, Estrella… Giosejandi, a las regaderas. Estos son algunos de los nombres de las señoritas o damitas (así les dice la boletera).

Entrar a un table es como dar la vuelta al mundo en 80 minutos, porque hay "bailarinas" de todas las nacionalidades.

Sólo que aquí el pasaporte para cada país es el tamaño de tu cartera. Hay todo tipo de tables, desde los más caros, donde todo es de lujo, hasta los más baratos, donde el tubo es casi de PVC (plástico para tuberías). Los tables no ofrecen sexo explícito, su objetivo es que las mujeres que bailan se desnuden y hagan un show en la pista (si ya los conoces, más que estarlo entendiendo, lo estás reviviendo). También se venden boletos para que te bailen en tu mesa o en algún privado.

Los tables tienen varias cosas peligrosas a las que necesitas poner atención:

QBL Los privados —pequeños cuartos sin puerta— se pueden prestar para que la chava te ofrezca tocar tus genitales por más dinero. No les des chance, sus manos pueden estar sucias y pudo haber hecho lo mismo con el cliente anterior. #alejateits

QBL La gente está generalmente borracha y la mayoría son hombres, así que ten cuidado porque las peleas están de promoción y ya sabes: testosterona y alcohol no son la mejor combinación.

QBL En un table no te van a robar tu virginidad, pero sí pueden robarte todo tu dinero y tu tarjeta de crédito. Si una chava se sienta en tu mesa a platicar, te van a cobrar cada bebida de ella al triple; a eso se le llama "fichar". Puede pedir champagne y en realidad le están sirviendo refresquito de manzana.

Las líneas o sitios en línea calientes

¿Te suenan conocidas las siguientes frases?

QBL "Soy una ardiente colegiala y quiero que tú seas mi maestro del amor… llama ya."

QBL "No seas tímido, llámame, quiero ser tu amiga y contarte mis intimidades."

QBL "¿Estás solo? "Texteame, conéctate, prende tu web cam".

Pues claro que estás solo, ni modo que estés viendo ese comercial de televisión cenándote unas quesadillas con tu mamá y tu hermana o checando la compu con tu tía Laura.

Lo único que hacen con estas llamadas es crearte una fantasía para que te excites. ¿Te fijas cuál es la palabra clave de todo lo que te dicen?: "Llama", "conéctate", eso significa que están dispuestas a decirte todo lo que quieras con tal de que la llamada o el tiempo de conexión no sea precoz, o sea que no cuelgues pronto para que puedan sacarte una mega lana.

Puntos importantes: ✓

- **QBL.** Como es lógico, las niñas que te contestan no son las modelos del comercial de la tele ni las de la foto. Son chavas o señoras con la voz aguda que, aunque te hacen sentir que todo es natural, sólo siguen instrucciones escritas de lo que te deben decir para que no cuelgues.

- **QBL.** Llamar conectarte es muy caro, te cobran por minuto. De hecho, la mayoría te cobran quince minutos desde que entras. <small>Pero como esta "advertencia" te la ponen en letras chiquitas —como éstas—, nunca las ves.</small>

- **QBL.** Aunque pienses que tus papás no se dan cuenta, las llamadas aparecen cuando llega el recibo de teléfono o el estado de cuenta de la tarjeta que usaste. Y aunque aparezcan registradas a nombre de otra compañía que quizá no tiene nada que ver con la línea caliente, o no la nombran, tus jefes se van a sacar de onda por la cantidad de dinero y porque estas llamadas aparecen en una parte especial del recibo telefónico. Así que cuidado, porque tarde o temprano te van a cachar y seguro te las van hacer pagar a su modo, entre otros posibles trabajos forzados.

Los masajes

Los masajes o final feliz, como muchos hombres les dicen, son masturbaciones disfrazadas de masajes. Efectivamente te dan un masaje por cierto tiempo, pero al final la masajista te masturba hasta que eyacules.

En este tipo de masajes, las sábanas o toallas deben estar recién lavadas para que no se conviertan en "fomites" (telas que transmiten gérmenes). Por otro lado, si la masajista no se lavó bien las manos y se puso desinfectante antes de darte tu "relajación", más que darte un masaje que abra tus chakras, te va a hacer uno que te pegue un chancro y ese si te vas a tardar un rato en quitártelo.

Pornografía. Sólo por no dejar de verla

Encerrado en su cuarto, Pedro, de 16 años, hace click con su mouse sobre otra imagen porno en la pantalla. Piensa: "Nada más veo esta y le apago". Antes de terminar de bajar la imagen escucha un fuerte golpe. La puerta se abre: ¡su papá! Pedro, nervioso, intenta bloquear su pantalla, apagar su monitor o desconectarse de internet, ¡lo que sea! Pero es demasiado tarde.

Piensa: "Uta madre, ya me cacharon! Perdón pá, pero la neta no tiene nada de malo, me llegan como veinte mil correos de estos. No los busco, me llegan por lo menos quince diarios como Pop ups. Además todos mis amigos los ven".

La pornografía siempre ha existido y, como tú sabes, la encuentras en todos lados: en puestos de revistas, celulares, libros, videos, música, DVD, cines, tiendas, televisión por cable, en moteles, hoteles de cinco estrellas, en internet, chats, mails, por teléfono y demás. (la palabra "demás" la puedes considerar como "debajo de tu cama o la de tus amigos".) ¿La razón? Es un gran negocio. La ecuación es súper sencilla:

Cuando descubres tu sexualidad es común que todo lo que sea material porno te llame la atención. Casi todos los hombres han escondido una porno con más cuidados y trampas que un tesoro de la antigüedad, abajo de su cama o en su compu. Muchos otros lo usan como *Guía básica de la anatomía humana I y II*, y otros como material "didáctico" para sus fantasías.

Ver un poco de pornografía en algún momento de tu vida como curiosidad, para saber y conocer qué es, o algo que haces de vez en cuando, es una práctica normal y no tiene mayor problema.

Sin embargo, ¡aguas!, porque buscar pornografía de manera obsesiva o querer ver porno hardcore —el más fuerte—, sí te puede causar broncas.

El asunto es que te pongas atento porque esta industria, con tal de atraparte para hacer dinero, ataca como guerrero bárbaro: sin piedad y a puñaladas.

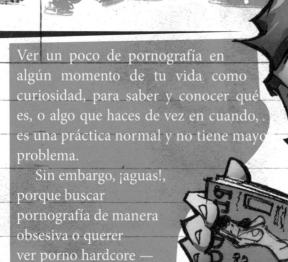

Para que te enteres:

- **QBL.** Sitios pornográficos en la red: 4.2 millones (12 por ciento del total de la web).
- **QBL.** Páginas pornográficas: 372 millones.
- **QBL.** Búsqueda diaria de pornografía: 68 millones (25 por ciento del total de las búsquedas).
- **QBL.** El pornonauta más frecuente tiene entre 12 y 17 años.

QBL: De 68 millones de visitas diarias a los sitios pornográficos, 72 por ciento son hombres y 28 por ciento mujeres.

QBL: Los sitios más visitados para investigar tareas, tienen pop-ups porno, y una vez que abres uno no te la acabas porque parece que pagaste una suscripción por adelantado y de por vida. Lo malo es que tu compu se llena de todo tipo de virus extraños y, a ver, explícale a tu mamá... Otras páginas te permiten navegar sin mandarte posteriormente información.

Con todo este rollo seguro te preguntas: ¿qué tiene de malo ver porno? Primero, lo difícil es que a la par de tantos sitios porno en la red, los delitos de tipo sexual han aumentado muchísimo como comentamos en el capítulo de "Internet". Y segundo, **la técnica del perico:** cuando teníamos 7 años repetíamos las tablas de multiplicar, hacíamos planas de letras y aprendíamos de los mayores lo que se debía hacer y lo que no. Eso nos da un resultado más o menos de... más 2, menos 5, por 8, menos el número que pensaste... ¡ah!, ya está: información + repetición = fijación. O lo que es lo mismo, si lo repites mucho te lo aprendes. Ese es el reto de la mercadotecnia. Que aceptes ciertas imágenes o ideas que tal vez no te hubieran latido si no fuera porque nos las martillaron en el cerebro.

Ya que el impacto de ver material, como un anuncio, es algo emocional, no lógico, las imágenes se graban en el cerebro y luego se convierten en modelos a seguir.

Por eso, después de haber visto un anuncio en la tele varias veces, notamos que escogemos ese producto sin saber por qué.

Imagínate las consecuencias psicológicas que tiene en nuestra mente ver pornografía constantemente, sobre todo cuando eres joven y la mente es como esponja —aunque algunos la tienen como fibra para lavar los trastes.

En un estudio súper serio que se hizo sobre la manera en que afecta ver porno, surgieron los siguientes resultados:

1. Insensibiliza al que la ve; poco a poco lo deshumaniza.
2. Es adictiva. Como las drogas, quien ve pornografía frecuentemente cada vez busca material más fuerte.
3. Despierta o aumenta la conducta agresiva del hombre contra la mujer.
4. Te hace creer que tienes que ser superhéroe en la cama, y luego por esa información equivocada hay tantos problemas a la hora de la hora.
5. Denigra a la mujer.
6. Algunos criminales como pederastas, asesinos o violadores, están más propensos a cometer un crimen después de ver pornografía.
7. Baja la autoestima y favorece el pensamiento obsesivo.
8. Hace que la sexualidad se considere un producto de consumo, que nada tiene que ver con el amor.

Filtros de a mentiritas

Tú bien sabes que de nada sirve que tus papás te pongan todos los filtros posibles en la computadora. Si quieres ver pornografía, siempre lo podrás hacer.

Varios expertos dicen que para un adolescente es normal ver pornografía por las dudas y conocimiento sexual que tiene en esa época. El problema es que te obsesiones y, peor aún, que creas que ese sexo es normal, acuérdate que es una película de "Hollywood", ni los hombres tienen generalmente ese tamaño de pene ni es normal durar ese tiempo en el sexo y mucho menos se debe tratar a una mujer así en la cama. El sexo real no es lo que ves en la pornografía y una cosa es ver un poco y otra atascarte y obsesionarte.

CAPÍTULO 5

QUIÚBOLE CON...
MIS ROLLOS EMOCIONALES

Emociones radicales

QBL. Si ya apostaste la máscara o la cabellera contra unos luchadores gandallas...

QBL. Si ya pasaste de año a pesar de la actitud de un maestro cuyo único objetivo era refundirte en el infierno, o sea en la salita que está al lado de la dirección...

QBL. Si ya abriste una puerta sin querer y te tocó ver a la tía de tu cuate en ropa interior y "los dos" se murieron de la pena...

QBL. Si ya viste a tu exnovia que amabas, intercambiando babas con tu exmejor amigo...

... En fin, si crees que ya pasaste de todo, es importante que sepas que todavía hay algo más, y ese "algo" son las emociones radicales.

Así como hay alegría, emoción, amor y diversión, hay otro tipo de estados de ánimo que, aunque parecen completamente lo contrario, son parte del ser humano y tenemos que aprender a vivirlos-odiarlos y, sobre todo, superarlos.

De entrada, recuerda que cuando eres adolescente es como caricatura, porque las malvadas hormonas se suben a tu cerebro y desde ahí controlan el universo.

Ahora imagínate que tomas la licuadora y le agregas los siguientes ingredientes:

- **oBL.** Estrés.
- **oBL.** Presiones de todos los días.
- **oBL.** Broncas con tus papás.
- **oBL.** Rollos de la escuela.
- **oBL.** Una pizca de la indiferencia de la niña por la que mueres.

¿Qué obtienes? Pues un licuado, con todo y huevo, de emociones radicales.

Las emociones son sentimientos, no acciones. Por lo tanto, no puedes controlar lo que sientes, pero sí lo que haces al respecto.

Muchas de estas emociones pasan solitas pero otras pueden ser más intensas. Cualquiera que sea el caso, hay muchos expertos en estos asuntos que pueden ayudarte. Mientras, tienes que poner muchísima atención para no continuar con una conducta autodestructiva, o sea una forma de ser que te ponga en peligro.

Este tipo de emociones no son exclusivas de los adolescentes; todo el mundo las tiene sin importar la edad. Por eso es básico que aprendas a enfrentarlas para que no se conviertan en un problema más cañón en el futuro.

Ansiedad y angustia

Nunca falta una tía, una amiga o una mamá que está en el grupo AA, y en este caso no nos referimos a Alcohólicos Anónimos, sino a las que todo les da Ansiedad y Angustia, y se la pasan diciendo: "¡Ay, tengo ansiedad porque no he recogido los uniformes de Betito", "Tengo angustia porque no voy a llegar a tiempo para que bañen al perrito, y ni modo que ande por ahí todo mugroso".

La verdad es que la ansiedad y la angustia son mucho más que eso. Son sensaciones en el pecho, la garganta, la boca del estómago; se siente como un hoyo en el estómago aunque te hayas zampado quince tortas cubanas.

Son un estado de preocupación, intranquilidad y miedo en los que te inquieta cañón algo que va a venir, pero no sabes bien qué es. Es más común de lo que te imaginas. También puedes sentir ansiedad y angustia y tener perfectamente identificado lo que te pasa. Pero si tienes estas sensaciones y no sabes por qué primero revisa si ya comiste, porque si llevas tres días en huelga de hambre o en un plantón, posiblemente ésta sea la razón que buscas.

Ya en serio: cuando no sabes por qué te sientes así, trata de identificar qué es lo que te preocupa. Igual es un examen final, o tener que decirle a tu papá que chocaste el coche, o estás sacado de onda porque tus jefes se están divorciando, o tu novia no te pela y ella dice que no le pasa nada (eso todas las mujeres lo dicen). Si te enfocas, es fácil descubrir qué te pasa.

Sí un día tienes estas sensaciones, nada agradables por cierto, lo mejor que puedes hacer es actuar y terminar con el problema, no lo extiendas más. Habla con tu papá, novia o con quien tengas que hacerlo. Cuando lo hablas con alguien te alivianas muchísimo, te desinflas.

Si es algo pasajero o no sabes qué onda, distraerte es una muy buena opción. Sal con tus amigos, ve al cine, toma clases de algo divertido o échate un partido de fut. Hacer deporte es uno de los mejores remedios para aliviar la ansiedad.

Por otro lado, como ya explicamos, hay veces que puede ser algo inconsciente que te molesta pero no logras detectar. Si la angustia o la ansiedad continúan es necesario que vayas con un psicólogo o psiquiatra. Y no te asustes por eso; no es de "locos", como creían algunas personas hace años. Es una decisión muy sana y completamente normal y así mucha gente resuelve sus broncas.

No lo olvides: hay expertos para todo. Si te duele la panza vas con un gastroenterólogo; si te duele la muela, con un dentista; y si tienes sentimientos encontrados, pues vas con un psicólogo.

Un problema de estos es normal y se puede arreglar con una pequeña terapia o algún medicamento. Así que rómpele la cara a la angustia.

Depresión

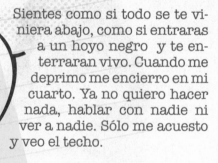

Sientes como si todo se te viniera abajo, como si entraras a un hoyo negro y te enterraran vivo. Cuando me deprimo me encierro en mi cuarto. Ya no quiero hacer nada, hablar con nadie ni ver a nadie. Sólo me acuesto y veo el techo.

Bazooca, 14 años.

Antes se creía que este rollo de la depresión era sólo de adultos. Sin embargo, hoy muchos adolescentes y preadolescentes la sienten y la sufren.

La depresión tiene varios grados: desde una tristeza ligera y pasajera, como cuando estás más enamorado y tu novia te dice: "Gracias por participar", o cuando te bronqueas con un amigo; hasta la depresión clínica severa, que es algo súper denso que puede llevarte a pensar hasta en el suicidio.

Cuando te sientes deprimido, apachurrado o bajoneado, es difícil comunicarlo porque no te duele nada, no te da calentura —de termómetro, no de la otra— y por supuesto, no sale en ninguna radiografía (imagínate al doctor: "Mmm, tiene una depresión expuesta...") Pero hablando en serio, cuando estás deprimido sientes igual o parecido a lo que Bazooca nos dice.

Es común que si tus papás o tus cuates te ven deprimido, piensen que pronto se te va a pasar o te digan el típico: "Échale ganas".

Según los expertos, lo que sufre un adolescente deprimido es súper fuerte y puede ser la peor de las enfermedades y, por más que le eche ganas, es difícil que salga solo.

Si notas que no puedes salir de esa sensación de vacío, de esas ganas de aislarte o de esa tristeza profunda, ¡necesitas ayuda de un experto!

No lo dudes y aunque te cueste trabajo díselo a tus papás o a un adulto al que le tengas confianza para que te ayuden.

Señales de alerta

- Pérdida de interés en tus amigos o *hobbies*.
- Duermes mucho o te da insomnio.
- No te da hambre. La comida no te importa.
- Te vale tu apariencia.
- Ahora no te importan las cosas que antes te importaban.
- Tus calificaciones han bajado mucho.
- Te sientes muy estresado.
- Te caes gordo o te odias.
- Lloras a cada rato.
- No tienes ganas de hacer nada.
- Te sientes decaído o derrotado.

¿Por qué se da la depresión?

Puede ser por algo químico en tu cerebro, o porque cuando pasas de la infancia a la adolescencia se da un choque que, para algunos niños, es muy grueso pues cuando eras chavito todo era más sencillo y ahora puedes sentir que la vida no es tan fácil.

- Antes sólo dependías de tus papás, ahora muchas cosas dependen de ti.
- Antes no te preguntabas nada sobre ti, ahora te cuestionas todo.
- Tienes un buen de presiones que antes ni te imaginabas que existían.
- Antes te sentías muy seguro de ti mismo, ahora quizás no.
- Antes tus papás te caían muy bien pero ahora no, y esto te hace sentir mal.

Por lógica, cuando te enfrentas a tantos cambios, a veces no sabes qué hacer ni cómo manejarlos. Entonces puede aparecer la depresión.

¿Qué hacer?

Es común que cuando estás en el fondo de la depresión busques ayuda, pero lo malo es que no lo haces de forma directa. Por lo general, te pones agresivo, gritón, peleonero, te vistes como menos les late a tus papás, haces locuras o se te suben cañón los humos... Y, ¡claro!, esto te aleja más de tus papás y te causa más problemas.

Sentir el apoyo de tus amigos o de un adulto en quien confíes te ayuda mucho. Lo más importante es que platiques, platiques y platiques con alguien sobre cómo te sientes. No te lo guardes.

Si es necesario busca ayuda profesional. Los psicólogos o terapeutas, como lo comentamos, son expertos en esto y saben muy bien cómo sacarte adelante. ¡Eso estudiaron! Así que no esperes pues estar deprimido es la peor de las enfermedades.

CUTTING (cortarse)

Algunos adolescentes hoy en día se cortan con navajas, cutters o cualquier cosa filosa las muñecas o los brazos (esperamos que no seas uno de ellos, pero si lo eres no dejes de leer esta parte del libro porque te va a interesar).

El cutting o self injury no sólo se queda en cortarse, también hay muchos niños y niñas que se queman, se arañan o se muerden haciéndose daño y luego usan mangas largas, muñequeras, sudaderas o lo que se inventen para esconderlas.

Muchos adultos piensan que lo hacen por llamar la atención, manipular, asustar, se aterran porque piensan que se quieren quitar la vida y la verdad es que sí suena súper lógico ¿no?, pero en realidad lo hacen por liberar ansiedad.

La mayoría de los adolescentes que hacen esto no se quieren quitar la vida, lo que quieren es provocarse un sufrimiento físico para sentir un "alivio" del dolor psicológico o el rollo emocional que traen, la bronca es que este "placer" momentáneo después se convierte en un problema más grande del que traían originalmente.

Muchas veces lo haces porque sientes que de esta forma alivianas un trauma psicológico o algo que te duele muchísimo, por ejemplo, si tus papás se están divorciando, si alguno de ellos te abandonó, algún abuso sexual o físico, bullying, un problema amoroso durísimo, una presión muy fuerte en la escuela, la muerte de algún amigo o familiar, en fin pueden ser mil cosas.

Algunos chavos al cortarse sienten euforia, terror, liberación, relajación, emoción y hasta miedo pero después de hacerlo viven una supuesta calma que es lo que buscan; la realidad es que esa calma es artificial y momentánea porque el problema que tienen obvio no desaparece y sus emociones sólo se complican más.

Si estás viviendo algo así, una gran opción es pensar ¿qué es lo que te está lastimando?, ¿qué es lo que te genera tristeza?, y una vez que tengas eso en la cabeza platícalo con tus papás o con un adulto de confianza que te ayude (sabemos que esta parte suena difícil pero si realmente quieres sentirte mejor esta es la opción; no tienes que decirle todo si no quieres, sólo que te estás lastimando y que necesitas ayuda) y obvio después de eso te ayudarán a buscar ayuda profesional.

Aunque no lo creas un psicólogo o un terapeuta se puede convertir en tu mejor amigo, le puedes platicar intimidades que sólo quedaran entre tú y él/ella y conocen mucho de estas situaciones por lo que tendrás a alguien que te entienda EN SERIO, además sabe perfectamente cómo ayudarte a elevar tu autoestima, que es lo que muchas veces más duele.

MIENTRAS ESTÁS EN EL PROCESO PUEDES

- Buscar un punching bag (bolsa de boxeo) para darle con todo y liberar tu ansiedad de otra forma.
- Hacer ejercicio y echarle todas las ganas como correr, nadar, jugar soccer, americano o simplemente ponerte a hacer lagartijas, barras o lo que sea que te saque al chamuco.
- Platicar con algún amigo los problemas que traes (hablar te libera más de lo que te imaginas).
- Hacer música digitalmente o aprender a tocar un instrumento.
- Respirar y exhalar muy profundo cuando te sientas ansioso o aprender a meditar (te vas a impresionar cómo funciona, busca un tutorial en internet).
- Escribir en una hoja todos tus sentimientos negativos y luego romperla.
- Dibujar o pintar.

Inclusive funciona mucho dejar de cortarte y empezar únicamente a pintarte rayas en esos lugares con una pluma roja para que tu cerebro se vaya acostumbrando poco a poco.

Lo más importante es que ubiques lo que te está doliendo y que pidas ayuda de un profesional, cuando menos te imagines te morirás de ganas de ir a platicar con ese "extraño" que te entiende mejor que nadie.

DESÓRDENES ALIMENTICIOS

Puede ser que pienses que estos rollos son sólo de mujeres, pero para nada. Cada vez hay más hombres que los sufren, así que mejor entérate de una vez porque: "hombre prevenido, vale…vale…vale mucho".

Estás de acuerdo que todos necesitamos comer para vivir pero la mayoría no comemos por eso; comemos porque nos da hambre, antojo, porque nos gusta juntarnos con los amigos a comer en bola y, sobre todo, porque es rico. Especialmente la vitamina "T": tortas, tacos y tamales.

A veces, después de trabajar mucho o pasar por un momento medio tenso, nos damos uno de los mejores premios que existen en la Tierra: ir a la tiendita, oxxo, 7eleven, etc. Ahí te compras lo que más te gusta, y si te mueres de antojo hasta te compras uno extra. Por ejemplo, aunque no lo creas, tener en la boca un chocolate, aliviana momentáneamente nuestra tristeza o bloquea nuestros miedos. Para muchos, comer o tratar de no comer se vuelve una adicción.

Quienes tienen este tipo de adicciones hacen unas súper dietas, se pesan veinte veces al día, se aferran al ejercicio hasta que el aparato del gimnasio se descompone y cuentan todas las calorías que consumen casi con ábaco. O bien, hay personas que se van al otro extremo: se meten unos atascones de comida y luego se arrepienten y se sienten súper culpables.

A estos extremos en la forma de comer se les llaman trastornos alimenticios. Millones de adolescentes y adultos los sufren. A quienes los padecen, lo único que les importa es su cuerpo, su imagen y la comida; y a veces no nos damos cuenta de lo peligroso que este asunto puede ser. Puede echar a perder las relaciones con los amigos, la familia, afectar sus actividades, causar depresión y otros problemas psicológicos. Con el tiempo, incluso pueden provocar la muerte.

También existe la ortorexia que es un trastorno alimenticio que consiste en una obsesión en querer comer únicamente comida considerada saludable, pero ya en grados exagerados, esto puede causar desnutrición y hasta la muerte.

Rollos que pueden acercarte a los desórdenes alimenticios

- QBL. No aceptarte como eres.
- QBL. Miedo a no ser aceptado por los demás.
- QBL. Baja autoestima.
- QBL. Ser perfeccionista.
- QBL. Exigirte demasiado.
- QBL. Preocuparte por lo que los demás piensan de ti.
- QBL. Sentir que no tienes control sobre tu vida.
- QBL. Tener algún familiar obeso al que no te quieres parecer.
- QBL. Tener un familiar obsesionado con la imagen personal y el peso.
- QBL. Sentirte poco hábil para socializar.
- QBL. Tener una mamá sobreprotectora.
- QBL. Que la familia tenga muchas expectativas depositadas en ti.
- QBL. Haber sufrido malos tratos o abuso sexual de chico.
- QBL. Tener depresión o ansiedad.
- QBL. Haber vivido fracasos y conflictos. Tener pésima idea de ti mismo, cortar horrible con tu novia, cambios corporales o problemas durísimos en la escuela.

Vigorexia (esteroides, anfetaminas y demás)

Otros cuates están tan obsesionados con su figura, que ven cada centímetro de su cuerpo y se trauman porque tienen en el abdomen un cuadrito menos que el tipo que sale en la revista. Hacen pesas, toman pastillas para bajar de peso, esteroides y laxantes. Algunos de estos chavos utilizan el cigarro y las anfetaminas para quitarse el hambre. Y por si fuera poco se siguen sintiendo mal porque nunca alcanzan sus expectativas; perdidos en esta obsesión no se dan cuenta de las cualidades y cosas chidas que tienen.

La vigorexia es un transtorno mental durísimo que hace que te veas debilucho y pequeño de tamaño. Hace que comas, hagas y te metas tooodo lo necesario para ponerte fuertísimo. Y aún así nunca estarás satisfecho.

Todas estas sustancias son mega peligrosas porque crean dependencia física y emocional. Los esteroides —nada que ver con los "asteroides", aunque adentro de tu cuerpo se ven muy parecidos— te causan cambios de ánimo súper extremos, desajustes hormonales, debilidad en las coyunturas, osteoporosis y cáncer en el hígado. Está cañón, ¿no?

Las pastillas para bajar de peso provocan irritabilidad, broncas cardiacas, nerviosismo, ansiedad, insomnio, convulsiones y hasta la muerte. Uno nunca se imagina que una pastillita pueda hacer tanto.

Los laxantes también te hacen daño a la larga. Y con el cigarro pues ya sabemos qué onda. Sin embargo, a algunas personas lo único que les importa es verse bien y les valen las consecuencias, aunque terminen en el hospital.

Tipos de desórdenes alimenticios

Existen tres tipos:

1. **Comer compulsivamente:** esto te lleva a engordar muchísimo, a la obesidad.
2. **Anorexia nerviosa:** comer lo mínimo.
3. **Bulimia:** comer muchísimo y luego vomitar.

Muchas veces la gente tiene una combinación de dos o más desórdenes al mismo tiempo.

Comer compulsivamente

Los síntomas de este desorden pueden ser uno, varios, o todos los siguientes:

- Están como adormilados.
- Sienten que no valen nada.
- Poco orgullo por sí mismos.
- Actitud negativa.
- Culpan a los demás.
- Tienen sentimientos de culpa, enojo o depresión después de comer.

- **OBL** Se esconden en donde sea para comerse lo que encuentren.
- **OBL** Siempre posponen las cosas.
- **OBL** Saben que su forma de comer es exagerada.

Es común que quienes tienen este tipo de desorden sean gorditos u obesos. Todo el día comen pizzas, papas, helado, galletas, pasteles y lo que se les cruce enfrente. Y como ser gordito socialmente es considerado negativo, les causa mucho estrés y rechazo. Nunca los escogen para el equipo, casi nunca son los populares, hacen mil chistes de ellos y los traen de súper bajada.

A veces, por más dietas que hagan no logran controlar su voluntad para comer. Cuando una persona siente esto, por lo general el rollo no es físico sino emocional. Así que en lugar de ir con nutriólogos, lo mejor es ir a un grupo de ayuda en donde el comedor compulsivo encuentra a otras personas con el mismo problema y lo comprenden, para recibir el tipo de apoyo psicológico y emocional que necesita y así bajar de peso.

Anorexia nerviosa

Este padecimiento es súper engañoso porque comienza con un simple deseo de bajar de peso. Lo malo es que la persona con baja autoestima asocia que entre más delgada está se siente mejor y se ve más atractiva; y no sólo eso, sino que cree que así vale más. Y no importa cuánto baje de peso, siempre se siente gorda, como si se viera en espejos de la casa de la risa. Las dietas se vuelven súper-hiper-extremas y, materialmente, se mata de hambre.

La anorexia nerviosa no deja que el organismo reciba los nutrimentos que necesita, así que el cuerpo empieza, por decirlo de alguna manera, a comerse a sí mismo para mantenerse vivo. Los músculos se deterioran cañón, y hasta se seca la proteína del pelo y de las uñas (por eso se les caen).

Sin una buena dosis de carbohidratos, el cuerpo no puede controlar la temperatura y la persona siempre siente frío. La piel se reseca y se opaca. Los minerales no llegan a los huesos, por lo que se hacen súper frágiles y, además, por falta de hierro la persona se vuelve anémica.

Una persona anoréxica siente que, al controlar lo que come, de alguna manera ordena su vida, y es muy difícil que reconozca que tiene un problema. Por eso no pide ayuda ni por error. A veces, cuando lo hacen ya es muy tarde porque el cuerpo se deterioró tanto que es difícil recuperarse.

Ojo: es cierto que el porcentaje de mujeres que tienen anorexia es mayor que el de hombres pero, para que te des una idea, se calcula que por cada diez niñas que tienen anorexia, dos hombres la sufren. Esto hace que un hombre se tarde más en reconocer la enfermedad.

Si piensas que puedes tener anorexia, por favor pide ayuda. Habla con tus papás, con un doctor o con un adulto a quien le tengas confianza. Querer estar delgado obsesivamente es más peligroso de lo que te imaginas.

Bulimia

Las personas que se dan atracones de comida y luego vomitan, se purgan o hacen ejercicio como locos para eliminar lo que se comieron, tienen bulimia nerviosa. A la mayoría de los bulímicos les da pena lo que hacen y son capaces de cualquier cosa para esconderlo. Tratan de comer solos porque no pueden parar hasta que se sienten muy llenos. Y entonces vomitan.

Entre más comía, más enterraba en mí el sentimiento de que no valía nada. Después, al vomitar sentía que expulsaba esos sentimientos de mi cuerpo.

Joel, 18 años.

A una persona gordita la reconoces, a una anoréxica quizá también, pero a alguien con bulimia es súper difícil detectarla. Son de peso promedio, actúan normal mientras no se trate de comida. Planean su día alrededor de ésta. Aunque se pueden engañar a sí mismos por un rato pensando que sólo se trata de un asunto de bajar de peso, la mayoría de quienes padecen esta enfermedad acaban por darse cuenta de que tienen un problema serio.

Si crees que tienes bulimia u otro trastorno alimenticio, pide ayuda porque también te puede causar la muerte. Este tipo de enfermedad te daña psicológica y físicamente, y te aleja de los demás.

OJO: Romper con una adicción es casi imposible si lo intentas solo. Por más en control que te sientas, te estás haciendo tonto. Aquí te damos centros de ayuda a los que puedes hablar de manera anónima y consultar. Quienes los atienden son profesionales que entienden muy bien todo lo que estás pasando. Ni lo pienses: márcales si tienes problemas. Nunca te vas a arrepentir.

**CENTROS DE APOYO PARA PROBLEMAS
EMOCIONALES Y DE ALIMENTACIÓN
INSTITUTO NACIONAL DE PSIQUIATRÍA
"RAMÓN DE LA FUENTE"**
Calz. México Xochimilco 101
Col. San Lorenzo Huipulco, Del. Tlalpan, México, D.F.
(01 55) 5655 2811
www.impedsm.edu.mx

· · · · ·

**CENTRO ESPECIALIZADO PARA EL TRATAMIENTO
DE LOS TRASTORNOS POR LA ANSIEDAD**
Víctor Hugo 45, Col. Anzures, México, D.F.
(01 55) 5254 5845, 5254 7419
salud.mental@integrabajoansiedad.com

· · · · · · ·

CENTRO DE ORIENTACIÓN PARA ADOLESCENTES
Ángel Urraza 1122, col. Del Valle, México, D.F.
(01 55) 5559 8450
marcos_velasco_monroy@hotmail.com
www.cora.org.mx

· · · · ·

**CENTRO DE ATENCIÓN Y PREVENCIÓN DE
TRASTORNOS ALIMENTICIOS**
(01 55) 5663 5057, 5665 1517

· · · · · · ·

VOZ PRO SALUD MENTAL
Tels. (01 55) 1997 5040, 1997 5041
vozpsm@hotmail.com
www.vozprosaludmental.org.mx

ME QUIERO SUICIDAR

A veces llegas a un punto en que te vale lo que otros sienten. Lo único que quieres es irte al demonio. Sientes que el mundo es del carajo. Cuando me sentí así, no pensé en nadie más, lo único que quería era salir, irme, morirme. Me sentía muy mal, de la chingada; sabía que no había otro camino más que la muerte. Gracias a Dios, un amigo me trajo aquí...

Beto, 18 años.

Agradecemos a Beto, quien intentó suicidarse, por contarnos su historia.

Casi todos alguna vez hemos llegado a pensar: "Me gustaría estar muerto". En realidad queremos escapar a un lugar donde no se sienta el gran dolor o la pena que sentimos.

Todos los problemas, absolutamente todos —aunque de momento pienses que el tuyo no— pueden resolverse o mejorar. Desde:

- **QBL.** Tener un accidente y no poder moverte por el resto de tu vida.
- **QBL.** La muerte de alguien muy querido, de un amigo o de toda tu familia.
- **QBL.** La pérdida de autoestima, de esperanza.
- **QBL.** El divorcio de tus papás o que te sientas abandonado.
- **QBL.** Tener una dependencia a las drogas.
- **QBL.** Tronar con la única mujer a la que has amado y sentir un dolor imposible de explicar.
- **QBL.** Tener problemas serios con tus papás, al grado de no querer que esos padres sean tuyos.
- **QBL.** Tener una deuda impagable y recibir amenazas.
- **QBL.** Sentirte la persona menos importante de este planeta.

La bronca es que, si te sientes muy deprimido, muy solo, muy presionado y muy agobiado, puedes llegar a pensar en el suicidio. El problema es que la muerte no es fantasía, sino una realidad que no tiene regreso: es el fin. No te da oportunidad de cambiar de opinión ni te da el tiempo que necesitas para recuperarte y seguir adelante.

Muchas veces puedes pensar que has hecho todo y las cosas siguen saliendo mal, que te mueres en vida, que ya no puedes más o que en tu vida las cosas no pueden estar peor. Pero, ¿sabes algo? Tu vida sí puede estar peor cuando la pierdes.

Las broncas pasan y los sentimientos también; aun los más negativos e intensos.

Aunque algunos problemas sean irremediables, descubres otras cosas que suplen las broncas y hacen que vuelvas a disfrutar tu vida.

Si alguna vez has pensado en suicidarte no significa que seas una mala persona, ni que estés loco, ni que eres débil; simplemente el dolor que sientes sobrepasa las reservas que tienes para aguantar. Es como si cargaras sobre los hombros cada vez más y más peso: llega el momento en que explotas. Cada persona aguanta un peso diferente. Lo que para unos es tolerable, para otros no lo es.

Cuando la tristeza y los problemas sobrepasan la capacidad de aguante, comienzan a rondar los pensamientos de suicidio pero,

¡tranquilo!, se pueden superar cuando encuentras la forma de aliviar la pena o aumentar las reservas. Por ejemplo, al ayudar a los demás o al amar y nutrir el alma.

Lo más importante es que digas lo que te pasa, que platiques lo que piensas con un adulto, amigo, psicólogo o maestro que te caiga bien. También puedes llamar a una línea de ayuda telefónica, es un buen apoyo (al final de este capítulo incluimos algunas opciones).

Siempre recuerda esto: todos tus problemas se van a arreglar de alguna manera, tu vida volverá a ser feliz y, si tomas una mala decisión, no vas a estar aquí para disfrutar la vida.

Un amigo se quiere suicidar

Si has visto medio raro a un amigo o amiga y te ha comentado o insinuado que se quiere suicidar, tómalo en serio. Coméntalo con un adulto de inmediato o llama a una línea de ayuda para saber qué puedes hacer en esta situación.

Mitos acerca del suicidio

Mito: La gente que habla del suicidio no se quita la vida.
Realidad: Ocho de cada diez personas que se suicidan, se lo dicen a alguien antes de hacerse daño. Si eres tú a quien se lo confiesa, no dejes de ayudarla.

Mito: El índice de suicidios entre jóvenes ha disminuido.
Realidad: En los últimos 30 años el suicidio ha aumentado 300% en México.

Mito: Sólo ciertas personas se suicidan.
Realidad: Cualquier persona, sin distinción, hombres y mujeres, ricos y pobres, jóvenes y adultos, gente del campo, de la ciudad y de cualquier religión, se puede suicidar.

Mito: Cuando una persona hable sobre suicidio, cambia el tema y trata de quitárselo de la mente.
Realidad: Al contrario, tómalo en serio. Escucha bien lo que dice. Dale la oportunidad de expresar qué siente y hazle saber que te preocupa. Pide ayuda de volada.

Mito: La mayoría de las personas que se quieren suicidar en verdad se quieren morir.
Realidad: La mayoría de los que se quieren quitar la vida están confundidos. No saben si quieren morir o no. Casi siempre, cuando hablan de suicidio, están pidiendo auxilio a gritos.

Cómo saber si alguien se quiere suicidar

A mucha gente le pasa por la cabeza suicidarse y lo expresa de diferentes maneras. Algunas personas envían señales muy claras cuando:

- Hablan constantemente sobre la muerte.
- Se olvidan de sus cosas de valor o las regalan.
- Tienen un plan para quitarse la vida.
- Guardan pastillas, una pistola u otra arma.
- Se han lastimado antes.
- Sin explicación, ves a la persona súper tranquila después de haber pasado una depresión muy gruesa.
- Dejan de ver a sus amigos, de estudiar y pierden interés en arreglarse.
- Se aíslan de todo mundo o se la pasan con un grupo de amigos súper cerrado, que siempre parecen misteriosos y nadie sabe nada de ellos.

Centros de apoyo para el suicidio

Estos lugares te ayudarán cañón en estos casos tan difíciles:

Saptel 24 horas Ayuda Integral
Tel. (01 55) 5259 8121, 01800 472 7835

• • • • •

Acercatel
Tel. (01 800) 110 10 10

LAS DROGAS

ADVERTENCIA: Si el simple hecho de ver este tema te saca ronchas y lo quieres mandar a la... es muy posible que uses drogas. Si estás tan convencido de tu posición, lo único que te pedimos es que lo leas y después tomes tu decisión. Si estás seguro de lo que haces ¿cuál es la bronca de leerlo?

Si no has probado las drogas, éste es el momento indicado para saber de ellas.

Las drogas son todo un dilema cuando eres adolescente y a veces aunque ya estés peludito. El asunto es que, por un lado, conoces a cuates que te dicen que son lo máximo y, por el otro, escuchas que son lo peor. Entonces, ¿cuál es la neta?

¿Qué son las drogas?

Las drogas son sustancias naturales o sintéticas que cuando las usas causan efectos en tu cuerpo y mente. Estos efectos pueden ser permanentes y provocar cambios en tus sentimientos y en tu comportamiento.

Las drogas te generan cambios en las tres "p": pensamiento, personalidad y percepción.

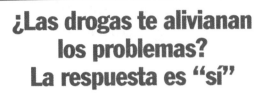

¿Las drogas te alivianan los problemas? La respuesta es "sí"

Cuando alguien te ofrece drogas generalmente te dicen cosas como:

- "Vas a escuchar la música súper chingón".
- "Güey, va a ser la mejor fiesta de tu vida, te la vas a pasar rifadísimo."
- "Deja de preocuparte por tus broncas, métete esto y bye."
- "Nunca has sentido tan rico al darte a alguien, pruébalo."

¿Es cierto lo anterior? En la mayoría de los casos sí. Puedes pasarte la mejor fiesta de tu vida, olvidarte de tus problemas y relajarte como nunca... La pregunta es: ¿por cuánto tiempo?

- Muchos adolescentes están metidos en drogas precisamente por eso. Porque ese primer contacto en la mayoría de los casos funciona. ¡Es el gancho perfecto! Lo que nunca te dicen es que después —casi inmediatamente— ese efecto en teoría padre ¡desaparece!, y se convierte en todo lo contrario.

Las broncas regresan más densas y al mil por ciento. Además ya tienes un detalle nuevo que se llama "drogas" y se apellida "problemas". Por eso es tan fácil meterte y tan difícil salirte.

QBL. La tranquilidad que sientes al principio se transforma en ansiedad, angustia, miedo y soledad, además de que también existe la posibilidad de que en tu primera vez te agarre un malviaje de los que te quieres morir.

QBL. Dependiendo del tipo de droga, al principio con poca te alivianas; conforme la adicción crece necesitas dosis más altas. Te puedes meter droga todo el día y sentir tranquilidad sólo 5 minutos de cada hora; los otros 55 vives un infierno. O sea que es como maquinita; necesitas seguirte metiendo para conseguir esos 5 minutos de tranquilidad.

QBL. Como dijimos, es un gran engaño: buscas salir de tus problemas y lo único que logras es hundirte más profundo. Por eso, cuando la gente está ya muy dañada dice: "No sabía en lo que me estaba metiendo".

QBL. Al principio tus amigos te dicen: "Métete algo, no te la vas a acabar", y efectivamente, si le entras a las drogas, ¡no te la vas a acabar!

DEBES SABER DEL EFECTO DE LAS DROGAS LLAMADO "TOLERANCIA". TU CUERPO SE ACOSTUMBRA A "X" SUSTANCIA Y CADA VEZ NECESITAS MÁS PARA CONSEGUIR EL MISMO EFECTO.

Sólo por probar

Esto le pasa a muchos por la cabeza y, lamentablemente, también por la nariz, la boca y hasta las venas. La idea de "sólo por probar" es más peligrosa de lo que te imaginas. Es muy fácil caer en la adicción. ¿Sabías que siete de cada diez personas que prueban cualquier tipo de droga, después la siguen consumiendo? Este dato es súper duro. Lo que empieza como curiosidad puede terminar en un problema terrible para tu vida.

¿Qué pasa con las pocas personas que no se quedan en las drogas? Como dijimos, cada cuerpo es distinto; por eso a unas personas les pega más y a otras menos. Cuando una persona no se engancha con las drogas, puede ser porque no tiene ningún familiar con problemas de adicciones, porque su cuerpo no se sensibilizó tanto con la sustancia y porque en el momento en que probó la droga no tenía ningún problema. Aquí hay que tener mucho cuidado porque puedes creer que no tienes ningún problema, pero en realidad estos problemas se guardan en tu inconsciente y están como niño aburrido, "esperando un pretexto para salir". Por ejemplo, a veces crees que te sientes bien y no te das cuenta de que tienes una gran tristeza porque tus papás están separados o divorciados, que van varias niñas que te batean y no sabes por qué o tienes hasta el fondo tu autoestima —más bien parece infraestima de lo baja que está. Este tipo de cosas muchas veces nos dan para abajo y no nos damos cuenta. Son el escenario perfecto donde las drogas te puedan atrapar.

Por eso es súper importante que, por más que estés prendido, divertido o quedando bien con tu novia o casi novia, si llegas a estar en este momento de la decisión no pienses: "No pasa nada", porque sí pasa y les pasa a siete de cada diez personas.

Las etapas de la adicción

La mayoría de las personas que le meten a la droga creen que la "controlan". Así que aquí te ponemos las tres etapas, porque cuando menos te imaginas saltas a la siguiente.

1. Uso: es cuando consumes drogas para experimentar o las tomas de vez en cuando. En esta etapa parece que la droga te da beneficios, te aliviana y te produce placer.
2. Abuso: es cuando ya hay un consumo excesivo; empiezas a perder el control, tienes broncas con tu familia, tus amigos se empiezan a mal viajar y notan que algo te está pasando.
3. Dependencia: es cuando el consumo ya es una enfermedad. Hay consecuencias súper negativas por el abuso, pero necesitas seguir consumiendo para evitar el dolor y malestar que la misma droga te genera.

Hay personas que defienden más a la marihuana que a su mamá: "La marihuana es menos dañina que el alcohol", "Está comprobado que es una droga cero adictiva", "Es verde, ¡y el verde es vida!" "El asunto de la legalización", "Las pipas electrónicas de marihuana". En fin, la persona que la consume dirá lo que se te ocurra con tal de seguirla usando.

La mayoría de las personas que dice este tipo de cosas está más convencida que si fueran testigos de Jehová. Muchas veces sacan la información de internet y la neta, en la red hay de todo, desde páginas con buena información hasta sitios que dicen cosas para convencerte. El problema es que todo lo que sea adictivo es peligroso y el que algo sea legal o menos fuerte no significa que sea seguro o menos riesgoso.

Una noticia buena y una mala

La mala es que, como sabes, mucha gente tiene problemas de adicción. La buena es que se puede controlar. Es una enfermedad incurable, progresiva y mortal pero puede controlarse.

Ser adicto es estar enfermo. Así como algunas personas viven con "x" enfermedad, por alguna razón ahora tú puedes tener alguna adicción.

¿Es fácil? No, no lo es. ¿Tiene solución? Claro que la tiene. Se necesita mucho esfuerzo, valor y constancia para salir. La bronca no es tener la adicción sino negarte a enfrentarla.

El primer paso es aceptar que tienes el problema. Si es así, ni modo, acéptalo y empieza a trabajar de volada. No dejes que pase ni un segundo más. Aplícate y recuerda que, en las drogas, "entre más lejos vas, más difícil es el regreso".

Si de plano no puedes dejarla, entonces necesitas asistir a un grupo de ayuda o clínica especializada. Pero recuerda: recuperarte de un rollo de adicciones es un proceso largo y difícil, pero siempre es posible superarlo.

Lo de menos es morirte

Platicamos con un grupo de chavos adictos y, comentando sobre las broncas del consumo, les dijimos: "Es muy grueso, porque puedes morirte, ¿no?" Y uno de ellos nos dijo: "Lo de menos es morirte". ¡Qué! No entendíamos lo que nos estaba diciendo. Después de escucharlos un rato, comprendimos perfecto por qué decía eso.

QBL. Lo cabrón son las madres que te pasan todos los días. Yo terminé tres veces en los separos de la Álvaro Obregón; y verle la cara a mi mamá cada vez que iba por mí era de la chingada. A cada rato mis jefes tenían que recogerme en algún lugar; nos subíamos al carro y mi mamá no dejaba de llorar.

QBL. Una vez estaba en la cocina de mi casa y le estaba sacando dinero a mi mamá de la bolsa para comprarme una grapa. Mi mamá me cachó y se súper enojó porque ya habíamos hablado mil veces de eso y ella sabía para qué necesitaba la lana. Me empezó a levantar la voz y, como estaba súper prendido, le empecé a gritar groserías y me puse muy agresivo. Con el puño cerrado le pegué en la cara... Me da mucha pena decirlo.

QBL. Iba manejando por un tramo de carretera que hay por mi casa. Yo estaba en el súper alucine y vi cruzar a una persona, no sé, como a 200 ó 300 metros. Sentí como si estuviera jugando Playstation, ¿qué pedo? Veía a la persona de color azul y todo lo de junto como pantalla. Empecé como a jugar y centré al monito con mis ojos y le metí pata. Sentía que tenía que darle para hacer puntos, estaba súper divertido; de repente sentí un madrazo en el cofre del coche, atropellé a una chava de 19 años... Después de unos días en el hospital me dijeron que no la maté, pero ya no puede caminar.

Les agradecemos a las personas que nos tuvieron la confianza para platicarnos estos problemas.

La bronca del consumo no es solamente la muerte sino la cantidad de cosas que haces cuando "te pones" o estás *high*. Problemas, peleas, broncas con la ley, robos, hospitales, carros chocados, prostitución, etcétera. Tantos problemas hacen que quieras morirte para dejar de vivir lo mismo todos los días.

Recuerda que estar en drogas te hace ser alguien que no eres y, entre más tiempo consumas, más dejas que ese "otro yo" se apodere de tu vida. El problema es que te sientes distinto, pero la vida sigue siendo la misma; y cuando despiertas de este asunto, las consecuencias están ahí, desde faltar una semana a clases, hasta llegar a la cárcel o la muerte. Estar en un problema serio de drogas es como morirte todos los días.

Focos rojos para saber si tienes broncas de drogas

Algo básico para saber qué tan heavy estás con el chupe o las demás drogas, es tener un punto de referencia para definir si tienes ya el problema o si realmente tu consumo es normal y controlado.

Los siguientes focos rojos, cuando ya tienes un problema, son el resultado de pláticas con niños y niñas con problemas serios de alcohol y otras drogas, en la clínica Monte Fénix. La pregunta que les hicimos fue: "Ahora que tienes conciencia de tu bronca, ¿en qué momento creías que todo era normal y la neta ya estabas perdiendo el control?"

Analiza bien estos puntos, porque si te identificas con algunos de ellos es un hecho que tienes problemas con drogas.

1. Cada vez necesitas más. Al principio te ponías pedo con dos tequilas, ahora necesitas tres; primero con tres cervezas, ahora con cuatro, o empezaste con un churro y hoy necesitas dos para llegar al mismo estado. Este rollo se debe a la tolerancia que tu cuerpo ha creado. La tolerancia es como una trampa cañona que te hace el cuerpo porque, como estás en la fiesta, no te das cuenta de que cada vez te metes más de lo que sea, y por supuesto eso te lleva directito y sin escalas a una bronca mayor. Simplemente piensa (en caso de que tomes): ¿cuánto tomabas cuando lo hacías las primeras veces? ¿Cuánto tomas ahora?

Si te pasa esto, tienes que hacer que tu cuerpo no siga pidiendo más; acostúmbralo a una cantidad leve y no le des más, tu cuerpo se acostumbrará al mismo efecto sin aumentar la dosis.

2. Sientes que desperdiciaste el fin de semana porque no te pusiste la peda que querías.

3. Empiezas a volarle dinero a tus papás, amigos o a quien sea, para comprar alcohol o drogas.

4. Se te borra el casete (o hasta el disco duro completo). Dices cosas como: "Yo me acuerdo hasta que me subí a bailar a la mesa", "¿Es cierto que vomité tu coche?" Cuando pasa esto es porque de plano ya no estás controlando el alcohol y es uno de los focos rojos más fuertes que hay. Se te puede ir la onda quizá la primera vez que te pusiste una mega borrachera porque no tenías ni la menor idea de cómo ibas a reaccionar; pero si te pasa seguido es una señal de que tu cuerpo necesita alcohol y tú, caritativamente, se lo das. Si te sucede, ¡aguas!, estás empezando con problemas de alcoholismo.

5. Te sientes mal por alguna bronca "x", tipo te fue mal en un examen o en otra actividad, y usas el alcohol como remedio: "No hay pedo, ahorita con dos shots me alivio".

6. Empiezas a vender tus cosas para comprar droga o pagar la cuenta de un antro.

7. Te tienes que poner high o pedo porque "ya jaladón" eres el alma de la fiesta.

8. Cuando tomas crees que todo mundo está hasta atrás, igual que tú.

9. A tus amigas y amigos les empieza a dar flojera cuidarte.

10. Usas drogas cuando estás solo. Ahora sí que te la pones de buró.

11. Buscas en la mesa quién dejó tantito de su cerveza o chupe, para tomar más. #larinconera

12. Usas drogas más de dos veces a la semana.

13. Empiezas a chupar con desconocidos; por ejemplo, se van todos tus amigos y te quedas tomando con los meseros, con la señora del baño o con quien sea, con tal de seguir. Aquí no quieres socializar, lo único que buscas es tener a alguien como pretexto para tomar más. Si es tu caso, entonces ya hay una enfermedad.

14. Te llevas con "x" bola de amigos, sólo porque siempre tienen algo que meterse. Incluso puedes llegar a hacer algo como ligar o acostarte con alguien sólo por seguir consumiendo.

DROGAS LEGALES

La nicotina

¿Qué bronca puede tener un cigarrito? Más bien suena a que te ayuda a muchas cosas, ¿no? Como para acompañar el cafecito, para verte más grande, para quitarte el frío, para calmar los nervios del examen, para platicar; bueno, hasta para ir al baño y para después de hacer el amor.

La neta es que el cigarro es súper dañino y cada vez es menos aceptado en todos lados. Este rollo es porque la mayoría de la gente lo sabe y no quiere exponerse a todos los daños que el humo del cigarro ocasiona como fumador pasivo.

Ch-K-T lo siguiente

Los cigarros, los puros y el tabaco para masticar o para fumar en pipa son de las drogas más adictivas y rápidas que existen en el mercado.

¿Qué contiene?

Sólo para que en la próxima fumada lo sepas, un cigarro contiene más de 4000 agentes tóxicos, entre ellos nicotina —que es la que te crea dependencia—, alquitrán, 200 venenos, 60 cancerígenos y una sustancia que se usa para embalsamar muertos. Al inhalarlo, sólo tarda siete segundos en llegar al cerebro.

Al año mueren cientos de miles personas por causas relacionadas con el tabaco. Y a lo mejor piensas: "Sí, pero todos están rucos". Okey, pero la bronca es que todos empezaron a tu edad. Y esta droga, una vez que te pesca, es difícil que te suelte. Por eso la Secretaría de Salud pone esas leyendas y fotos en las cajetillas.

Efectos

La nicotina estimula el corazón y la circulación; puede generar la sensación de alivianarte la ansiedad y el estrés. ¿Es placentero? Para algunos sí para otros no.

La decisión de fumar o no fumar es tuya. No importa que tanto tus papás, tus maestros o nosotros te digamos que no fumes o te digamos sobre los miles de daños que causa. Al final, quien decide eres tú.

La cafeína

¿Quién podría creer que un cappuccino venti con leche deslactosada light, 130 grados, 3 splendas mezcladas y un shot de avellana puede ser peligroso? Está cañón, ¿no? Pero si te tomas tres al día puedes tener broncas. Algunos puntos importantes sobre la cafeína:

- **QBL** Tomar entre dos y siete tazas diarias de café puede provocar ansiedad, mareo, náusea, dolor de cabeza, tensión muscular, broncas para dormir y arritmia cardiaca.
- **QBL** Tomar más de siete tazas diarias puede causar, además, una reacción parecida a un ataque de pánico (incluyendo síntomas como delirio), sueño, zumbido en los oídos, diarrea, vómito, dificultad al respirar y, en caso de sobredosis, convulsiones.
- **QBL** Tomar entre quince y veinte tazas diarias puede ocasionar un daño comparable al que provoca la cocaína.
- **QBL** Provoca tolerancia si se consumen cuatro tazas diarias durante cuatro días consecutivos.

Por eso, luego ves a los godínez que aperecen como clientes del mes en Starbucks un poco alterados. Así que ten cuidado con la cantidad de café que tomas, y si de plano casi te los echas de shot pues pide descafeinado y asunto arreglado.

El alcohol

Cuando eres adolescente, el alcohol es mejor conocido como:

QBL: La gasolina.
QBL: El rey de la peda.
QBL: El alma de la fiesta.
QBL: El "Si no hay, ¿para qué voy?".

El asunto es que, para muchos, el chupe se convierte en algo básico, no sólo para la fiesta sino para la vida. Pero la neta hay que ponerle mucha atención.

Tomarte unos drinks con responsabilidad se disfruta; es súper normal y no tiene ningún problema. La bronca empieza cuando más que tomar parece que te lo administras como suero de hospital. Y como te comentamos, el alcohol es una droga legal y causa tolerancia. Si no te pones atento puede ser uno de tus primeros grandes problemas en la vida. Si tu frase de guerra es: "Si no hay peda, no hay fiesta", Ch-K bien esta parte para que sepas qué onda con el alcohol-pisto-chupe-shot.

Cuando aprendes a tomar

Eres un chavito y un día tú papá te dice: "A ver, tómate media cerveza para que aprendas a tomar", y en un abrir y cerrar de ojos ya estás en un barantro —bar con sueño guajiro de ser antro—, frente a un mesero con mandil, que te está echando en la boca tequila directo de la botella, mientras todos los demás gritan: "...Quince, dieciséis, diecisiete, dieciocho..."

El rollo es que cuando estamos chavos nos saltamos muchos pasos y con la nueva sensación que te da el alcohol, con la adrenalina del momento y la preocupación de que te cachen, es mucho más difícil aprender a controlarlo; allí es donde te puedes enganchar, ¡aguas!

Primero, es básico que conozcas algunos efectos del alcohol:

- **QBL** A muchos, tomar un chupe los hace sentir a gusto, los estimula y les da confianza en sí mismos. Si no nos crees, fíjate cómo bailan tus amigos cuando llevan 2 shots encima y cómo juran que son "bailarines profesionales" cuando llevan tres.
- **QBL** El alcohol, en 5 ó 10 minutos pasa del intestino al torrente sanguíneo. Su efecto puede durar varias horas, dependiendo de la cantidad, de lo rápido que lo tomes y de tu tamaño. Por eso sientes que te mareas y tus reacciones se entorpecen mientras el alcohol sale de tu cuerpo.
- **QBL** Al día siguiente te levantas con dolor de cabeza, resaca, cruda o como le quieras decir; el asunto es que no te la acabas.

Cosas que hacen que te pongas más jarra

Sin duda, no siempre que tomas alcohol los resultados son los mismos. Hay aspectos que hacen que se te suba más, por ejemplo:

- **OBL** Estómago vacío.
- **OBL** Estar muy estresado o cansado.
- **OBL** Tomar muy rápido (con popote es pésimo).
- **OBL** Estar muy contento o muy triste.
- **OBL** Que combines el alcohol con bebidas energéticas.
- **OBL** Que chupes de "lo que caiga", o sea las "malas aguas".
- **OBL** Que sean shots.

No te vayas con la finta

¿Sabías que una cuba, chela, copa de vino, tequila o paloma, por sólo mencionar algunos chupes, "todos" contienen la misma cantidad de alcohol? ¡No, güe…!, ¡sí, güe…!, ¡ay güe…!

Los chupes son "iguales pero diferentes". Todos contienen alcohol, pero no pegan igual de rápido. Fíjate: un trago estándar, una copa de vino o cualquier chupe bien servido contiene doce grados de alcohol.

Aunque son distintos tipos de bebida, la cantidad de alcohol es la misma. Sí, oíste bien, la misma. Esto pasa por dos cosas: primero, porque los vasos son diferentes; el tequila tiene más grados de alcohol, pero el caballito (vaso en el que se sirve) es chiquito; la cerveza tiene menos grados de alcohol, pero checa el tamaño del tarro. Ahora que si llenas un tarro de cerveza con tequila, ahí sí ni cómo ayudarte.

Segundo, porque las otras sustancias que tienen el vino o la cerveza y que no son alcohol, como agua, azúcares, sales y aminoácidos, provocan que la absorción de tu cuerpo varíe. Por ejemplo, si tomas vino o cerveza, el alcohol pasa más lento a tu sangre, pero al final el efecto es el mismo. Por eso puedes tener la sensación de que "se te sube más despacio" y así es, pero puedes acabar igual o más borracho con pura chela o con puro vino que con otro tipo de drink. Ahora que si lo que te interesa es emborracharte, igual y te tomas de shot hasta la loción o te avientas muerte súbita de beer pong.

El problema no está en la bebida sino en ti. El hígado es el órgano que se encarga de procesar el alcohol y requiere, mínimo, de una hora, a hora y media para procesar cada drink. Pero mucho cuidado: todavía no inventan hígados más rápidos, ni más potentes para que chupes más en menos tiempo.

La mejor opción para no ponerte a "pegar posters", o sea caminar agarrado de las paredes, es tomarte una copa por hora. Si crees que aguantas más, eso lo crees tú, pero ni tu hígado ni tu cerebro están de acuerdo; "ellos" conocen e identifican mejor que tú las sustancias y saben perfectamente lo que te metes.

¿Cuánto alcohol tiene lo que me estoy tomando?

Una cerveza
5-6 grados
Vino de mesa
12 grados
Tequila, whisky, vodka, ron y ginebra
40 grados

¡Aguas con el chupe alterado y las barras libres!

¿Qué crees que te puedan dar de chupar por un súper precio de promoción y, además, toda la noche? ¿De lo mejorcito que hay? ¡Para nada! Lo más probable es que te den veneno puro o, por lo menos, que te hagan güey. Las bebidas baratas se hacen con cualquier tipo de alcohol; ¿por qué crees que son baratas? Y aguas, porque puedes quedarte ciego o hasta morirte si te intoxicas con alcohol adulterado o de mala calidad. Sería menos peligroso comer camarones podridos, ¿le entrarías?

Si te ofrecen barra libre, ponte atento y busca una que sea de buena calidad. Para que te des nada más una idea, pregúntale a tu maestro de química o de biología, para que te informes sobre los efectos del metanol en el organismo.

Las bebidas energéticas y sus "milagros"

Esto nos cuenta Santiago:

Estoy con unos amigos en una sobremesa. Me siento de la chingada. Estoy malviajado por la fiesta de ayer, que estuvo bastante intensa. De repente, alguien me ofrece una cuba. "No gracias", le contesto. El estómago me arde cabrón. A los cinco minutos me vuelven a ofrecer un chupe, pero ahora no es una cuba sino un Red Bull. "Mmm", pienso. Me tomo un Ranisen para la gastritis, un Motrin para la cabeza y un Red Bull para el bajoneo tan cañón que traigo. "Está bien", respondo, y a la media hora pido otro Red

Bull pero ahora con perla negra. "Psss, total, ya me siento bien. Es temprano, nomás me tomo éste y me largo."

Mi cuerpo empieza a reaccionar con la combinación, lo acepta de maravilla y pido otro. "Psss, ¿qué tanto es tantito?" Llevo tres ginebras y tres Red Bulls. Siento que no puedo parar y además ya se me resbalan. Tomo y tomo y no se me sube, me siento rayado, super platicador, con muchas ganas de estar ahí con mis chiles, muerto de risa, con el deseo de que no acabe nunca la fiesta.

Ya son las tres de la mañana; el precopeo a las cinco de la tarde se convirtió en peda completa. Ya para estas horas, después de... ya no sé, doce o más Red Bulls y media botella de ginebra, estoy hasta la madre, con una taquicardia que no tiene madre y una angustia que no se me quita ni volviendo a nacer. Me voy a mi casa. No puedo dormir; mi corazón late a destiempo y rapidísimo. Tengo miedo y me siento horrible... Me tomo dos pastillas para dormir que le vuelo a mi papá y al fin, después de un buen rato, me quedo dormido.

Tomarse una bebida estimulante de vez en cuando no causa ningún problema. Pero si has tomado más de cuatro o cinco, sabes perfectamente de lo que Santiago está hablando.

El hecho es que, con el exceso, se han presentado varias muertes asociadas con el consumo de estas llamadas bebidas energéticas (su nombre real es "estimulantes"); como la del estudiante irlandés de 18 años, jugador de basket, que en 2001 murió de un infarto al miocardio en pleno partido después de haber tomado cuatro latas de Red Bull.

Por ejemplo, en Suecia el gobierno está investigando la muerte de tres chavos consumidores de estas bebidas, aparentemente mezcladas con alcohol. Ojo, no te pases y ten cuidado con cuánto tomas y con el tamaño de las latas porque las diferentes marcas aumentan el tamaño de las latas poco a poco para que no te des cuenta y obvio tomas más.

Como todos creemos en la publicidad, cada vez hay más personas que toman estas bebidas estimulantes en exceso. Pero ya lo dijimos: no tiene nada de malo si te tomas una lata de vez en cuando, pero si te tomas cinco de vez en diario es pésimo. La bronca es que hay gente que se toma entre dos ¡y trece latas! en una noche de reventón. Y si las mezclas con alcohol se pone mucho, pero mucho más denso. Preguntamos a unos 20 chavos por qué les gusta tomar Red Bull, Boost o Monster:

QBL: "Yo lo tomo porque la verdad el chupe se te sube menos y aguantas más."

QBL: "Si estoy cansado, me tomo un Red Bull y me prendo."

QBL: "Mira, el efecto de varios Red Bulls o de Boost con vodka es como el de una cocaína fresa."

QBL: "Si no prendo la peda, con una perla, la agarro en chinga."

QBL: "Lo uso para no dormirme cuando estudio."

QBL: "Porque está de moda y el vodka se ve súper chido, amarillo, un poco fosforescente o azul, depende."

Hay muchas marcas que compiten en el mercado, pero todas son lo mismo: Rockstar, Burn, Adrenaline rush, Full Throttle. Sus eslogans llevan mensajes implícitos que buscan que se te grabe una idea; por ejemplo: "Red Bull te da alas para volar", "*Feel the rush*, energía radical líquida". Por eso te la tragas completita.

Los representantes de Red Bull, Boost y demás, claro, dicen que la bebida te levanta porque tiene vitaminas, aminoácidos como la taurina, cafeína, glucoronolactona, efedrina, guaraná y azúcar, y que no hay bronca. Cuidado con la cantidad.

Se ha demostrado que si consumes cada uno de los ingredientes por separado en pequeñas cantidades, no pasa nada; lo preocupante es la mezcla de todos en altas cantidades y además combinadas con alcohol.

¿Cuál es la bronca? Checa: la cafeína de estas bebidas y el alcohol tienen funciones contrarias; la cafeína te prende, te pone en un estado hipervigilante, megaprendido y eleva tu metabolismo. El alcohol te relaja y te atonta. ¿El efecto? Se emparejan y sientes que el alcohol no se te sube y te animas a chupar más, sin contar con que las dos sustancias son adictivas, crean tolerancia y alteran la mente.

El hecho de que no sientas que se te sube, no quiere decir que a tu cuerpo no le haga daño y le estés dando con todo: ¡es mucho peor!

De acuerdo con los expertos en adicciones, este tipo de bebidas son disparadores que crean obsesión y compulsión para consumir otro tipo de cosas. Así que mejor evita por completo la frase: "Nos vemos en seis Red Bulls".

Los riesgos de tomar mucho

Nunca está de más conocer algunos riesgos de ponerse hasta atrás.

- **OBL.** Cuando te pones "pedísimo", además de que te pueden dar baje con la cuenta (y hasta con la novia), puedes terminar en el baño cantando "Oaxaca" aunque no te la sepas y, por supuesto, ponerte en peligro. Esto pasa cuando tomas mucho y muy rápido.

- **OBL.** Si alguna vez te toca ver que un amigo o amiga está inconsciente por haberse intoxicado con alcohol, y no lo pueden despertar o tiene dificultad para respirar, pide ayuda de volada y acuéstalo de lado. Una persona inconsciente puede ahogarse con su propio vómito. No se te ocurra dejar que lo bañen; podría darle una congestión y hasta un paro cardíaco. Mejor ve a un hospital. No le juegues al doctor aunque hayas exentado biología.

- Tomar mucho traiciona la memoria, la atención, la capacidad de solucionar problemas, la concentración, la coordinación y el equilibrio. No manejes; tampoco cualquiera de tus amigos cuando estén borrachos, el alcoholímetro no te agarra... salva vidas.

- Tomar en exceso puede causar falta de apetito y falta de vitaminas. Por eso los borrachos frecuentes se ven fofos y no mameys. También produce problemas estomacales y de la piel, impotencia sexual (ah, caray), daño al hígado, al páncreas, al corazón y al sistema nervioso central.

- En la adolescencia tu cerebro y tu hígado no acaban de desarrollarse sino hasta que cumples veinte, por lo que puedes estar más expuesto a los daños del alcohol que un cerebro o hígado completamente desarrollados, o sea ya creciditos.

Los accidentes: "¡A mí no me va a pasar nada!"

Eso es falso. ¿Alguna vez has manejado borracho? Las consecuencias pueden ser gruesísimas: desde irte al torito, separo, cárcel o como le llames, hasta quedar inválido, matarte o matar a alguien.

Los borrachos creen que manejan mejor pedos; de hecho, no hay borracho que diga lo contrario. A eso súmale que ningún borracho se siente borracho; y cuando trata de manejar, menos. El alcohol te da seguridad pero al mismo tiempo, como hemos comentado, te atonta y entorpece tus reflejos. Cuando estés mal no manejes por nada del mundo.

Ch-K-T lo siguiente

- En algunas ciudades hay alcoholímetro. Si no ocasionaste daños, por lo menos te quedas detenido y te costará una lana.

- Si chocas estando jarra el seguro no paga. Vas a tener deudas y broncas. Tú o tus jefes tendrán que pagar. Te quedas con tu golpe, con el golpe del otro, con las deudas de ambos y con tu cruda.

- Los accidentes son fuertísimos. Te puedes matar y, si sobrevives, puedes quedar incapacitado de por vida. ¡Ésta es la causa número uno de muerte en adolescentes! Así que piensa que sí pasa, y mucho, por eso tomar un taxi, Uber o hacer ronda puede ser la diferencia entre vivir, morir o matar a alguno de tus amigos, en serio.

- Si lesionas o matas alguien, ya sea por un choque o por pleito estando jarra, no alcanzas fianza y, aunque se escuche como de película, te pueden meter a la cárcel por varios años.

- Ponte el cinturón de seguridad y pídele a los demás que se lo pongan. ¿Sabías que la mayor parte de los accidentados en un choque pudieron evitar los daños más graves con tan sólo ponerse el cinturón de seguridad? En un choque los cuerpos se vuelven "proyectiles" y rebotan dentro del carro unos contra otros. No sólo les pidas a tus amigos que se pongan el cinturón por lo que pueda pasar, sino por el golpe que te puedan dar a ti al momento de un trancazo.

Si tu cuate se puso mal y trae coche, quítale las llaves. Podrías perder un amigo, pero estar salvando una o más vidas. Y si tú también estás pelas, no le hagas al héroe pensando que estás bien. Deja que alguien sobrio maneje o pide que te lleven.

La cruda

La cruda hace que pagues todos tus pecados. Es la patrocinadora oficial de frases como:

- "¡No vuelvo a chupar!"
- "Si no supiera que es cruda, me iba al hospital."
- "¿Dónde me dijiste que vendían esa birria?"
- "Fue el último tequila que me eché." ¿Qué los primeros 15 no contaron?

La verdad es que sentirse crudo es ¡horrible! Y también lo es descubrir el remedio que te aliviana, porque tus amigos pueden ser unos burrazos en la escuela, pero en eso todos se han ganado el Premio Nobel:

- Come chile.
- No, no, es mucho mejor algo dulce, échate unos hot cakes con cajeta, miel de maple y azúcar.
- Maneja el chilaquil y ya estás.
- No, para nada. La tocada es un suerito con limón y agua mineral.
- Están locos, la opción es un caldito, una chela, ¡y listo para conectarla otra vez!

El caso es que nunca se ponen de acuerdo. Ser crudo de clóset (o sea que tus papás no saben, o por lo menos eso crees) todavía es peor; tienes que disimular aunque los ojos se te crucen, pero no por eso dejas de sentir todos los síntomas. #pajaropiedra

Parece que la cabeza te va a explotar, tienes muchísima sed, te sientes cansado, el estómago te arde, tiemblas y no soportas el ruido. Por lo tanto, que te obliguen a ir a una fiesta infantil de tu hermanito es muy mala opción, especialmente cuando escuchas al payaso gritar en el show con micrófono chafa.

¿Por qué la cruda?

La cruda o resaca te da cuando tu organismo se intoxica, pues aunque tu cuerpo se protege produciendo enzimas para alivianar el ataque del alcohol, cuando tomas mucho sobrepasas la capacidad de tu cuerpo y, con las dos manos en la cabeza, empiezas a decir todas las frases típicas de la cruda.

Hay muchos mitos de lo que te ayuda y de lo que no. Por ejemplo, tomarte otro drink no ayuda, ya que es la misma sustancia que te intoxicó y te regresa dos rayitas. Tomar mucha agua sólo te quita la sed, pero no baja la cruda porque el alcohol se elimina a una velocidad de siete gramos por hora y no se puede acelerar.

En general, todos los remedios son más para alivianar los síntomas que para bajar la cruda.

DEBES SABER QUE LO MEJOR PARA ALIVIAR LOS SÍNTOMAS DE LA CRUDA SON LOS JUGOS DE FRUTAS (PARA REPONER LAS VITAMINAS PERDIDAS), LA LECHE Y LAS COSAS DULCES, AUNQUE EN EL MOMENTO DIGAS ¡GUÁCALA!.

Riesgos genéticos

Si alguien tiene un papá o una mamá alcohólica, el riesgo de caer en el alcoholismo es mayor que el de alguien que no tiene esa bronca en su familia. Si tienes un pariente cercano alcohólico es muy importante que tomes decisiones inteligentes respecto al alcohol, aunque a ese familiar sólo lo veas cada Navidad.

Aunque no lo creas, en el fondo todos respetan a una persona que se atreve a ser ella misma y no sigue como borrego a los demás.

Toma tu decisión, no dejes que tus amigos te presionen para chupar. Cuando tomas no pareces más grande, galán o maduro; al contrario. Cuando decides dejar de tomar porque crees que te estás pasando, eso sí es ser un tipo maduro.

¡Analízate! Si crees tener broncas con el alcohol y otras drogas, o alguno de tus amigos ya las tiene, CH-K los capítulos de adicción y busca ayuda en las siguientes instituciones.

Centros de apoyo para alcoholismo y drogadicción

MONTE FÉNIX
(01 55) 56 81 30 11
info@montefenix.org.mx

• • • • •

CLÍNICAS CLAIDER
(01 55) 56 82 45 00
contabilidad@claider.org.mx

• • • • • •

LA QUINTA SANTA MARÍA
(01 779) 79 60 506
quintasantamariacrea@prodigy.net.mx

HACIENDA DEL LAGO
01 800 713 7144
www.haciendadellago.com.mx

• • • • •

CENTROS DE INTEGRACIÓN JUVENIL
(01 55) 52 12 12 12
cij@cij.gob.mx
www.cij.gob.mx

• • • • • • •

CENTRO DE ATENCIÓN ESPECIALIZADO EN DROGODEPENDENCIA
(01 55) 56 74 91 12
caedro_ac@hotmail.com

• • • • •

FUNDACIÓN SAN JUAN
(01 55) 57 49 95 60
sanjuan@fundacionsanjuan.com

• • • • • • •

DROGADICTOS ANÓNIMOS
(01 55) 55 30 46 15   /   55 19 80 37
oficinacentral@drogadictosanonimos.org
secretarianacional@drogadictosanonimos.org

Antidepresivos

¿Qué son?

Medicinas (drogas) legales que recetan los doctores para la ansiedad y depresión.

Efectos

Disminución en el nivel de ansiedad, relajación y calma, pueden existir efectos secundarios impredecibles.

Riesgos

Con una sobredosis puedes tener vértigo, problemas de memoria, pérdida de la coordinación, broncas para respirar, problemas de corazón que pueden hasta matarte, especialmente si hay sobredosis y combinación con otra droga como el alcohol.

DROGAS MÁS DENSAS

Las que te dan para arriba

Son las sustancias que elevan el estado de alerta, como la cocaína —ya sea inhalada (coca, perico, pase, papel), fumada (crack, piedra, coca base) o inyectada—; las anfetaminas (anfetas), las metanfetaminas (*ice*, cristal) y las tachas (MDMA, también llamada "éxtasis").

La cocaína

¿Qué es?

Es un polvo blanco extraído de la planta de coca. Generalmente se inhala, aunque se puede inyectar o fumar. En este último caso se utiliza un derivado de la coca llamado *crack* o coca base.

Efectos

El viaje es muy breve, dura entre 20 y 40 minutos, y si se fuma alrededor de 15. Por eso, muchos consumidores quieren de volada otro "pericazo". Las sensaciones que produce temporalmente son bienestar, falta de apetito, excitación sexual y euforia.

Riesgos

Uno de los principales riesgos es que es súper, mega adictiva. Los que usan cocaína tienen muchos problemas para dejarla. La que se vende en la calle casi siempre es impura y más peligrosa: si se inyecta puede causar la muerte. Si se inhala provoca muchas broncas en la nariz, mientras que fumar crack origina problemas para respirar. Puede provocar la aceleración del ritmo cardiaco, ansiedad, mareo, paranoia, náuseas, así como ponerse agresivo (o sea que te pones medio loco) y hasta males psiquiátricos.

Las anfetaminas

¿Qué son?

Estimulantes físicos y psicológicos que se utilizan en tratamientos médicos pero pueden conseguirse de manera ilegal. Por lo general se encuentran en forma de tabletas y cápsulas, aunque cuando son líquidas pueden inyectarse (si ves a alguien intentando inyectarse una tableta, ¡es porque trae muy mal viaje!)

Efectos

Las anfetaminas son de las drogas más peligrosas. Te sientes bien por un momento, se te quita el hambre y el sueño, sientes reseca la garganta, se te dilatan las pupilas y pierdes coordinación. Otras reacciones negativas son: paranoia, dolor de cabeza, taquicardia, diarrea, vértigo, mareos, temblores e impotencia sexual. En dosis altas pueden provocar convulsiones.

Riesgos

Su consumo frecuente puede provocar malnutrición severa y daños cerebrales irreparables que afectan muy grueso la capacidad de hablar y pensar. Quienes le meten a esto necesitan poco a poco dosis más altas para obtener los efectos que quieren.

Las metanfetaminas

¿Qué son?

Son estimulantes sintéticos también conocidos como speed, cristal, etcétera. Igual que las anfetaminas, se recetan para uso médico, pero se consumen ilegalmente. Se encuentran en forma de polvo blanco de sabor amargo, en pastillas, cápsulas o "cristales". Se pueden inhalar, aunque a veces se tragan, fuman o inyectan.

Efectos

El viaje de metanfetaminas es del tipo de las anfetaminas. Te ponen en un estado de alerta y euforia, y a veces tienen efecto relajante. Aumentan la presión sanguínea, la temperatura del cuerpo y provocan taquicardia.

Riesgos

El consumo frecuente puede producir algo llamado "psicosis anfetamínica", o sea que puedes sufrir paranoia, alucinaciones visuales y auditivas, irritabilidad, falta de sueño y comportamiento agresivo. ¿Necesitas más? Las metanfetaminas son súper peligrosas porque crean una gran dependencia psicológica y tolerancia; es decir, cada vez necesitas dosis más altas y quienes las consumen pueden tener ataques de ansiedad por la falta de droga.

Extras

Pueden afectar gruesísimo a personas con problemas cardiacos como hipertensión.

Las tachas

¿Qué son?

También conocidas como éxtasis, son pastillas de una sustancia llamada metilenedioximetanfetamina, pero como no es trabalenguas, mejor MDMA. Pueden encontrarse en forma de cápsulas o polvo. Se distribuyen (a veces se regalan, para engancharte, claro) en antros, fiestas o festivales de música electrónica y otros eventos de ese tipo. Las tachas tienen nombres de marcas, películas y automóviles. Hay de todo tipo: de figuritas, caritas felices, personajes de caricaturas, etcétera. Los dealers casi siempre las adulteran o las mezclan con otras sustancias, para que les rinda más; y, por supuesto, son más peligrosas. También los dealers buscan a los chavos que ven medio inseguros o irreverentes para engancharlos. Aunque no te conozcan se acercan a ti y te cuentan de sus experiencias con las drogas para que te vayas animando y saber si te late o no. En la escuela y los antros es donde más te agarran, y te dicen cosas como que con las tachas te aprendes más rápido las cosas a la hora de estudiar o que te vas a llevar mejor con todos.

Efectos

Pueden pasar entre 30 minutos y dos horas antes de que comiencen. El viaje dura entre dos y seis horas; te quita la pena y todo lo ves como que no hay bronca. Como provocan que los sentidos se abran, aumentan la capacidad para ver las cosas, saborear la comida o escuchar música (oyes cada sonidito de una rola como si fueran campanadas de la catedral). A veces produce temblores, movimientos involuntarios de los ojos (así como si uno de ellos se fuera de vacaciones), pérdida de apetito, náuseas y vómito.

Riesgos

Después del viaje sigue el bajón; a veces el estado de ánimo se va de golpe al sótano tres sin salida. Como el regreso a la realidad puede parecer muy duro, los consumidores quieren repetir el viaje lo antes posible. Los síntomas del bajón pueden durar días y hasta semanas. Meterle mucho o constantemente a las tachas ocasiona ataques de ansiedad y vértigo.

Extras

Muchas veces los dealers te regalan la primera tacha para que te enganches. Ni siquiera ellos saben lo que contiene; en algunas se ha encontrado hasta raticida.

Las que te dan para el alucine

Son sustancias que alteran las percepciones y las sensaciones de la realidad, como el LSD —también conocido como ácido, aceite, viajes, etcétera—, hongos (derrumbes, pajaritos, San Isidro), peyote, ayahuasca, salvia y marihuana (mota, yerba, *cannabis*, mostaza, toque).

La marihuana

¿Qué es?

Es una planta conocida también como *cannabis* (índica o sativa). Sus flores pueden fumarse o comerse (¡hay hasta pasteles, chocolates y brownies de marihuana!) Su primo hermano es el hachís, que también se fuma.

Efectos

Quienes la consumen se sienten relajados, olvidan sus problemas y sufren cambios en la percepción. Parece que el tiempo pasa más rápido o más lento según su estado de ánimo. En dosis altas puede alterar el sentido de la vista y producir alucinaciones.

Riesgos

Baja la capacidad de concentración y memorización. Puede detonar enfermedades cardiacas y mentales en personas propensas. Independientemente del asunto de la legalización, es una droga que causa adicción (como el alcohol) y los expertos la consideran la principal entrada a las drogas.

LSD

¿Qué es?

Conocido como ácido o *trippy*, es un derivado de un hongo que crece en el centeno. Se presenta en forma de pastillas (*microdots*), en papelitos (*blotters*) o en líquido.

Efectos

Incremento del ritmo cardiaco y la presión arterial; respiración irregular. Provoca distorsión de los sentidos (como que todo el tiempo ves que el león no es como lo pintan), alucinaciones, cambio en la percepción de la realidad y confusión en el tiempo y el espacio.

Riesgos

Desarrollo rápido de tolerancia, recurrencia de las alucinaciones días o semanas después, aun sin usar la droga; mal viaje en el que la alucinación puede llevarte a niveles altísimos de angustia y accidentes.

Las que te dan para abajo

Los depresivos o sedantes tienen dos efectos principales: reducir la ansiedad y sus efectos hipnóticos que estimulan el sueño. Producen disminución del pensamiento (te atontan), del estado de ánimo y de la conducta.

De éstas, las más conocidas son el alcohol; los sedantes, también conocidos como pastillas, chochos, pastas, ansiolíticos, opio, heroína; y los inhalantes (chemo, activo y mona).

Inhalantes

¿Qué son?

Tíner, algunos tipos de resistol, pinturas, gasolina, cemento, aire comprimido, poppers.

Efectos

Parecidos al alcohol, sedan, atontan y pueden provocar alucinaciones.

Riesgos

En sobredosis puede causar la muerte por falta de oxígeno, problemas con el sistema motriz, problemas para respirar, daño cerebral irreversible.

Opio y heroína

¿Qué son?

La heroína es un polvo blanco que puede ser inhalado y fumado, pero su efecto más grave lo tiene cuando es inyectada. El opio puede ser fumado o ingerido por vía oral. La morfina y la codeína comparten los mismos efectos y riesgos.

Efectos

Provocan euforia, somnolencia, pesadez en piernas y brazos, apatía, inhabilidad para concentrarse y pérdida del juicio.

Riesgos

Desarrollo de tolerancia, dependencia física y psicológica; interrumpir el consumo bruscamente causa sufrimiento. Las sobredosis pueden generar estado de coma, convulsiones, paro respiratorio o la muerte.

Cómo detectar si alguien es adicto

Estos son algunos puntos que puedes considerar para saber si algún cuate tiene problemas con las adicciones:

1. Si su consumo de alcohol u otra droga aumenta con los años.

2. Si sólo va a fiestas y reuniones donde sabe que habrá alcohol o drogas.
3. Tiene cambios de personalidad, se pone mala copa o violento cuando está tomando o se mete algo.
4. Está casi siempre congestionado de la nariz y va muy seguido al baño.
5. Tiene lagunas mentales (lo que decíamos de cuando se te borra el cassete).
6. Presume de cuánta droga se puede meter o de cuántos chupes se puede tomar.
7. Tiene problemas en la escuela o se va seguido de pinta.
8. Tiene broncas serias en su casa.
9. Cada vez pasa más tiempo con amigos que toman mucho y termina cambiando su grupo de cuates.
10. Toma siempre antes de llegar al antro, a la reunión o a la fiesta para llegar entonado.
11. Siempre pide dinero prestado y nunca puede pagar.
12. Ha tenido broncas legales por eso.

Mi amigo es adicto. ¿Qué hago?

Imagínate que supieras de primeros auxilios y vieras a alguien a quien le está dando un ataque al corazón. ¡Claro que le ayudarías, aunque no lo hayas visto jamás en tu vida! Ayudar a un amigo que es adicto es exactamente lo mismo, es igual de importante y también está en juego su vida.

Muchas veces no es fácil saber qué hacer o qué decir cuando sabemos que un amigo consume drogas, pero tal vez es el momento en que tu amigo te necesita más. Para empezar, algunas veces las personas adictas guardan la esperanza de poder hablar con alguien sobre su situación; ahí es donde entras tú. Pero también puede pasar que se sientan súper lastimados, reaccionen agresivos y se enojen muchísimo. Te la tienes que jugar.

Hacer que un amigo/a acepte su adicción es uno de los pasos más importantes y difíciles. "¿Yo, drogas? ¡Qué te pasa güey!" La negación es parte de la enfermedad y se da por falta de información. Algunos de los pretextos que usan son:

- **QBL** Soy muy joven para ser adicto.
- **QBL** Tengo buenas calificaciones y eso comprueba que no soy adicto.
- **QBL** La controlo, sólo la consumo socialmente, estoy experimentando, sólo consumo cuando quiero.

Muchas veces no están preparados para aceptarlo. Tristemente, deben tocar fondo y darse cuenta por sí mismos. En este caso, lo mejor es que le digas que estás súper consciente de su adicción. Lo más probable es que no quiera saber de ti ni por texteo; no te preocupes, es normal. Algo que parece horrible pero hay que hacer, es comentarle a su familia sobre su adicción. La familia debe trabajar su problema y pedir ayuda.

Ayúdalo quitándole la ayuda

Se oye raro, pero es cierto. Si tu amigo o amiga no reconoce su adicción, la mejor ayuda que puedes darle es dejarlo vivir las consecuencias de su actos sin intentar salvarlo con acciones que más bien lo perjudican, como prestarle dinero, sacarlo de problemas legales, encubrirlo, dejarlo que duerma en tu casa cuando se encuentre mal o cuando tenga problemas familiares y cosas por el estilo.

Una vez que toque fondo y reconozca su enfermedad, probablemente aceptará su adicción. Éste será el momento perfecto para buscar apoyo en una clínica, grupo de ayuda mutua u organización especializada.

Muchas veces los familiares o amigos son "adictos al adicto" (codependencia), lo que significa que por lástima o amor, inconscientemente, lo ayudan a no enfrentar sus problemas y a permanecer en las drogas. En este caso, es importante que la familia también vaya a un grupo de ayuda para resolver el problema.

Por otro lado, muchas personas no enfrentan la enfermedad de sus amigos por miedo a perderlos. Al contrario, tienes una oportunidad de oro, porque cuando tu amiga o amigo se recupere sabrá que de todos los que consideraba sus amigos, tú eras el único verdadero, quien realmente lo ayudó, y eso los unirá por siempre.

Recuerda que sacarle la vuelta a una bronca como ésta es lo más sencillo. Sólo un verdadero amigo se aplica y ayuda a quien tiene este problema. Así que no pierdas la oportunidad de demostrarle lo que significa para ti y de salvarle la vida.

395 //QBL:

CONCLUSIÓN

¿Quién dijo que ser adolescente era fácil? Seguramente fue un adulto que ya no se acuerda.

Como sabes, es súper padre y divertido, pero de que tiene sus ~~broncotas~~, broncotas, las tiene. Y cuando estás en ellas, no hay nada mejor que encontrar a un amigo que ya pasó por esa experiencia, para que te pueda orientar y tú sepas qué hacer.

Precisamente esa es nuestra intención con *Quiúbole con…*® para hombres. Para escribirlo, juntamos a muchos adolescentes, doctores, expertos, bailarinas exóticas, maestros, niñas bien, niñas no tan bien, papás, tatuadores, "papás tatuadores", novias, antreros, niños ligadores, niñas ligadas, y hasta mascotas.

Puedes estar seguro de que pusimos todo nuestro cariño, esfuerzo, trabajo, horas sin dormir, cada una de nuestras experiencias en los temas y que siempre tratamos de que esté actualizado desde lo sexual y físico hasta lo digital y tecnológico.

Esperamos que le hayas entendido a muchas cosas, que te hayas divertido, pero sobre todo que *Quiúbole*® se haya convertido en tu amigo; de esos, de los que al principio los ves como de lejitos, y al final no los sueltas y te llevas con ellos casi a mentadas.

Ahora te toca a ti. La información ya la tienes, es momento de que tomes tus propias decisiones y elijas cómo va a ser tu vida. Comparte este libro o la información para ayudar a más personas.

La adolescencia es la etapa más increíble de la vida. Los niños quieren llegar a ella y los adultos quieren volver a vivirla.

¡Y tú estás ahí!, así que diviértete muchísimo, disfrútala al máximo, y aprovecha cada segundo que tengas.

Estamos seguros de que si la vida fuera como el futbol, tú ya estás listo para meter gol, y hasta de media cancha.

¡Suerte!

GABY Y YORDI

DEDICA

Para mis queridos Diego, Pablo, Toño, Emilio, Nicolás y Pablito, con quienes la vida brilla y se convierte en una sonrisa.

GABY

Para mis hijos Santiago y Elías, que me han dado más felicidad de la que jamás imaginé tener.
Gracias, los amo.

YORDI

GRACIAS /
GRACIAS / DOL

Pablo, como siempre, gracias por impulsarme a ser. Este libro es una prueba más de tu amor, generosidad, paciencia y apoyo.

GABY

Rebeca, No sé a quién le costó más trabajo este libro, si a mí o a ti, mil gracias por tu madurez y tu apoyo en todos nuestros proyectos, eres lo mejor de mi vida, te amo.

Adal, compadre, siempre estás ahí, gracias al Patrón y a tu mamá que me dieron al hermano que nunca tuve.

Lalo, cuando alguien conoce a una persona como tú, es un gran regalo de la vida, tú eres el regalo de la mía, gracias.

YORDI

A nuestro equipo editorial, ilustradores y diseñadores:

Roberto Banchik
Armando Collazos
Vicente Herrasti
Patricia Mazón
César Ramos
Andrea Salcedo
David García
Karina Simpson
Adriana Beltrán
Elizabeth Rosales
Pico AdWorks
Maru Lucero
Jesús Guedea

Alberto McLean y su equipo de redacción
Francisco Herrera
Humberto Ramos
Edgar Delgado
Jose Luis Trueba Lara
Pilar Gordoa
Andrea Hernández
María de la Garza
Natalia Soto
Jesús Grajeda y su equipo de ventas

De corazón, mil, mil, mil gracias por hacer posible lo imposible.

GRACIAS / TUX

A los expertos, por compartir sus conocimientos con nosotros:

Dr. Francisco R. de la Peña Olvera
Dr. Ramón Castro
Dr. Alfonso Castro
Dra. Julia Borbolla
Dr. Martín Tellich Vidal
Dra. María Esther Martínez Eroza
Dr. Luis Alfonso Reyes
Psic. Pilar Del Olmo
Dr. Miguel Ortiz Monasterio
Dr. Gustavo Reyes Terán
Lic. Federico Cabrera
Dra. Adriana López García
Dr. Marco Antonio Pérez Cisneros
Dr. Manuel Sánchez Carmona
Dra. Kayros Vega
Dra. Connie Moreno
Dra. Laura Elliot R.
Dra. Guillermina Mejía
Francisco Ramos
Sra. Irma Miriam Jelinek de Anhalt
Luis Perelman
Lic. Alice Sutton
Pedro Sánchez
Jorge Goetters
Luis Manuel Arellano
Gabriela Cámara
Patricia Moctezuma
Monte Fénix
FISAC
Eating Disorders
Avalón

A nuestros amigos y colaboradores por sus ideas, criticas y aportaciónes:

Pablo González Vargas
Paola Quintana
Carla Cué
Erika Jurado
Gerard Jalife
Mariat Vega
Joaquín Quintana
Lucía Galicia Elías
Regina Kuri
Schuster Quintana
Tatiana Schroeder
Rocío Kiese
Michelle Guillen
Rebeca Moreno
Gaby Valencia
Toño Valdez
Manolo Fernández
Juan Carlos Villarreal
Christian Álvarez
Ernesto Paulsen
Samantha Chaín
Pepe Zaga
Juan Pablo Padrón
Christian Michelle
Mars
Chepe
Popeye
José Luis Caballero

Gracias también a todos los chavos que nos ayudaron a escribir este libro; es por eso que los consideramos "los otros autores":

Daniel Domit	Juan Pablo Vargas
Xavier Viramontes	Javier Vargas
Javier Quijano	José Ignacio Vargas
Pablo Ruíz	Ernesto Vargas
Alejandro Solana	Diego Vargas
Fernando de Teresa	Jerónimo Vargas
Manuel L. Corchera	Ian McCarthy
Diego Morales	Andrés Vela
Rodrigo Aguirre	Rodrigo Lascuráin
Jorge De Haro	Diego Chico
Bruno Mijares	José Ignacio Gutiérrez
Alejandro Álvarez	María Luisa Sosa
José Pellón	Omar Azis
Adrián Bufanda	Fernando Lebrija
Omar Dergal	Guillermo García de Vinueza
Miguel Torruco	Santiago Carrancedo
Juan Pablo Escudero	Cesar Ramones Cantú
Eduardo Gutiérrez	David Treviño Ramones
Santiago Fernández	Diego Ríos
Daniel Todd	Gerardo Abdo
Moisés San Ciprián	Santiago Estévez
Sebastián H. Pani	Pablo Silva
Salvador Miranda	Diego Sainz
José Pablo Peralta	Alejandro Arbide
Antonio García	Pablo Pagazaurtundúa
Juan de la Campa	Mickey Quintana
Patricio Aznar	Santiago Aguirre
Joaquín Vargas	Juan Pablo Rodríguez
Rodrigo Vargas	Patricio Gamboa